COLLECTION PASSEURS DE TEXTES

Français 6e

Livre unique

W0302546

SOUS LA DIRECTION DE **Corinne Abensour**

Adrien David, agrégé de Lettres modernes
Marie-Hélène Dumaître, agrégée de Lettres classiques
Maxime Durisotti, certifié de Lettres modernes
David Galand, agrégé de Lettres modernes
Sandra Galand, certifiée de Lettres modernes
Adeline Leguy, certifiée de Lettres modernes
Étienne Leterrier, agrégé de Lettres modernes
Valérie Monfort, agrégée de Lettres modernes
Alexandra de Montaigne, certifiée de Lettres modernes
Cécile Rabot, agrégée de Lettres classiques
Martine Rodde, certifiée de Lettres classiques
Fabrice Sanchez, agrégé de Lettres modernes
Justine Wanin, certifiée de Lettres modernes
Édith Wolf, agrégée de Lettres modernes

Avec la participation d'**Alexandre Winkler**, académie de Grenoble.
Avec la participation d'**Anastasia Ortenzio**, conteuse.

Le Robert

Maquette intérieure : David Bart

Mise en page : Nadine Aymard

ISBN : 978-2-32-100531-5

SOMMAIRE

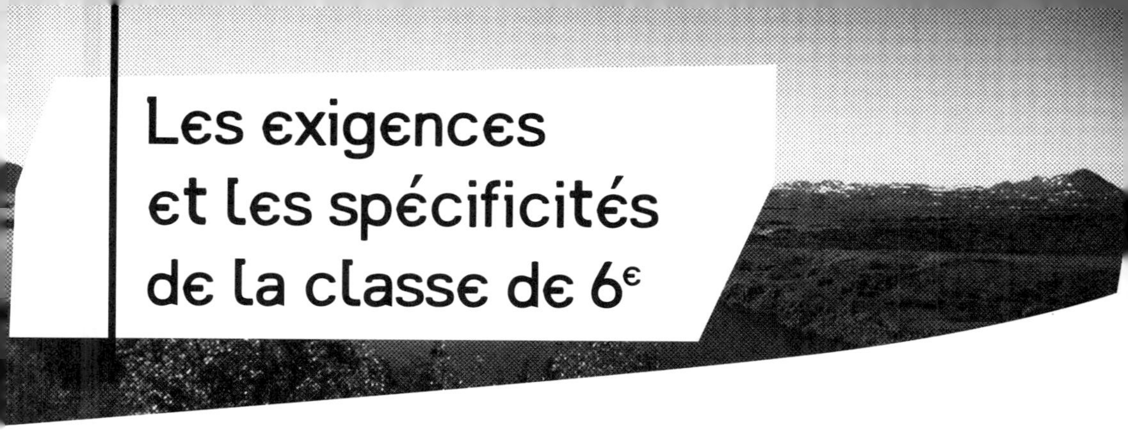

Les exigences et les spécificités de la classe de 6e

La 6e se situe à un niveau particulier dans la réforme mise en œuvre et le cursus du collège. C'est à la fois une classe de fin de cycle, qui synthétise les acquis des CM, et la première étape d'un parcours qui implique pour les élèves de nouvelles pratiques : l'étude de textes et la production d'écrits longs.
Par ailleurs, pour les enseignants du secondaire, il paraît parfois difficile de tenir compte de ce qu'ont fait les enfants dans les années d'école élémentaire et de l'utiliser dans leur classe. Enfin, l'année de 6e est celle où la question de la diversité des acquis, des niveaux et des rythmes est la plus délicate à prendre en compte.
Pour résoudre ces difficultés, nous proposons des outils et des démarches qui visent à établir une continuité entre les pratiques de l'école élémentaire et celles du collège, tout en préparant les élèves aux spécificités du cycle des approfondissements (cycle 4).

I. Une continuité avec le début du cycle

– Les quatre chapitres du manuel commencent par une rubrique *Ce que vous savez déjà sur…* (le conte, le récit d'aventures, les récits explicatifs, la fable) destinée à faire **rappeler par les élèves les connaissances** qu'ils possèdent et qui vont être enrichies et prolongées par l'étude des textes du chapitre.

– La **culture littéraire est en permanence articulée avec la culture artistique,** comme le professeur unique de l'école élémentaire a pu le faire, et ce grâce à des études d'images (œuvres de Füssli, Gustave Moreau, Bruegel), par l'écoute musicale (*Hansel et Gretel* d'Humperdick, le chant des Sirènes avec Debussy et Dvorak), la confrontation entre texte poétique et œuvres picturales (Les *Soleils couchants* de Hugo et des œuvres de Turner et Nicolas de Staël), par les pages d'histoire des arts (le Déluge…) et par des études de films. Des **activités interdisciplinaires** complémentaires sont proposées **sur le site Internet du manuel,** faisant appel aux sciences (le monstre et la science, la naissance du monde expliquée par la science…)

– Les professeurs des écoles, maîtres uniques, peuvent, pour tenir compte de la diversité des rythmes de lecture et d'écriture des élèves leur donner une lecture personnelle à faire ou une fiche d'exercices dans une autre discipline.
Nous avons voulu permettre aux professeurs de 6e d'intégrer cette diversité en proposant des éléments de pédagogie différenciée.

II. La prise en compte de l'hétérogénéité par une pédagogie différenciée

– En lecture, une rubrique *Si vous avez fini de lire* permet aux élèves les plus rapides de réfléchir individuellement à l'un des points abordés dans le questionnaire et laisse aux élèves plus lents le temps de découvrir le texte.
De même dans l'activité d'écriture, un *Si vous avez fini d'écrire* propose une activité complémentaire pour une partie de la classe.

– Les activités d'écriture proposées sont accompagnées d'un guidage très précis permettant une décomposition des tâches. On commence dans « Avant d'écrire » par susciter des idées et orienter le travail. Puis les « Conseils d'écriture » fournissent des mots, des expressions qui peuvent être utilisées. Enfin la rubrique « Quand vous avez fini d'écrire, relisez-vous » guide les élèves, qui n'en ont pas l'habitude, dans le travail de relecture de leur texte. Cette décomposition des tâches peut être plus ou moins suivie et le professeur indique alors à chacun les éléments qu'il doit utiliser.

– Les pages *Du plaisir des mots au plaisir d'écrire* sont conçues comme un atelier et permettent des pratiques ludiques individuelles ou en petits groupes, donnant la possibilité à tous les élèves, quelles que soient leurs difficultés d'expression, de produire des écrits achevés et parfois des recueils collectifs.
Par exemple, au chapitre 1, les pages *Monstres et merveilles* font inventer créatures fantastiques et fées dans une série de douze activités d'écriture. Au chapitre 3, une série de *Jeux poétiques* permet de travailler l'écriture de poèmes.

III. Le choix des textes et l'organisation des chapitres

Comme on le voit dans le sommaire, le manuel est structuré en **quatre grands chapitres** correspondant à l'ensemble du nouveau programme et divisés chacun en parties autonomes et complémentaires. Chaque chapitre comprend ainsi un groupement de textes ou deux, un parcours de lecture dans une œuvre patrimoniale et une lecture cursive. Par exemple la troisième partie, intitulée *Des récits et des poèmes pour célébrer le monde* et renvoyant à la partie du programme « Récits de création et création poétique », comprend un groupement de textes qui fait découvrir des mythes fondateurs de différentes cultures – *Des récits pour expliquer la création du monde* –, un parcours de lecture dans le livre de la Genèse – *La Bible aux origines de* *la condition humaine* –, un groupement de textes autour de la poésie – *Des poèmes pour célébrer la beauté du monde* –, et une lecture cursive sur *l'Épopée de Gilgamesh.*

Cependant des textes réunis en un même chapitre peuvent être utilisés pour construire d'autres itinéraires de lecture ou réinvestis et reliés à d'autres groupements imaginés librement. Ainsi les extraits de *l'Odyssée* étudiés dans le premier chapitre peuvent-ils être intégrés à un groupement sur l'aventure, ou une fable de La Fontaine trouver sa place dans un parcours sur la poésie.

Les textes ont été choisis de façon à **offrir plusieurs niveaux de difficulté**, à couvrir l'ensemble du programme et à **faire découvrir les notions à acquérir** ; ils sont souvent **en rapport avec le programme d'histoire** et mis en lien avec lui ou permettent aussi des activités pluridisciplinaires avec d'autres matières. Par exemple le chapitre sur les récits d'aventures propose en parcours de lecture d'étudier *La Guerre du Feu* de Rosny l'aîné. On y acquiert les premières notions littéraires ayant trait au récit. On apprend à y écrire individuellement et collectivement un récit d'aventures. On réalise des activités interdisciplinaires multiples, et des travaux numériques, en lien avec l'histoire, les arts plastiques et les SVT.

À ces textes s'ajoutent dans chaque chapitre **des pages spécifiques** proposant :
– **des lectures autonomes** (page *Des livres et un film*) ; ces lectures personnelles donnent lieu à la réalisation de projets. Les élèves sont invités à des activités variées pour rendre compte de leur expérience de lecteur : rédaction de fiches « coup de cœur » de libraires, affiches de présentation…
– **des activités d'écriture** : elles sont proposées à chaque séance de lecture et dans deux ensembles de travaux d'écriture proposés dans chaque chapitre. L'un, pensé comme un atelier, s'intitule *Du plaisir des mots au plaisir d'écrire*, l'autre, qui s'appelle *Des outils pour rédiger*, vise à construire progressivement des compétences d'écriture en réutilisant les acquis du chapitre. Par exemple, au chapitre 4, une série d'exercices débouche sur l'écriture collective d'un recueil de fables.
– **une pratique de l'oral** et de l'écoute : en 6ᵉ la pratique de l'écoute et de la restitution orale est constante, avec la reconstitution de récits et le jeu. Elle fait l'objet de pages particulières mais est aussi intégrée aux séances de lecture des textes. **Toutes les activités ont été élaborées en collaboration avec une conteuse,** qui met en voix les récits présents dans le manuel et dit des textes destinés à une compréhension purement orale qui ne figurent pas dans le livre de l'élève. Ces documents accessibles sur le site du manuel ont pour but de donner accès au texte d'une façon nouvelle, par le biais de l'oral.
– **des activités autour de l'histoire des arts plastiques et de la musique**. Par exemple dans le premier chapitre *Des monstres pour réfléchir et pour rêver*, le groupement de textes sur les contes est prolongé par un premier travail sur les illustrateurs puis par une deuxième séance sur l'opéra inspiré à Humperdinck par le conte des frères Grimm *Hansel et Gretel.*

Une partie « langue », en fin de livre, est organisée en 28 doubles pages qui proposent l'acquisition des notions au programme par le biais d'une leçon et d'exercices. Par ailleurs au moment de la lecture des textes, des exercices de langue (orthographe et grammaire) renvoyant à la dernière partie du manuel sont proposés systématiquement, afin de faire acquérir les compétences linguistiques exigées au cycle 3.

IV. La prise en compte des acquis et des pratiques du primaire pour permettre une adaptation aux exigences du second degré

– En lecture des textes, chaque chapitre s'ouvre par **une séance intitulée** ***Ce que vous savez déjà…*** Elle est une introduction à l'étude par la remémoration des acquis du CM. Ainsi le chapitre sur les récits d'aventures s'ouvre-t-il par un extrait de *Croc-Blanc*, car les élèves ont lu en CM des récits ayant pour héros des animaux ou des enfants. Le questionnaire favorise la récapitulation des connaissances antérieures.

D'autre part, la 6e doit permettre aux élèves d'acquérir des méthodes et des savoir-faire et d'anticiper ceux qui seront exigés au cycle 4 .

– En lecture, on cherche pour la première fois à **initier à l'étude de textes** et à faire acquérir un petit nombre de notions spécifiques. Dans ce but, le questionnement des textes se présente sous une forme très guidée et détaillée. Il appelle à des repérages précis et à des réponses courtes. Il se clôt par une notion « à retenir ».

Chaque chapitre enfin trouve son aboutissement dans une séance intitulée *Ce que vous avez appris* qui interroge sur les notions nouvelles.

– En **expression écrite, un travail court accompagne chaque lecture de texte.** Il est conçu de manière très guidée pour permettre l'acquisition d'une rigueur nouvelle : la rubrique « Avant d'écrire » propose des questionnements destinés à susciter des idées. Les éléments appelés « Conseils d'écriture » fournissent des mots, des constructions syntaxiques, éventuellement des incipit pour enrichir la matière de l'expression. Le dernier élément, « Quand vous avez fini, relisez-vous », attire l'attention des élèves sur la nécessité de cette phase du travail et leur donne des pistes de relecture.

D'autre part, la page *Des outils pour rédiger* vise à construire progressivement des compétences d'écriture en réutilisant les acquis du chapitre. On passe d'exercices partiels (paragraphes, épisodes) à l'élaboration d'un texte long produit collectivement et de façon autonome. Par exemple le travail de ces pages au chapitre 4 aboutit à l'écriture d'un recueil collectif de fables.

– En Histoire des arts, la **lecture d'image** ou les pages plus développées mettent en place une méthode de lecture et d'analyse. On est conduit à travailler sur les arts plastiques et la musique mais aussi sur l'art du cinéma. Par exemple, dans le chapitre 4, on associe à la lecture cursive du *Roman de Renart* l'analyse de *Fantastic Mr Fox* de W. Anderson.

V. Le recours aux outils numériques

Les activités de recherche, la saisie de textes, l'échange de documents, la réalisation d'exposés oraux et d'affiches sont un des moyens de la réalisation des projets proposés.
Le manuel papier est doublé d'un manuel numérique et d'un site Internet (www.passeurs-de-textes.fr), qui propose des activités et exercices complémentaires, des textes et des enregistrements mais aussi des apports pédagogiques et des sources littéraires. Par exemple pour la lecture, nous proposons un e-book avec un parcours dans un classique : *Michel Strogoff* de J. Verne en liaison avec le chapitre sur les récits d'aventures.

1. Des monstres pour réfléchir et pour rêver

Présentation du chapitre

Esprit et intentions de l'étude

Le travail sur les genres et les œuvres

Les programmes donnent une unité thématique au chapitre autour du motif du monstre. Mais ils prévoient également un travail sur un genre – le conte –, et l'étude d'une œuvre : *l'Odyssée.*

Nous avons choisi d'orienter nos questionnements vers l'acquisition, par l'exploration des textes, de notions liées à ce genre et à cette œuvre.

Les questions de bilan et les rubriques « À retenir » proposent une synthèse et des définitions de notions formulées simplement et destinées à être acquises par les élèves.

Pour les contes, on fait comprendre les visées des récits de différentes sortes : le conte explicatif, le conte merveilleux, le conte d'avertissement, le conte moral. Il ne s'agit pas d'introduire des distinctions formelles mais de sensibiliser les élèves au sens et à la fonction de ces récits.

Pour *l'Odyssée*, on initie les élèves à l'opposition entre la sauvagerie incarnée par les monstres, qui constituent une menace et sont une trace de l'état du monde avant l'ordre de Zeus, et la civilisation humaine, dont Ulysse est le représentant.

L'exploitation du thème du monstre

Le thème du monstre, qui ne peut être pris comme objet d'étude sans complaisance démagogique, constitue en revanche un moyen efficace de susciter la création d'images, et de faire écrire et raconter.

Dans le questionnement des textes, on fait appel à ces facultés des élèves : on les exploite systématiquement dans les questions et consignes conduisant un travail oral ou écrit et dans les parties du chapitre consacrées à l'expression écrite *Des outils pour rédiger* et *Du plaisir des mots au plaisir d'écrire.*

Le travail d'expression orale et écrite

Comme dans les autres chapitres, le travail d'expression orale et écrite est constant, dans les questionnaires sur le sens des textes, comme dans des rubriques spéci-

fiques intervenant à la fin de l'étude de chaque texte appelées *Activités* et dans les doubles pages consacrées à l'expression orale et écrite (*Oral*, *Des outils pour rédiger*, *Du plaisir des mots au plaisir d'écrire*).
Pour les contes, l'expression est facilitée par les connaissances et les lectures antérieures des élèves. C'est dans ce chapitre en particulier que l'écoute et les conseils de la conteuse sont intéressants à exploiter, le conte étant d'origine orale.
On pourra s'aider, au moment de faire écrire des contes, des chapitres de grammaire « Employer les temps dans un récit au présent » (p. 266-267) et « Employer les temps dans un récit au passé » (p. 268-269).
Dans l'étude de *l'Odyssée*, les écrits demandés sont plus descriptifs et les éléments de lexique et les connaissances que fournissent les textes sont réinvestis systématiquement.

La structure du chapitre

L'ouverture

L'ouverture, intitulée *Ce que vous savez déjà...*, est destinée à rafraîchir les connaissances que les élèves ont déjà sur le conte, étudié souvent en primaire et dont ils peuvent avoir lu des recueils.

L'étude des textes

– Elle comprend deux parties : un groupement de textes autour du genre du conte et un parcours de lecture dans *l'Odyssée*.
– À l'occasion de l'étude de chaque texte, la question intitulée « Bilan » permet de faire le point sur ce que l'étude du texte a apporté à l'exploration du thème du monstre.
– La rubrique *Des outils pour rédiger*, placée après le groupement de textes sur le conte (partie I), est consacrée à des exercices permettant l'écriture de contes merveilleux.
– La page d'*Oral*, qui la suit, propose un entraînement à la narration orale de contes.
– Une double page *d'Histoire des Arts* est consacrée au conte d'Hansel et Gretel dans des représentations plastiques et dans un opéra.
– La rubrique d'expression écrite *Du plaisir des mots au plaisir d'écrire* propose exercices et jeux d'expression liés aux contes et à *l'Odyssée*.

Ce que vous savez déjà... p. 16

Stratégies pédagogiques

On met en place un échange oral avec éventuellement un secrétaire qui note au tableau les réponses. On ne répète pas un élément déjà dit.

Corrigé des questions

Rassemblez vos connaissances

1. Personnages : fée, sorcière, ogre, roi, reine, prince, princesse, dragon, génie, paysan, meunier, animaux qui parlent.
2. Lieu : forêt, château, (pauvre) maison, fontaine, caverne, rivière, clairière, palais...
Objets : miroir, sac, baguette, lampe, épée, œuf, vêtement (chapeau, robe, manteau), bâton... Tous ces objets peuvent avoir des pouvoirs magiques.
3. Actions : mises à l'épreuve, combat, résolution d'énigme, guérison, traversée de lieux, fabrication et quête d'objets...
Actions surnaturelles : métamorphoses, résurrection, transport d'un lieu à un autre, rajeunissement ou vieillissement accélérés...
4. Début : Il était une fois..., Au temps où les bêtes parlaient..., Jadis..., Autrefois...
Fin : ...ils furent heureux et eurent beaucoup d'enfants, ...et mon conte est fini, ... et depuis ce jour....

Retrouvez l'univers du conte

On fait lire le texte puis écouter la version de la conteuse.
1. On suscite des réponses et des échanges entre les élèves.
2. Le personnage n'a pas de nom. Le héros, un jeune homme pauvre, est caractéristique du conte. On s'attend à ce que sa situation s'améliore au cours du récit.
3. Dans l'esprit des frères Grimm, ce conte (le dernier avant les récits présentés comme des légendes) fait probablement allusion à leur œuvre, la cassette désignant

le recueil et le trésor, les contes. Mais on fera appel aux lectures et à l'imagination des élèves : un trésor, un talisman magique, une créature minuscule, etc.

4. À partir des réponses obtenues en 3, on invitera les élèves à imaginer une suite : un trésor que quelqu'un peut chercher à voler, un talisman qui oblige à observer certaines conditions, une créature magique qui aidera le héros pourvu qu'il réussisse des épreuves, etc.

Découvrez le chapitre

On peut inciter les élèves à utiliser le sommaire pour feuilleter le chapitre : on les entraîne ainsi à utiliser un sommaire et on les engage dans la lecture.

Pour leur faire motiver leur choix, on peut demander de citer des mots ou expressions, de justifier des associations d'idées.

Partie 1 : Le monde des contes : bêtes, dragons et sorcières

Les contes sont connus et lus par les enfants depuis leur plus jeune âge. L'école élémentaire propose de nombreuses activités de lecture, d'écriture, d'écoute de contes. En 6e, on peut donc réinvestir tous ces acquis et connaissances pour faire accéder les élèves à la signification des récits, à leur portée symbolique et à leur dimension éducative. Des notions précises permettront de distinguer les contes merveilleux, les contes d'avertissement, les contes moraux, les contes initiatiques.

TEXTE 1	*Pourquoi les dragons ont disparu de Russie. Un conte merveilleux explicatif*	p. 18

« Ivan Le Taurillon », Contes russes,
d'après Alexandre Afanassiev, 2009.

Stratégies pédagogiques

Ce conte russe, adapté d'après Afanassiev, est simple dans sa structure répétitive, abondant en éléments merveilleux et conserve quelque chose de l'oralité des contes. La notion que l'on veut faire acquérir (rubrique « À retenir ») est celle de conte merveilleux.

La question Bilan propose une première approche de la notion de monstre.

Corrigé des questions

Comprendre le texte

Des monstres et un héros

1. Les trois Ivan ont une naissance magique et participent donc du surnaturel. Les trois dragons qui montent à cheval et parlent sont des êtres surnaturels. Les chevaux qui parlent également.

2. Les trois dragons Idolichtiè.

3. Le héros a une naissance magique, il grandit à une vitesse surnaturelle, il triomphe des dragons grâce à sa force exceptionnelle. Son nom de Taurillon l'apparente à un être à demi-animal. Dans le début du conte, il naît d'une soupe faite avec un brochet aux nageoires d'argent pêché sur les conseils d'une vieille femme visiblement fée ou sorcière. Cette soupe est donnée à une vache et, un an plus tard, elle met au monde Ivan le Taurillon dont on ignore à quoi il ressemble. Pour les deux autres Ivan, la même soupe est donnée à la tsarine et à une servante.

Un conte merveilleux explicatif

4. Il explique pourquoi il n'y a plus de dragons Idolichtiè en Russie : « C'est ainsi qu'Ivan le Taurillon et ses frères débarrassèrent la Sainte Russie des trois dragons Idolitchiè » (l. 79).

5. La naissance et la croissance des trois Ivan. Les chevaux qui parlent. L'existence des dragons. Le fait que les dragons connaissent l'existence du héros et le craignent. Leur apparence et leurs pouvoirs. Le doigt de feu qui répare les blessures.

6. Ce récit est merveilleux parce que l'on y trouve des personnages surnaturels (pratiquement tous), des événements surnaturels (le doigt de feu qui guérit et recolle les têtes, les chevaux qui parlent). Tout cela est présenté comme non extraordinaire.

Un conte écrit dans le style oral

7. – Le pont de viorne.
– Le passage où le héros ne parvient pas à dormir : « Mais le taurillon Ivan ne pouvait pas dormir. Il se tournait et se retournait sans cesse. » (l. 10-12 et 33-34).
– Le passage du récit avec un dialogue entre le dragon et son cheval : « Il s'avançait gaiement…Ivan le Taurillon » est répété aux lignes 16 à 22 et 42 à 47.
– Le début du récit du combat : « il trancha les trois têtes » (l. 23-24) et : « trancha trois têtes du dragon » (l. 54).

8. Les répétitions sont un repère pour la mémoire du conteur. Les auditeurs ont le plaisir de l'attente et de l'anticipation de ce qu'ils connaissent déjà avec des modifications cependant.

Bilan

9. Ils ont plusieurs têtes. L'adjectif « effroyable » qui accompagne toujours la mention

des Idolichtiè, explique qu'ils sont affreux mais sans les décrire réellement. Ici les dragons sont, d'emblée, les ennemis du héros. Ils viennent pour le combattre. Ils sont donc mauvais par nature.
Les dragons, créatures imaginaires communes à de nombreuses cultures, incarnent la monstruosité par leur apparence (non décrite ici) et par leurs pouvoirs destructeurs. Ils sont souvent liés à l'eau (la rivière Smorodine) et au feu (le doigt de feu).

Activités

Langue
« Le » : déterminant ; « sort » : nom ; « tomba » : verbe ; « sur » : préposition ; « le » : déterminant ; « Tsarévitch » : nom commun ou nom propre ; « Ivan » : nom propre.

Oral Raconter une partie de conte (IV.1)
Les élèves travailleront en autonomie à deux. On pourra, avant la narration orale, faire dire quels éléments vont être repris par les uns ou les autres.

Écoute
a) Baba-Yégabika ; les trois femmes des dragons, filles de la sorcière Baba-Yégabika.
b) Elle peut transformer des êtres en d'autres éléments, voler dans les airs, elle a une langue extraordinairement acérée.

Oral Exprimer son opinion (I.7)
On donnera la parole individuellement aux élèves et on tentera de faire discuter des tenants d'opinions opposées dans une première approche de la réfutation, même s'il s'agit de choix subjectifs.

TEXTE 2	*Comment le plus faible peut triompher du monstre. Un conte d'initiation*	p. 22

« L'infirme et les singes mangeurs d'hommes », Contes d'Amérique du Sud, *d'après Vladimir Hulpach*, 1976.

Stratégies pédagogiques

Le héros/l'héroïne des contes d'initiation a souvent une faiblesse, infériorité physique comme la petite taille (Le Petit Poucet), incapacité intellectuelle comme la stupidité

(héros « simples »), infériorité sociale (orphelin ou cadet qui n'hérite pas). Dans les contes initiatiques, le héros ainsi défavorisé au départ se révèle, dans les épreuves, plus apte à triompher que les autres personnages et devient un adulte à la fin du récit. Les contes d'initiation racontent cette période de la vie où le jeune homme, la jeune fille, va devoir faire la preuve qu'il/elle est capable de devenir un adulte accompli : à la fin il/elle se marie, devient roi/reine, devient sage. Ces contes mettent en récit ce qui correspond à des rituels d'initiation dans les sociétés traditionnelles. On peut lire sur ce sujet : *Les Racines historiques du conte merveilleux* de Vladimir Propp.
Pour les élèves, ces contes peuvent être lus comme une représentation imaginaire de l'adolescence, au cours de laquelle les mises à l'épreuve (scolaires et autres) qu'ils vivent sont racontées et reconnues comme difficiles. Souvent, le héros/l'héroïne passe par la mort ou le danger de mort parce que, dans la tradition, il meurt symboliquement et renaît différent.
C'est cette notion d'initiation, dans les contes et dans la vie, qu'il s'agit de faire comprendre aux élèves. Cela permet aussi de leur montrer que les textes qu'ils lisent ou étudient parlent de choses qui les concernent très directement mais avec la médiation de la fiction.

Corrigé des questions

Si vous avez fini de lire

Le héros est l'infirme, ses deux frères sont des ennemis mais seulement de façon atténuée, les singes mangeurs d'hommes sont les vrais ennemis, la grenouille est l'adjuvant qui aide le héros.

Comprendre le texte

Des êtres doublement monstrueux

1. et 2. « Tout à coup, les branches, au-dessus de leurs têtes, se mirent à craquer ; les feuilles laissèrent voir le visage d'un singe, tout <u>noir</u>, seuls brillaient ses yeux <u>sanglants</u> à l'éclat <u>féroce</u>. Les deux frères furent remplis de terreur, mais déjà le deuxième monstre leur sautait dessus et les jetait sur le sol. Puis les deux mangeurs d'hommes les tuèrent et se mirent aux apprêts de leur festin. » (l. 3 à 9)
« Terreur » est synonyme de « peur ».
Verbes : « craquer », « sautait dessus », « les tuèrent », « se mirent aux apprêts ».
3. Ils ont une apparence monstrueuse (voir réponse 2). Ils ont des habitudes monstrueuses parce qu'ils mangent de la chair humaine. Cela est à la fois contre nature puisque les singes ne le font pas dans la réalité et parce que, pour les lecteurs du conte, cela fait un effet horrible : manger de la chair humaine, c'est déshumaniser les hommes.

Un conte d'initiation

4. Le héros, infirme, n'est pas considéré par ses frères comme digne de participer à la chasse. Lui-même semble accepter l'idée qu'il n'est pas capable de se battre avec les singes. La grenouille l'aide.

5. La deuxième fois qu'il se plonge dans l'eau de la fontaine, il souffre terriblement. Et pourtant, il accepte sans protester l'épreuve. Il fait preuve de courage physique.

6. Il fait preuve de sang-froid quand, alors qu'il vient de découvrir ses frères morts, les monstres fondent sur lui (l. 50-52) et qu'il bande son arc et tire sur eux.

7. Il fait preuve de modestie et de douceur quand il accepte d'épouser la grenouille : « De tout façon, personne d'autre ne voudrait de moi » (l. 19).

Il semble ne pas en vouloir à ses frères, et lorsqu'ils essaient de le dissuader d'épouser la grenouille, il ne leur répond pas, même quand ils se fâchent (l. 66-68).

8. Le héros au début est inférieur de plusieurs façons : physiquement (il est infirme), et moralement (ses frères le méprisent). À la fin, il est guéri de son infirmité, il a triomphé des monstres qui ont vaincu ses frères et il s'apprête à épouser, non une grenouille mais une « jeune fille inconnue ».

9. On appelle initiation le moment où, tout à fait ignorant d'une discipline, on débute, et où on en apprend les tout premiers éléments.

Ici, le héros affronte le mépris de ses frères, la douleur physique, le danger, le combat, la mort : tous ces éléments constituent de dures épreuves. Les qualités qui lui apportent le succès sont d'abord sa modestie et sa douceur, qui lui permettent de bénéficier de l'aide magique de la grenouille, mais aussi son courage et son sang-froid. À la fin, il se marie, donc devient un homme, et épouse une femme qui paraît dotée de grands pouvoirs.

Bilan

11. Les monstres mettent en valeur les qualités physiques (vivacité, force pour bander l'arc) et morales (courage, sang-froid) du héros. Dans un récit d'initiation, les épreuves sont destinées à permettre aux qualités du héros de s'exercer et de montrer ainsi qu'il est digne de devenir un personnage accompli.

Activités

Langue (IV.3)

Les infirmes plantèrent en terre leur bâton, s'y appuyèrent et sautèrent dans l'eau.

Écriture Imaginer la fin d'un récit (III.7)

L'objectif essentiel du travail est de sensibiliser les élèves à la cohérence logique d'un récit. Le questionnement « Avant d'écrire » et « Conseils d'écriture » attire leur attention sur ce point. On évaluera donc avant tout le fait que le destin de tous les personnages est raconté, l'enchaînement logique entre le conte et le récit produit, la cohérence maintenue dans les caractères des personnages (qualités liées à la modestie et à la douceur du héros, dureté des frères). La jeune fille peut souhaiter ou non

punir les aînés de l'avoir méprisée, le héros peut éventuellement la persuader de ne pas le faire, les frères peuvent ou non s'amender et reconnaître leurs erreurs.
On peut choisir d'exiger une suite au passé (voir en grammaire, « Employer les temps dans un récit au passé », page 268) ou accepter une modification sur ce point précis.

Avant d'écrire

– Il faut expliquer la transformation de la grenouille en jeune fille et aussi, logiquement, pourquoi la jeune fille a été transformée en grenouille.
– Les quatre personnages dont il faut expliquer le devenir sont le héros, ses deux frères et la jeune fille inconnue-grenouille.

Critères	Remarques	Notes
Le destin de tous les personnages est raconté.		/5
Le récit s'enchaîne logiquement avec le conte.		/5
Le caractère de chaque personnage correspond à ce qu'on a appris de lui dans le conte.		/5
L'emploi des temps est cohérent.		/5
Total		/20

Proposition d'activité supplémentaire

Oral Échanger des idées sur l'initiation

Consigne : *Quand passerez-vous un examen au collège ? Qu'appelle-t-on les épreuves lors d'un examen ? Dans quelles situations devez-vous faire la preuve de votre savoir ou de vos qualités ? À quoi servent les études par rapport à la vie adulte ? En utilisant vos réponses précédentes, expliquez pourquoi on peut dire que le moment actuel de votre vie est un moment d'initiation. Concluez : sur quelle période de la vie les récits d'initiation permettent-ils de réfléchir ?*

Les élèves présenteront le Brevet des Collèges.
Les épreuves sont les parties de l'examen, les devoirs donnés dans chaque discipline.
On peut évoquer des circonstances scolaires (réussir un devoir, réviser, utiliser des connaissances acquises antérieurement, faire un exposé, une recherche) ou familiales (s'occuper d'un frère ou d'une sœur plus petit ; se charger de tâches à la maison : cuisine, courses, rangement, ménage). On peut évoquer des activités associatives (jouer dans une équipe, se débrouiller dans la nature, avoir une responsabilité, dans le scoutisme ou un mouvement de jeunesse). On peut enfin faire allusion aux expériences de vie : amitié, relations avec la famille, amour.
Les études servent à obtenir une qualification et des diplômes mais aussi à mieux connaître le monde dans lequel on vit et à former son jugement.
Les élèves sont dans un moment d'initiation : ils apprennent dans l'école et hors de l'école, ils acquièrent des connaissances et font des expériences nouvelles. Ils doivent aussi faire la preuve de leurs savoirs et de leurs aptitudes. Ils mûrissent à travers l'évolution de leurs relations avec leur famille et leurs amis.
Les récits d'initiation mettent en scène le moment crucial du passage entre l'enfance

et la vie adulte, ce qui correspond à l'adolescence aujourd'hui. Ils présentent ce moment comme très difficile, physiquement et moralement. Cela peut permettre, lorsqu'on est adolescent, de voir légitimer le sentiment que l'on traverse une période difficile.

Si vous avez fini d'écrire

La fontaine semble pouvoir guérir ou transformer physiquement mais avec une contrepartie douloureuse. Il faut que cet élément soit respecté.

TEXTE 3	*Méfiez-vous de la curiosité !* *Un conte d'avertissement*	p. 26

Dame Trude, *Jacob et Wilhelm Grimm.*

Corrigé des questions

Si vous avez fini de lire

On peut demander aux élèves d'écrire deux phrases pour justifier leur réponse, avec une citation du texte.

Comprendre le texte

La sorcière, un personnage attirant et effrayant

1. « Fantastique » et « étrange » ne sont pas obligatoirement négatifs. Mais ils peuvent exprimer une certaine inquiétude.

2. « Mauvaise femme », « choses méchantes et impies ». « Impies » a une connotation religieuse.

3. Deux sentiments éprouvés par Dame Trude : « je l'attendais et je le désirais » (l. 29) ; une sensation : « elle s'y chauffa délicieusement » (l. 33).

4. Dame Trude semble être le diable : « J'ai vu le Diable en personne. » (l. 26), « ainsi tu as vu la sorcière dans toute sa splendeur » (l. 28).

Un conte d'avertissement

5. La fillette est têtue et imprudente. C'est la curiosité qui la pousse. Elle se moque de la défense de ses parents (l. 9-11).

6. « Dame Trude est une mauvaise femme qui pratique toutes sortes de choses méchantes et impies, si tu y vas, tu ne seras plus notre enfant » (l. 9-11). La punition est terrible, c'est un reniement, un rejet de leur enfant.
7. « Pensez-vous que cela pouvait bien tourner ? »(l. 3)
8. Le conte montre une fillette qui a des défauts, et ces défauts la poussent à se mettre en danger. Elle agit mal en allant chez Dame Trude et en est punie en devenant une bûche qui brûle : elle meurt. Le conte finit donc mal.

Bilan

9. Dame Trude est un monstre dans son apparence réelle : elle ressemble au diable, avec une tête en feu. Elle est accompagnée (ou peut-être s'agit-il d'apparences qu'elle peut prendre) de personnages inquiétants : l'un est noir et ressemble à un charbonnier (personnages sauvages qui vivaient seuls dans la forêt) ; l'autre, un boucher rouge, est lié au sang ; le troisième, vert (couleur qui évoque le diable, parfois appelé le Grand Vert) est associé à la chasse, donc à la mort.
Elle est monstrueuse moralement : elle désire pervertir la fillette et a plaisir à la voir consumée. Elle s'empare de son esprit, dans une sorte de vampirisme moral.

Activités

Oral Inventer une morale (I.7)

– « Qui veut tout connaître risque de se perdre. » « Il faut écouter ses parents. » « La curiosité est un vilain défaut. »
– On peut estimer que l'héroïne est manipulée, vampirisée par la sorcière : celle-ci semble avoir depuis longtemps jeté son dévolu sur l'enfant (l. 29-30).
– Il peut paraître immérité, avec l'argument ci-dessus. Mais on peut le trouver mérité, surtout que la fillette semble très déterminée dans son choix (voir l. 12).
– Le châtiment peut sembler excessif, et montre une affection conditionnelle des parents pour leur enfant.

Écriture Modifier un récit et en changer le sens (III.6)

L'objectif du travail est de faire utiliser aux élèves les connaissances acquises sur le conte d'avertissement et le conte d'initiation. On peut donc renvoyer aux éléments vus dans l'étude du texte 2 *L'infirme et les singes mangeurs d'hommes*.

Avant d'écrire

On fait relire la rubrique « À retenir » p. 25, et on demande aux élèves d'expliquer en quoi le conte du texte 2 est un récit d'initiation.
L'héroïne pourrait apprendre à se méfier des êtres surnaturels, et à résister à une envie. Elle pourrait s'initier à un bon usage de la curiosité (pour le savoir, pour les autres humains).

Conseils d'écriture

– On peut imaginer que l'héroïne rencontre en chemin un personnage (animal qui parle, fée) qui l'avertit. Si l'héroïne est curieuse, elle peut vouloir savoir ce que ce personnage sait de la sorcière. Le personnage d'adjuvant a peut-être un moyen de la persuader : vision magique, preuve matérielle.

– On peut imaginer que l'héroïne aime certains animaux : oiseaux qui volent et donc connaissent bien le monde, serpent qui connaît les secrets de la terre. Elle peut avoir rendu un service à l'un d'eux. Il est possible également qu'elle soit généreuse et qu'elle ait donné quelque chose à un personnage.

– On peut transformer un des trois personnages : le charbonnier, le boucher et le chasseur pour en faire des adjuvants.

Quand vous avez fini, relisez-vous.

– On peut utiliser des exercices des chapitres de la partie Langue sur l'imparfait (p. 260), le passé simple (p. 262) et celui qui s'intitule « Employer les temps dans un récit au passé » (p. 268).

Critères	Remarques	Notes
Le début du récit est conservé.		/4
Le conte finit bien et montre une héroïne plus accomplie qu'au début.		/4
L'héroïne a reçu une leçon qui l'a aidée à s'améliorer.		/4
Le récit s'enchaîne logiquement avec le début du texte des frères Grimm.		/4
Les verbes sont bien conjugués au passé simple et à l'imparfait.		/4
Total		**/20**

> Si vous avez fini d'écrire

Craindre, être effrayé, avoir peur, être terrifié, être épouvanté.

TEXTE 4	*Qui est le vrai monstre ?* *Un conte moral*	p. 30

La Belle et la Bête,

Jeanne-Marie Leprince de Beaumont, 1757.

Corrigé des questions

Si vous avez fini de lire

Le conte a été écrit au XVIIIe siècle.
Expressions caractéristiques de la langue du XVIIIe siècle : « paraître affligées » (l. 9), « vous êtes fort bon » (l. 24), « dans le moment » (l. 49).

Comprendre le texte

La Bête, un monstre ?

1. « Complaisante » : serviable et attentionnée. « Obligé » : reconnaissant. « Compassion » : pitié.
2. Non, la Bête n'est pas décrite. Mais le bruit qu'elle fait (l. 16) fait frémir la Belle. La Belle tremble (l. 19) lorsqu'elle lui demande d'assister à son repas. La Belle reconnaît que la Bête est « fort laide » (l. 23). La Belle manque mourir de frayeur lorsque la Bête (l. 46-47) la demande en mariage.
3. La Bête s'exprime comme un être humain très civilisé : elle est polie, humble et parle avec élégance. Elle sait même qu'elle n'a pas d'esprit, ce qui est une marque d'intelligence (l. 25 à 28).
4. La Bête est un monstre en apparence, mais sa nature profonde n'est pas monstrueuse au contraire : l'apparence du château, les égards qu'elle a pour la Belle, son discours signalent un être très civilisé.
5. Le pelage qui couvre la Bête et ses canines pointues et saillantes sont des éléments qui renvoient à l'animalité et à la menace. Mais son costume très raffiné donne l'impression contraire. Son attitude peut être comprise comme celle d'un amoureux ou celle d'un prédateur.

Un conte moral

6. « Ceux qui, avec une figure d'homme, cachent un cœur faux, corrompu,ingrat ».
Il s'agit de défauts d'ordre moral et non physique.
7. Ce récit s'attache à montrer que la Belle qui est dévouée à son père, franche et compatissante, qui est sensible à la délicatesse et aux attentions, deviendra heureuse

grâce à ses vertus. Ce sont en effet ces vertus qui lui permettront de distinguer les qualités morales de la Bête et ainsi de l'aimer malgré sa laideur.

Bilan

8. Le monstre n'est pas ici l'être laid, monstrueux par son apparence mais celui qui dissimule de graves défauts sous une apparence agréable. La laideur morale est ce qui fait le monstre.

Activités

Langue (IV.3)

Sa sœur venait au-devant de lui et, malgré les grimaces qu'elle faisait pour paraître affligée, la joie qu'elle avait de la perte de sa sœur paraissait sur son visage.

Oral Imaginer la fin d'un conte (I.2)

La Bête peut (image 2) demander à nouveau à la Belle de l'épouser. Celle-ci accepte et la Bête se transforme en un beau prince (image 3).
Ou bien
La Bête et la Belle sont devant un miroir (éclairé par le chandelier, image 2) et la Bête dit qu'elle se trouve décidément bien laide. La Belle répond avec sincérité qu'elle ne la trouve pas si laide parce que la bonté de cœur embellit. Alors la Bête se transforme en un beau jeune homme (image 3).

Écriture Écrire à partir d'images (III.1)

Il s'agit de laisser les images susciter des éléments narratifs. Les élèves sont donc tout à fait libres de donner aux photos l'interprétation qui leur vient spontanément et de s'affranchir de l'histoire.

Avant d'écrire

Le fait de légender les images crée un pont entre langage de l'image et langage verbal : il est parfois difficile de passer directement de l'un à l'autre. La visée de la consigne est avant tout de susciter les idées.
Les légendes pourront avoir la forme de GN ou de phrases.
Image 4 : Le regard du génie de la nuit. / Le génie sortit progressivement de l'ombre, ses yeux brillaient dans la nuit.
Image 5 : Les serviteurs invisibles. / D'invisibles présences frôlaient la jeune fille dans l'allée du parc alors qu'elle fuyait le château hanté.
Image 6 : Un réveil dans la forêt enchantée. / La jeune fille se réveilla au milieu des bois et sentit près d'elle la présence d'un être étrange.

Conseils d'écriture

Si une des images constitue une gêne pour écrire, les élèves peuvent l'éliminer : les images sont ici des moyens de lancer l'écriture.
Il faut écrire assez lisiblement pour que le texte soit compréhensible tel quel par quelqu'un d'autre.

Quand vous avez fini d'écrire, relisez-vous.

Outre le titrage, il peut y avoir des remarques sur la cohérence et la lisibilité du texte.

Critères	Remarques	Notes
Le texte est cohérent.		/5
Le texte a un lien avec les images.		/5
Les phrases sont courtes et bien délimitées.		/5
Les verbes sont bien conjugués.		/5
Total		**/20**

Si vous avez fini d'écrire

Quelques possibilités : le prince a été transformé par une fée ou une magicienne amoureuse de lui et qu'il a repoussée, il a enfreint un interdit magique (il a tué à la chasse un animal aimé d'une fée, il a mangé ou bu un aliment réservé aux fées ou magiciennes…), une sorcière le trouvait trop heureux (beau, prince, aimé), et l'a « puni » de ce bonheur. Le conte dit qu'une méchante fée l'a transformé jusqu'à ce qu'une jeune fille accepte de l'épouser sous cette forme.

DES OUTILS POUR REDIGER	*Raconter un conte merveilleux*	p. 34

Corrigé des questions

Vocabulaire du conte merveilleux

1. Des verbes pour faire parcourir l'espace à un personnage

– Parcourir une route, une forêt
– Franchir un pont, une rivière, la mer
– Traverser (tous les GN conviennent)
– Sillonner une forêt, une mer
– Croiser une rivière, une route

Orthographe

– Il parcourt / ils parcourent.
– Il franchit / ils franchissent.
– Il traverse / ils traversent.

– Il sillonne / ils sillonnent.
– Il croise / Ils croisent.

2. Des verbes pour raconter un combat

a. Saisir une arme, trancher une tête, presser un adversaire, marteler un bouclier…
b. Il saisit, il trancha, il abattit.

Orthographe

Il rompit, il vainquit.

3. Des verbes d'action à employer dans des phrases

Réponse aux questions a. et b.
1. Le prince dit son secret. / Le prince parla de son secret.
2. La sorcière savait transformer. / La sorcière connaissait la manière de transformer.
3. Ivan le Taurillon triompha des trois dragons. / Ivan le Taurillon vainquit les trois dragons.
4. L'infirme se battit contre les singes. / L'infirme combattit les singes.
5. La Bête cherchait une jeune fille. / La Bête était en quête d'une jeune fille.
6. Le Cyclope interrogea Ulysse à propos de son nom. / Le Cyclope demanda à Ulysse quel était son nom.
7. La Belle craint que la Bête ne se fâche de son refus. / La Belle se demande si la Bête se fâchera de son refus.

4. Des adjectifs pour décrire un monstre

a. Aspect général du monstre : immense, difforme, épais, visqueux, poilu, trapu.
b. Un corps immense, une silhouette difforme, des bras épais, un long cou, une peau écailleuse, une peau visqueuse, un regard terne, des dents aiguisées, des pieds poilus, une haleine glacée, des yeux flamboyants, un corps trapu.

Orthographe

Difforme, épaisse, longue, visqueuse, aiguisée, flamboyante.

5. Des mots et des expressions pour éviter les répétitions

a. Le monstre est immense. Son cou paraît écailleux. Il a des griffes aiguisées et une haleine glacée. Ses yeux flamboient. Son cri aigu transperce les oreilles. Il ressemble à une montagne.
b. On voit ses yeux flamboyants. On entend son cri aigu. On sent son haleine glacée.

6. Des expressions pour exprimer la peur

1. Être pris de panique devant… 2. Être épouvanté (construit sans complément) 3. Être terrifié par… 4. Trembler d'effroi (devant…) 5. Avoir peur (de…) 6. Ressentir de la crainte (devant… / en imaginant…). 7. Éprouver de l'inquiétude (à l'idée de…).

Grammaire pour écrire un conte merveilleux

8. Employer les temps dans un récit au passé

Un homme pauvre *trouva* un jour une petite clé d'or. Il la *ramassa* et la *mit* dans sa poche. Mais comme il ne *savait* pas quoi en faire, il *l'oublia* bientôt. Or il y *avait* dans ce royaume un homme très riche qui *s'ennuyait*. Pour se distraire, il *collectionnait* toute sorte d'objets. Mais la collection qu'il *préférait*, *c'était* celle qui rassemblait des milliers de clés. Un jour il se *dit* qu'elle était complète tant il en *avait*. Or un soir qu'il était à l'auberge, il *vit* l'homme pauvre...

9. Employer les pronoms pour éviter les répétitions

1. La fillette retrouva son chemin. Elle repartit à la recherche de son frère.
2. Le dragon avait un doigt de feu qui lui permettait de soigner les blessures.
3. Ulysse voit les bateaux de ses compagnons détruits par la tempête. Heureusement le sien est intact.

10 Ponctuer les dialogues

Le prince demanda au génie :
– Peux-tu m'aider à trouver l'eau qui guérit ?
– Oui, dit le génie, à condition que tu me promettes d'en rapporter un flacon pour moi.
– Je te le promets, assura le prince.
– Tiens, dit le génie, voici deux flacons d'argent. L'eau qui guérit ne peut être transportée que dans ces flacons.

Vers l'écriture collective d'un conte merveilleux en groupes

Cette activité propose un travail de groupe centré autour d'un projet d'écriture commun. Le faible nombre des membres des groupes – six, travaillant en équipes de deux – permet vraiment un travail d'écriture. Pour la formation des groupes et des équipes, on recherchera l'hétérogénéité des niveaux.
On peut expliquer ainsi à toute la classe le but de l'activité d'écriture :
– Vous allez écrire en groupes de six un conte merveilleux.
– Vous formerez trois équipes de deux dans chaque groupe. Chaque équipe écrira une partie du conte en exécutant les consignes 1, 2 ou 3. Chaque groupe de six écrira donc un conte complet.
L'explication de détail de chaque consigne se fera en regroupant tous les élèves (dix ou douze suivant l'effectif) qui travailleront sur la même partie du récit et appartiendront à des groupes différents. On pourra expliquer ainsi le travail à faire.

Équipe 1 (deux élèves de chaque groupe)

A. Imaginez un héros ou une héroïne de conte merveilleux. Employez une formule de début de conte. Dites où le héros/l'héroïne vit. Trouvez une manière de le/la désigner (nom ou surnom). Dites quelle est sa situation au début de l'histoire (famille, richesse/pauvreté ? prince/princesse ? paysan/paysanne ? etc.). Cette situation doit

montrer un manque ou une difficulté (pauvreté, solitude, envie de voir le monde...) qui permette à l'action de commencer par la suite. Vous rédigerez ensuite cette situation à l'imparfait de l'indicatif.
B. Sans connaître ce que rédigent vos camarades des autres équipes, imaginez ce que le héros/l'héroïne est devenu à la fin du conte. Expliquez que le manque a disparu. Montrez le caractère accompli du personnage.

Équipe 2 (deux élèves de chaque groupe)

A. Le héros/l'héroïne se voit confier une mission qui suppose une quête.
Il faut que, pour remplir cette mission, le héros/l'héroïne soit obligé(e) de combattre un dragon qui vit sous la mer. Qui confie cette mission au héros/à l'héroïne? Que doit-il aller chercher ? Où se trouve l'objet de sa quête ? Rédigez cet épisode du conte.
B. Le héros part remplir sa mission. Racontez son voyage en utilisant le vocabulaire de l'exercice 1. Répétez trois fois la même formule pour faire ce récit.
C. Au cours de son voyage, il rencontre un personnage qui va lui venir en aide. Qui est ce personnage ? Pourquoi va-t-il aider le héros ? Rédigez un passage de dialogue et racontez cet épisode.

Équipe 3 (deux élèves de chaque groupe)

– Décrivez le combat d'un héros/d'une héroïne contre un dragon qui vit dans la mer.
– Imaginez votre héros/héroïne : donnez-lui un nom et deux qualités. Notez ces éléments sans vraiment rédiger.
– Imaginez le lieu du combat : une plage ? Les abords d'une grotte sous-marine où vit le dragon ? Notez des éléments sans rédiger.
– Rédigez une description de ce lieu.
– Faites ensuite une description du monstre qui apparaît en vous servant des adjectifs de l'exercice 4.
– Racontez le combat du héros et du dragon en vous servant du vocabulaire de l'exercice 2.

Quand les textes sont rédigés, on donne les consignes de relecture et de réécriture suivantes :
– Chaque équipe lit à l'ensemble du groupe de six travaillant sur le même conte ce qu'elle a rédigé.
– Le groupe écrit les éléments qui manquent pour relier les morceaux de l'histoire de manière à obtenir un conte complet.
– Chaque équipe saisit son conte en traitement de texte et l'illustre. On rassemble les contes en un recueil. Des volontaires fabriquent la couverture.

ORAL	*Les contes : imaginer et raconter*	p. 36

Activité 1 : Écouter un conte

Script : Anastasia Ortenzio, « Le village Zrze et le dragon »

Le jour de Pâques, des jeunes filles dansaient au milieu du village, la plus jolie menant la ronde. Lorsque soudain, à la lumière du jour, des tourbillons apparurent qui emportèrent la jeune fille en haut du ciel. Sa mère se mit à crier (la jeune fille était fille unique) :

– Mais que s'est-il passé, où est-elle allée, qui l'a enlevée, est-ce le vent, sont-ce les fées ?

Hélas, la jeune fille n'était plus là.

Deux ans après, la mère de la jolie fille s'en alla cueillir des plantes médicinales sur la montagne. Chemin faisant, elle arriva au trou du dragon. Elle eut l'idée d'y entrer pour voir si sa fille s'y trouvait. À peine fut-elle entrée qu'elle l'aperçut en train d'endormir un petit garçon.

– C'est donc ici que tu es cachée, ma fille chérie, sous terre ? Mais quel est donc cet enfant que tu endors, alors que tu n'es même pas mariée ? lui dit sa mère en pleurant.

– Tais-toi petite mère, ne parle pas si fort, tu pourrais réveiller le dragon qui vient juste de s'assoupir. Il pourrait t'arracher un morceau et le manger.

Elles sortirent de l'antre du dragon, s'embrassèrent, se parlèrent et au moment de partir, la mère proposa à sa fille d'interroger le dragon sur ce qui pouvait le faire mourir. Un soir, elle demanda au dragon ce qui pouvait l'atteindre et celui-ci répondit que, si en revenant exténué de son voyage dans les nuages, il buvait un verre d'eau salée, il mourrait sur l'heure.

Quelques jours après, la mère s'en vint et dès qu'elle eut obtenu les renseignements par sa fille, elle lui ramena du sel. Elles empoisonnèrent le dragon ainsi. Alors, la femme emmena sa fille chez elle. Elles s'occupèrent de l'enfant jusqu'à ce qu'il devienne un jeune homme, puis elles le marièrent. C'était un jeune dragon et il avait des ailes sous les bras.

Quelques années après son mariage, le jeune homme et sa jeune épouse s'en furent moissonner. Le ciel s'assombrit au-dessus des champs et il se mit à pleuvoir. Pendant ce temps, le jeune homme s'était couché pour dormir et sa femme essayait de le réveiller pour qu'il ne se mouille pas. Mais rien, pas même le roulement du tambour n'aurait pu réveiller le fils du dragon. Lorsque la pluie cessa, il se réveilla et se leva. Seulement, il était complètement dégoulinant. Sa femme lui demanda pourquoi il s'était trempé autant pendant son sommeil. Il ne voulut pas répondre. Mais ce que femme veut, Dieu le veut : comme un vers dans le bois, elle va te ronger peu à peu. Elle se mit donc en tête de ne pas lâcher le jeune dragon jusqu'à ce qu'il lui explique pourquoi il était trempé… Qu'il le voulût ou non, le jeune homme lui raconta tout. Voici pourquoi il était trempé.

Comme c'était un dragon, il avait vu qu'une grosse tempête de grêle allait s'abattre et qu'elle détruirait toutes les cultures de la vallée. Il s'était alors envolé au-dessus des nuages et les avait renvoyés sur la montagne pour que la grêle tombe là-bas. Lorsque la femme du dragon apprit qu'il pouvait voler, elle voulut qu'il lui montrât ses ailes. Elle le pressa tant que bon gré mal gré il les lui montra. Elle alla tout raconter à sa mère : que son mari avait des ailes, qu'il pouvait voler au-dessus des nuages pour repousser la grêle…

– Écoute, ma fille, lui dit sa mère, fais ce que je te dis : coupe-lui les ailes et brûle-les, car s'il s'envole dans les nuages, un jour il ne reviendra plus.

L'épouse du dragon suivit les conseils de sa mère et une nuit, elle lui coupa les ailes avec une paire de ciseaux. À partir de cet instant, le petit dragon ne put plus jamais voler dans les nuages pour chasser la grêle.

Les anciens disent qu'en ce temps-là, il pleuvait plus souvent et que jamais la grêle ne tombait. Mais maintenant que les dragons ont été détruits, la pluie tombe jusqu'à ce que la grêle s'y mette aussi et détruise tout.

Anastasia Ortenzio, « Le village Zrze et le dragon »,
in *Aux Origines du monde. Contes et légendes des Balkans*, Flies France Éditions, 2008.

Corrigé des questions

3. On peut considérer comme l'héroïne la jeune fille du début. Elle est jolie et courageuse. Si l'on prend comme héros son fils, il sera décrit comme mi-homme mi-dragon (il a des ailes) et bienveillant (il veut éviter un malheur au village).

4. Le personnage qui s'oppose à la jeune fille est le dragon. Le personnage qui s'oppose à son fils est la femme de ce fils.

5. L'héroïne du début du conte réussit à échapper à l'emprisonnement du dragon son mari.

Le héros de la fin ne réussit pas à triompher de la ruse de sa femme.

6. La jeune fille est aidée par sa mère. Son fils n'est aidé par personne.

7. Le jeune homme ne se transforme plus en dragon, raison pour laquelle la grêle peut détruire les récoltes.

Hansel et Gretel

p. 38

Objectifs et organisation

Les deux doubles pages d'Histoire des arts ont pour point de départ le conte de Grimm *Hansel et Gretel* (*Jeannot et Margot*). Elles permettent d'abord de découvrir le conte de Grimm, de réfléchir à la fonction de l'image en comparant différentes illustrations avant d'aborder l'opéra d'Humperdinck pour s'intéresser à un genre artistique le plus souvent inconnu des élèves.
La seconde double page est consacrée à la découverte de l'opéra d'Humperdinck.
Nous proposons une découverte active du genre de l'opéra au travers de travaux interdisciplinaires et numériques.

Comment illustrer et adapter un conte

Cette première double page fait découvrir d'abord le conte : on lira pour commencer le cartouche vert.
Si on le peut, la meilleure façon de procéder est de donner à lire en amont le conte des frères Grimm à la maison, dans la traduction de Marthe Robert, ou de le lire en classe avant le début de la séance.

Corrigé des questions

Activité 1

Cette activité est la réalisation d'une « lecture dramatisée » d'un extrait du conte de Grimm. L'exercice permet d'initier une réflexion sur l'adaptation d'un texte narratif dans un autre genre.
On supprimera les incises comme « cria-t-elle », « s'écria-t-elle » et on conservera les autres interventions du narrateur. Cet exercice permet d'aborder la question de la transformation du récit en un texte destiné à un autre genre : pièce de théâtre ou ici en particulier livret d'opéra. On réfléchit aux questions qui s'imposent : si l'on adapte un texte narratif dans un autre genre, gardera-t-on le narrateur ? Comment seront transposés les passages où il intervient ? Par le décor, la musique d'orchestre ? Un rôle chanté ?

Activité 2

Cette activité est une réflexion sur les illustrations des contes ; elle sera prolongée par

une réflexion sur la fonction du décor à l'opéra.
Les illustrations accompagnent traditionnellement la publication des contes. Elles représentent souvent un épisode marquant de l'histoire. Elles suscitent l'imaginaire. On demande quelle représentation chacun préfère et pourquoi. On demande à quoi servent les images.
Ordre des images : 1, 4, 2, 3.

L'opéra de Humperdinck

Pour aborder l'étude, on fait appel aux connaissances des élèves : qui a déjà vu un opéra ? Qui a une expérience personnelle à raconter ?
On lit ensuite le texte documentaire écrit dans le cartouche vert. On récapitule les notions à connaître en insistant sur les spécificités du genre : on notera, à la fin de la séance, les termes à retenir : adaptation, livret, librettiste, chanteur, chœur, orchestre, mise en scène, représentation.
Dans l'activité 1, les élèves ont élaboré une lecture « dramatique » d'un extrait du conte ; on y revient lorsqu'on définit ce qu'est un livret d'opéra : quel rôle présent dans la lecture « dramatisée » a disparu ? On fait prendre conscience du fait que le texte réécrit à la manière d'une scène de théâtre ne comporte alors plus de narrateur et se rapproche d'un texte de théâtre.

On fait aussi comparer les deux dénouements : celui du conte et celui de l'opéra. On insiste sur la différence, on s'interroge sur la cause de ces choix : le dénouement du conte est difficile à représenter sur la scène ; le dénouement imaginé par le librettiste permet en plus de faire intervenir des chœurs d'enfants.

On passe à l'activité 3 puis, selon les possibilités, dans l'ordre que l'on veut à l'activité numérique ou à l'activité interdisciplinaire proposées.

Corrigé des questions

Activité 3

La photo est une saisie de la représentation de l'opéra, proposée avec une mise en scène de Yannis Kokkos, au théâtre du Châtelet, en 2000.
a. On voit la sorcière saisir les enfants, Hansel à gauche, Gretel à droite. Au fond, enfermés derrière des échelles, et dans des positions figées, les enfants masqués, envoûtés et prisonniers de la sorcière, seront délivrés dans la scène finale.
Dans l'activité 2 les élèves ont observé et comparé les illustrations ; on y revient pour aborder la notion de fonction du décor et des costumes dans une représentation d'opéra. Comme les illustrations dans un livre, le décor sur la scène suscite l'imaginaire. Ici rien n'évoque une maison de sorcière mais les échelles figurent les barreaux

d'une prison, les costumes jaunes une sorte d'uniforme de prisonniers, les masques un effacement de la personnalité.

b. La sorcière tient les enfants sous son pouvoir. On est au milieu du conte, au moment où la sorcière révèle ses véritables intentions.

c. Les chanteurs solistes sont des adultes ; on le voit à leur taille. La difficulté du chant et la puissance vocale demandée font que ces rôles peuvent difficilement être tenus par des enfants.

d. La sorcière est rendue impressionnante par son costume sombre qui s'oppose aux couleurs vives portées par les enfants envoûtés, et par son geste de prédatrice : elle saisit en même temps les deux enfants pour les soumettre.

L'univers de *l'Odyssée* : cyclopes, sirènes et mangeurs d'hommes

Stratégies pédagogiques

Au CM, les élèves ont découvert le personnage d'Ulysse dans des réécritures et des adaptations pour la jeunesse. En 6e, l'accès au texte d'Homère s'en trouve facilité.
On pourra donc faire découvrir la richesse du sens de l'œuvre et les réflexions qu'elle suscite sur la notion d'humanité et de sauvagerie. On fera un lien avec le programme d'histoire à propos de la civilisation grecque de l'Antiquité et on initiera les élèves au genre de l'épopée.
Le parcours de lecture fait découvrir *l'Odyssée* en retenant des épisodes centrés sur la figure des monstres : Polyphème, les Sirènes, Charybde et Scylla, qu'il oppose à celle du héros Ulysse pour définir la notion de civilisation et sa valeur pour les Grecs.

Découvrir l'*Odyssée* d'Homère

p. 42

La première séance « Découvrir *l'Odyssée* » met en place les notions fondamentales (épopée, héros, auteur, langue, époque), à partir de l'invocation aux Muses qui ouvre le chant 1. On y associe l'observation d'une carte du parcours d'Ulysse, celle de l'alphabet grec et celle de représentations du héros et des Muses . On pourra faire écouter, en début de séance, la lecture de l'invocation à la Muse en grec, pour donner un écho de la musique de la langue.

Corrigé des questions

Comprendre le texte

1. Le verbe « dire » fait du poète un conteur plus qu'un écrivain. Il demande à la Muse d'être avec lui « diseuse des aventures ». C'est la muse qui parle par la voix du poète.
2. Le texte à compléter permet de repérer les informations essentielles du texte.

Nous savons par le titre de l'œuvre que le héros s'appelle *Ulysse*.
Le poète grec *Homère*, sans nommer son héros, nous fait comprendre ce que nous allons entendre. Il va raconter les aventures d'un homme aux *mille ruses.*
Il situe ces aventures dans le temps. Elles se déroulent après la *guerre de Troie*.
Le récit relate les *souffrances* endurées par le héros, qui veut ramener ses *compagnons* chez eux. Mais il n'y réussira pas car ces derniers ont mangé les *bœufs du soleil* et se sont attiré la colère de ce dieu.
4. a. L'exercice permet de découvrir l'alphabet grec, puis le nom des deux lettres qui ont servi à le désigner. On fait compter six alpha. On fait observer la similitude entre les majuscules grecques et françaises.
b. On fait prononcer le nom de la lettre (i grec) qui renvoie au grec.
5. Calliope est la muse de la poésie épique. On lit les noms des muses ; on établit un rapport entre art et mémoire.

TEXTE 1 — *Le Cyclope Polyphème* — p. 44

« Une terrible rencontre avec le monstre », Odyssée, *Homère*, VIIIe siècle av. J.C.

La rencontre avec le Cyclope permet d'aborder dès le début du parcours de lecture les notions de civilisation et de barbarie, si importantes pour les Grecs.

Corrigé des questions

Comprendre le texte

La rencontre d'un monstre

1. Le Cyclope est décrit comme un être monstrueux, « un géant », « un monstre prodigieux ». Les élèves recopient la dernière phrase « Il ne ressemblait…sommets » (l. 13 à 15). Le Cyclope est comparé à une haute montagne. On mentionne qu'on a voulu y voir un danger réel, le volcan, et qu'on a situé l'épisode des Cyclopes dans le sud de l'Italie où se trouvent le Vésuve et l'Etna. On annonce ainsi le thème qui sera abordé plus loin : les monstres de *l'Odyssée* peuvent représenter des dangers réels.
2. C'est la voix du Cyclope et son apparence qui sont terrifiantes (l. 25).

Civilisation contre sauvagerie

3. En se référant à la valeur sacrée pour les Grecs, l'hospitalité, Ulysse se présente comme un suppliant. Il demande à être bien accueilli, au nom de Zeus. On évoquera l'histoire de Philémon et Baucis : Zeus et Hermès se font passer pour de pauvres voyageurs pour voir comment les hommes respectent la loi sacrée de l'hospitalité. On opposera, quand on étudiera le dernier extrait, cet épisode et l'accueil qui est fait à Ulysse lorsqu'il rentre chez lui.

4. Ulysse respecte les dieux et les craint, le Cyclope les méprise et se sent plus fort qu'eux.

Ulysse	Le Cyclope
Respecte les dieux.	Les Cyclopes ne se soucient pas de Zeus tempétueux ; nous sommes plus forts qu'eux ; pour éviter la colère de Zeus…ni de tes compagnons.
Zeus est le vengeur des suppliants.	
Étrangers dignes d'être reçus comme des hôtes vénérables.	
Toi qui m'ordonnes de craindre les dieux et de me soumettre à eux.	

5. Les hommes sont appelés par Homère dans l'*Iliade* « mangeurs de pain », ce qui les oppose à la fois aux dieux (qui se nourrissent de nectar et d'ambroisie) et aux monstres mangeurs de chair humaine. L'épisode des Cyclopes offre une description crue et saisissante du repas du monstre. On fait repérer des lignes 38 à 44 les expressions les plus fortes : comparaisons, énumération des éléments dévorés. Les humains sont utilisés comme des animaux dont on se nourrit.

6.

Expressions du texte	Expressions de sens opposé
Sans lois	Ils ont des lois.
Ne plantent pas, ils habitent dans de profondes cavernes, ne labourent pas.	Ils plantent et labourent.
Les agoras ne leur sont pas connues ni les coutumes.	Ils ont des agoras et obéissent à des coutumes.
Ils habitent au sommet de hautes montagnes, dans de profondes cavernes.	Ils habitent dans des maisons et des villes.
Chacun d'eux … sans se soucier des autres.	Ils s'occupent des autres, ils ont une vie sociale.

Les Cyclopes représentent le contraire de la civilisation grecque : ils n'ont pas d'organisation sociale, ils vivent en « sauvages », et de plus, comme le montre la suite du texte, ils sont anthropophages.

On fait relire les expressions de sens opposé. On voit que le texte homérique offre une définition en creux de la civilisation : les hommes civilisés ont des lois et des coutumes, habitent des maisons situées dans des villages qui ont une place publique où l'on peut se réunir, et ont une vie sociale et des échanges.

Bilan

7. Le monstre est un être effrayant par son aspect : ici par sa taille et son œil unique. Il est également terrifiant par son comportement, ici sa sauvagerie.

Activités

Langue Connaître l'origine des mots (II.8)

Nous proposons des exercices de vocabulaire à partir des racines latines et grecques désignant la ville et le citoyen pour faire percevoir le lien entre cité et civilisation.
Les activités proposées pourront se faire par groupes de cinq élèves qui auront à leur disposition un ou plusieurs dictionnaires.

a. La première activité est orale : on répartira les 10 mots entre les 5 élèves.

Urbanisme	Science relative à l'organisation et à l'aménagement des espaces urbains, en vue d'assurer le bien-être général.
Urbanité	Politesse, courtoisie.
Politesse	Courtoisie, respect dans la manière de s'adresser à quelqu'un.
Civil	Qui relève du citoyen, de son statut, en tant que membre d'une collectivité nationale.
Police	Organisation chargée d'assurer l'ordre dans les villes.
Civilisation	État de développement économique, social, politique, culturel auquel sont parvenues certaines sociétés et qui est considéré comme un idéal à atteindre par les autres.
Politique	Qui concerne l'organisation du pouvoir dans une société et son exercice.
Incivilité	Comportement en société désagréable pour les autres.
Civisme	Sens du respect de la loi commune et du bien commun.
Policé	Poli, contrôlé.

Pour la question b), on reformera les groupes. La question c) fera l'objet d'un échange oral en classe entière.
La question d) sera faite individuellement puis reprise en commun.

b.

Civis, civitas	Civilisation, incivilité, civisme
Urbs	Urbanisme, urbanité
Politès et *polis*	Politique, politesse, police

c. On soulignera le lien entre les notions de civilisation et de cité : la civilisation se développe dans la socialisation et les échanges. On rapproche les mots de sens voisin – civilité, urbanité, politesse – issus des trois racines.
d. 1. Les politiques d'urbanisme bien conduites permettent de créer des quartiers où il fait bon vivre. 2. Cet homme est extrêmement courtois et d'une grande urbanité dans ses relations avec ses semblables. 3. J'aime que l'on s'adresse à moi avec politesse. 4. Les enfants sont inscrits à leur naissance sur le registre d'État civil. 5. Le but de l'existence d'une police est d'assurer l'ordre et le calme dans les villes. 6. La civilisation gréco-latine est d'une extraordinaire richesse. 7. Les hommes politiques sont nécessaires à l'administration d'un pays. 8. Les actes d'incivilité rendent la vie en commun difficile. 9. Par civisme, il est bon d'aller voter. 9. Un comportement policé est un comportement où l'on contrôle ses paroles et son attitude.

Si vous avez fini d'écrire

On peut organiser à la fin de l'heure une petite discussion sur le thème de la courtoisie, de la politesse, du respect… en faisant intervenir ceux qui ont réfléchi au « Si vous avez fini d'écrire ». Une bonne occasion de parler du comportement dans le collège et des règles de la vie en société.

TEXTE 2 — *Combattre le monstre* — p. 47

« Dans l'antre du Cyclope », *Odyssée*, *Homère*, VIIIe siècle av. J.C.

Cet épisode spectaculaire a une importance centrale dans *l'Odyssée* puisque toutes les épreuves d'Ulysse en découlent.

Corrigé des questions

Comprendre le texte

L'hospitalité du Cyclope

1. Le Cyclope semble bienveillant et semble vouloir faire un cadeau à Ulysse.
2. En réalité, son cadeau sera de dévorer Ulysse le dernier. Le Cyclope apparaît ainsi comme un monstre cynique et moqueur.

3. On fait relever « son cou monstrueux » (l. 16), « de sa gorge...chair humaine » (l. 16-17), « il vomissait ainsi, plein de vin » (l. 17-18). À la ligne 52, l'expression « le Cyclope monstrueux » résume cette impression.

Ulysse aux mille ruses

4. Ulysse est aussi rusé et habile qu'Hermès parce qu'il invente trois ruses efficaces : il dit s'appeler Personne, il enivre le Cyclope pour l'endormir et l'aveugler ; il imagine un moyen de sortir de la grotte à l'insu du Cyclope.
5. On voit le mouvement du pieu et on entend le bruit qu'il fait en brûlant l'œil. La comparaison avec le forgeron rend l'évocation saisissante.
6. En disant s'appeler Personne, Ulysse anticipe sur la suite des événements et cela montre qu'il les a prévus. En effet, Polyphème ne pourra pas faire appel aux autres Cyclopes pour poursuivre Ulysse. On fera relire le dialogue entre Polyphème et les autres Cyclopes qui pensent qu'il est devenu fou, et que ce mal lui a été envoyé par Zeus. On lira aussi et on commentera la satisfaction d'Ulysse : « alors je ris, ...ma ruse irréprochable » (l. 44-45).
7. On relit le passage : Ulysse fait sortir d'abord ses compagnons en les dissimulant entre deux moutons ; lui-même sort en dernier. On observe et on commente la peinture sur vase qui représente Ulysse. Il mérite bien son surnom d'« avisé ». Il se montre là un chef capable de sauver ses compagnons.

Bilan

8. Ulysse est un héros qui souffre, qui lutte et qui gagne ; il sort vainqueur des dangers grâce à son courage, sa ténacité, son esprit avisé, sa faculté d'observation et d'anticipation.

Activités

Langue (IV.1)

Sujets : les mâles des brebis, ils.
Attributs : forts et laineux, beaux et grands.

Oral Lire de manière expressive (II.2)

On pourra faire préparer ce travail par équipes de deux à la maison et organiser un retour en classe au début de l'heure suivante.

Écriture Réinvestir du vocabulaire en contexte (III.2)

On constituera des équipes de deux qui rédigeront les phrases ; on en fera une lecture commune commentée.

Critères	Remarques	Notes
Les phrases permettent de comprendre le sens des mots.		/5
Les phrases sont bien orthographiées.		/5
Les phrases sont syntaxiquement correctes.		/5
Les verbes sont bien conjugués.		/5
Total		**/20**

Oral Débattre sur un personnage (I.7)

On parle des notions de bien et de mal. Ulysse est-il « parfait » en tramant des ruses, en trompant le Cyclope ? Autrement dit on parle de la fin et des moyens.

TEXTE 3 — *Résister aux Sirènes* — p. 50

« Charmes et maléfices », *Odyssée*, *Homère*, VIIIe siècle av. J.C.

Stratégies pédagogiques

La séance veut sensibiliser les élèves à l'idée d'héritage et de communication entre les arts : à partir de l'étude du mythe des Sirènes dans *l'Odyssée*, on observe une représentation antique et une représentation médiévale, on note les différences.

Dans un deuxième temps, on voit comment le mythe a suscité aussi des créations musicales où les artistes ont imaginé faire entendre le chant envoûtant des Sirènes (activité interdisciplinaire). Pour ce prolongement et cette initiation au rapport entre œuvre littéraire et œuvre musicale, nous avons choisi deux pièces faciles à écouter et toutes les deux écrites en 1900. La première, *Sirènes* de Debussy est orchestrale et chorale. La seconde est un extrait de *Rusalka* de Dvorak ; c'est le célèbre « chant à la lune » chanté au début de l'opéra par la petite sirène, donc une voix soliste que soutiennent les instruments.

Quelques données complémentaires pour enrichir les réponses aux questions

Le mythe des Sirènes qui figure dans *l'Odyssée* est aussi rapporté par Apollodore dans sa *Bibliothèque*, Apollonios de Rhodes dans les *Argonautiques*, et Ovide dans les *Métamorphoses* (V,512). Hygin lui consacre deux fables.

Selon la tradition, les Sirènes représentaient les âmes des morts, elles charmaient les marins pour les entraîner puis les dévorer. Elles étaient représentées comme des oiseaux à tête de femme. C'est au Moyen Âge que leur représentation change, sans doute sous l'influence des légendes nordiques. On note qu'elles ne sont pas décrites dans *l'Odyssée*, mais nous proposons d'en voir et étudier une représentation picturale sur le fameux vase grec du British Museum.

Les auteurs rapportent que les Sirènes sont les filles d'Achéloos, le dieu du fleuve et que leur mère est une des muses. Elles accompagnaient Proserpine ou Cérès. Elles sont connues sous une dizaine de noms différents, mais le plus souvent, elles étaient trois, l'une jouait de la lyre, la deuxième chantait, la troisième jouait de la flûte. Elles habitaient au large de la Sicile.

Deux héros réussissent à échapper aux Sirènes : Ulysse, comme il est décrit dans *l'Odyssée*, et le poète Orphée : alors qu'il accompagne les Argonautes partis conquérir la toison d'Or, il triomphe d'elles par la puissance de son chant et sauve ainsi la nef Argo et son équipage.

Corrigé des questions

Comprendre le texte

Les Sirènes : des créatures « charmantes »

1. « Charmer » a un sens faible : « plaire », et un sens fort : « envoûter par une force magique » ; de même l'adjectif « charmant » (par ailleurs, on pourra évoquer l'origine de l'expression « le prince charmant »).

2. « Harmonieux » signifie « agréable à entendre ».

3. De leurs belles voix, elles flattent Ulysse (l. 17) ; elles lui promettent joie et connaissances ; elles lui montrent qu'elles connaissent son histoire (la guerre de Troie) et prétendent tout connaître. Ce discours peut tenter des hommes qui cherchent le chemin du retour et qui peuvent être sensibles à la flatterie.

Les Sirènes : des créatures maléfiques

4. Les lignes 5, 6, 7.

5. « Il est perdu… ne se réjouiront » (l. 2 à 4). Les Sirènes attirent les hommes par la puissance de leur chant et les dévorent.

Activités

Langue (IV.2)

Navigue/naviguez • Bouche/bouchez • Écoute/écoutez

Activité interdisciplinaire

On explique le but de ce travail sur la musique : les élèves ont l'habitude d'étudier des images, de voir des films en relation avec les œuvres littéraires étudiées : les manuels de primaire sont riches en images, mais les élèves sont beaucoup moins familiarisés à l'écoute de la musique classique et ne pensent pas qu'il y ait un lien entre littérature et musique. On explique donc le travail et on présente le choix des œuvres et leur contemporanéité.

Sirènes, Debussy

« Sirènes » est la troisième des pièces intitulées *Nocturnes* et écrites en 1900 pour orchestre et chœur de femmes. Elle est inspirée à Debussy par le thème de la mer ; il en définit ainsi l'atmosphère : « C'est la mer et son rythme innombrable, puis, parmi les vagues argentées de lune, s'entend, rit et passe le chant mystérieux des Sirènes ».
Après avoir expliqué l'activité et fait lire les questions, on fait écouter plusieurs fois le début de « Sirènes ».
En a et c, on apprend à « tendre l'oreille », à distinguer voix et instruments : harpes, violoncelles et contrebasses, puis apparition des voix de femmes et des vents.
b. Mystérieux, harmonieux, lointain… ? On cherche à faire émerger des émotions, on demande ce qu'a voulu exprimer le musicien.
d. On note la fusion des voix et de l'orchestre : les voix des Sirènes sont fondues dans la masse musicale car le chant est sans paroles, les voix sont traitées comme des instruments. De là un effet de halo, de flou musical porteur de mystère.

Chant à la lune, Dvorak

On procède comme pour la pièce de Debussy.
b. Le chant est mélancolique et tendre ; ce n'est pas du tout un chant maléfique. Il exprime le sentiment amoureux et la souffrance de la séparation. De nombreux élèves connaissent le conte de *La Petite Sirène*. On le fera raconter. On racontera le début de *Rusalka* : pour rejoindre celui qu'elle aime, grâce à l'aide d'une sorcière, Rusalka, la fille du roi du Lac, accepte de devenir muette…
c. On écoute plusieurs fois, on repère les effets sonores.
Pour finir, on fait observer les différences entre les deux œuvres : une orchestrale, une où la voix a une présence plus forte ; on demande aux élèves celle qu'ils préfèrent.
Vous trouverez sur Internet de nombreuses versions de ces deux pièces musicales. Wolfgang Sawallisch dirige l'orchestre et les chœurs de la NHK dans une vidéo qui présente l'intérêt de montrer les trois nocturnes (*Nuages*, *Fêtes*, *Sirènes*) séparément. Pour Dvorak, vous pouvez montrer aux élèves l'interprétation de la soprano russe Anna Netresko dont plusieurs versions de concert du *Chant à la lune* sont disponibles sur Internet.

Les représentations des sirènes : de la femme oiseau à la femme poisson

1. Les Sirènes sont représentées en a) sur un vase. En b), il s'agit de l'enluminure d'un manuscrit médiéval.
2. On compare le vase grec et la miniature médiévale : on fait observer les différences dans la représentation. Sur le vase grec, les Sirènes sont des femmes-oiseaux, sur l'enluminure, des femmes-poissons.
3. On définit les Sirènes comme des êtres hybrides : mi-animales, mi-humaines.

Une illustration contemporaine

4. Le moment représenté est celui où Ulysse, attaché au mât, entend les voix des Sirènes. Les Sirènes ne semblent pas ici être des charmeuses capables de séduire par leur beauté et leur chant divin, mais elles ressemblent plutôt à des sorcières : elles sont vêtues de noir, elles ont un visage grimaçant. L'illustrateur a montré leur véritable personnalité.

TEXTE 3	*Le héros victime des monstres*	p. 53

« Charybde et Scylla », *Odyssée*, *Homère*, VIIIe siècle av. J.C.

Corrigé des questions

Comprendre le texte

Des monstres ou des dangers réels ?

1. « Pieds » s'emploie pour les hommes, « cou » pour l'homme et l'animal, « gueule » pour un animal uniquement. Le mélange fait apparaître Scylla comme une créature monstrueuse et hybride.
2. Scylla : « au milieu de l'écueil il y a une caverne noire » (l. 5), « elle est plongée dans la caverne creuse jusqu'aux reins » (l. 12).
Charybde : « L'autre écueil… l'eau noire » (l. 17 à 20). Les monstres habitent sur deux écueils ; ils sont associés à la mer et à ses dangers. Un écueil est une roche dangereuse où peuvent se fracasser les bateaux.
Les monstres peuvent représenter les dangers qui guettent les marins, les tourbillons, les courants et les tempêtes.

3. Les deux monstres sont associés par comparaison et métaphore au lion : « rugissements » (l. 6), « rugissait » (l. 37). On parle souvent des rugissements de la tempête. Le bruit évoqué est celui de la mer déchaînée.
4. Situés par la tradition au large de la Sicile, dans le détroit de Messine qui sépare l'île de l'Italie, les monstres peuvent correspondre aux tourbillons qui se forment dans le détroit et aux tempêtes qui y sont fréquentes.

Les souffrances humaines

5. Les compagnons d'Ulysse sont comparés à des « petits poissons » pris par un pêcheur et jetés vivants sur le rocher. La comparaison est rendue vivante et émouvante par la répétition de l'adjectif « palpitant » dont on expliquera le sens.
6. Les compagnons d'Ulysse sont terrorisés et désespérés. On fait relever dans les lignes 42-43 les manifestations de ce désespoir : ils appellent à l'aide, ils tendent les mains. Le texte se clôt par un commentaire d'Ulysse qui souligne le malheur des marins.
7. Le récit met ici en scène un épisode qui voit les héros souffrants et vaincus. Les monstres représentent ici les dangers de la navigation.

Bilan

8. Les monstres combattus sont des êtres effrayants et hybrides, sans pitié, qui recherchent la mort des hommes. On fera rappeler les caractéristiques de Polyphème et des Sirènes. Le but d'Ulysse est de sauver ses compagnons, de les ramener chez eux et de rentrer à son île d'Ithaque.

Activités

Écriture Décrire un monstre (III.1)

Cette activité d'écriture peut être réalisée individuellement en suivant la démarche indiquée.
On peut aussi mettre en place un travail de groupe que l'on organisera de la façon suivante :
Les élèves forment des groupes de trois. Ils se répartissent les trois activités préparatoires à l'écriture puis mettent en commun leur travail. Ils écrivent ensuite individuellement en suivant les conseils d'écriture. Puis ils lisent entre eux les textes obtenus. Ils échangent ensuite les copies, et proposent des corrections de langue ou des améliorations sur le texte qu'ils ont en main. Chacun recopie ensuite son propre texte et le remet au professeur.

Critères	Remarques	Notes
Le monstre est décrit immobile puis en action.		/4
Le repaire du monstre est rendu repoussant par un détail bien choisi.		/4
Les verbes d'action sont variés.		/4
Différents types de phrases sont employés pour rendre le récit vivant.		/4
Le texte est correctement ponctué.		/4
Total		**/20**

LECTURE D'IMAGE — *Représenter les monstres* p. 56

Ulysse entre Charybde et Scylla, *Johann Heinrich Füssli.*

Corrigé des questions

1. Il s'agit simplement de lire la légende du tableau. Quelques éléments biographiques pourront venir compléter la réponse : Füssli a travaillé en Angleterre et en Italie où il a copié les classiques et étudié la sculpture gréco-latine ; les thèmes fantastiques étaient nouveaux à son époque et il a inspiré beaucoup de peintres ultérieurs, les romantiques et les surréalistes.
2. Cette question vise à faire formuler des réactions spontanées et à faire naître une observation plus attentive. Les détails cités par les élèves seront repris à l'occasion des questions suivantes qui ne seront pas nécessairement traitées dans l'ordre où elles sont proposées. On peut très bien ne se soucier de l'auteur qu'après l'analyse de l'image ou commencer par le personnage d'Ulysse.
3. Les monstres surplombent Ulysse et l'attaquent d'en haut, le héros se protège de son bouclier ; cette construction du tableau contribue à la dramatisation de la scène. Dans le haut du tableau, à gauche, on distingue une tête de monstre ; elle tient dans sa gueule un homme qui tend les bras. À droite, des jambes et des bras de victimes

s'agitent. Au centre, se dresse un bras. Le monstre est suggéré plus que représenté. Les rochers sombres forment un contraste dramatique avec la mer représentée dans des nuances de blancs et gris, sous forme d'écume et de vagues. Les zones sont mal définies et ce flou contribue à la dimension fantastique du tableau.

4. On commentera la représentation presque symbolique du bateau dont on devine la proue à droite. Le pont du bateau est stylisé, simplifié pour suggérer le mouvement en avant du navire emporté sur le flot. Ulysse est représenté nu, armé de son bouclier et de son épée, comme dans la tradition antique qui divinise ainsi le héros. Le corps blanc se mêle à la représentation de la mer. La nudité est un attribut des morts, cela souligne le danger.

On pourra montrer la statue du gladiateur Borghèse, en fait une représentation de guerrier, dont Füssli sans aucun doute reprend le mouvement, qu'il ait vu l'original ou en ait étudié des copies ; on fera ainsi comprendre l'idée d'héritage et la notion d'imitation.

5. Le héros : « M'étant revêtu de mes armes splendides, et, ayant pris deux longues lances, je montai sur la proue de la nef d'où je croyais apercevoir d'abord la rocheuse Scylla apportant la mort à mes compagnons. »

Les compagnons : « Et, comme je regardais sur la nef, je vis leurs pieds et leurs mains qui passaient dans l'air ; et ils m'appelaient dans leur désespoir. »

Le repaire : « Vous croiserez deux écueils. L'un, de son faîte aigu, atteint le ciel, et une nuée bleue l'environne sans cesse… Au milieu de l'écueil il y a une caverne noire. »

On pourra faire aussi relever des expressions qui décrivent le monstre et trouver des correspondances dans le tableau : « à chaque cou est attachée une tête horrible, et dans chaque gueule pleine de la noire mort il y a une triple rangée de dents épaisses et nombreuses. »

TEXTE 5	*Civilisation contre barbarie*	p. 57

« Ulysse retrouve Pénélope », *Odyssée*, *Homère*, VIIIe siècle av. J.C.

Stratégies pédagogiques

Il n'y a pas de monstres ici. Mais Ulysse retrouve Pénélope et quitte le monde hostile des monstres pour la civilisation et ce qui fait l'humanité des hommes. L'étude est orientée selon cette perspective de lecture pour ce dernier extrait qui clôt le parcours dans *l'Odyssée*. Deux axes de lecture font découvrir les éléments constitutifs de la civilisation : l'art et les techniques qui font que l'homme s'élève au dessus des autres animaux, l'intelligence et l'amour opposés à la grossièreté et la cruauté du monstre. Pour rendre sensible l'émotion, on fera entendre la lecture de ce passage par la conteuse.

Corrigé des questions

Comprendre le texte

L'art et la technique constitutifs de la civilisation

1. On lira les lignes 22 à 31. Ulysse utilise le bois, l'or, l'argent, l'ivoire, le cuir. Ses outils sont un outil métallique désigné par la métonymie « l'airain », le cordeau, la tarière. On demande à quoi servent les outils utilisés par Ulysse – à creuser, à tailler, à polir – et ce que sont les matériaux : des matériaux précieux qui correspondent à un art de vivre raffiné et à la richesse, et qui supposent une maîtrise des métiers de l'artisanat – menuiserie, ébénisterie, orfèvrerie, travail du cuir, ivoirerie. On relève les verbes qui correspondent au travail de l'artisan : couper, trancher, polir, trouer, construire, orner, tendre.

2. On fait trouver les noms de métiers : Ulysse est à la fois menuisier, ébéniste, orfèvre, ivoirier.

Dans *l'Odyssée*, héros et princesses accomplissent des tâches qui aujourd'hui ne sont pas celles des puissants : Nausicaa lave son linge avec les servantes, Ulysse est un artisan… c'est un des charmes du livre.

L'intelligence et l'amour comme valeurs de la civilisation

3. Pénélope n'a pas revu Ulysse depuis 20 ans. Il a changé sans doute. De plus, il est arrivé en se faisant passer pour un mendiant dont il a l'aspect repoussant. Enfin, pressée par les prétendants de choisir un époux, elle ne peut que se méfier des hommes dont « beaucoup méditent des ruses mauvaises » (l. 44-45). On lit la dernière réplique de Pénélope et on s'appuie sur son analyse pour justifier le comportement de l'épouse d'Ulysse.

On s'assure que les élèves ont bien compris la ruse du lit et le piège tendu par Pénélope. On relit les lignes 12 à 34. Pénélope prétend faire déplacer le lit de sa chambre. Or le lit est inamovible ; seuls Ulysse, la nourrice et Pénélope le savent.

Pénélope mérite son surnom de sage. On le voit à cette ruse et aux explications qu'elle donne sur son attitude. Ulysse lui-même reconnait à la fin la sagesse de « sa chère femme si prudente ». On commente le sens de « prudente » (= sage).

4. Pénélope parle à Ulysse avec respect sans se laisser irriter par les paroles outrageantes qu'il a eues (« les dieux t'ont donné un cœur dur », l. 4). Elle se montre sensée, polie, civilisée. Elle fait donc preuve de sagesse, de patience et mérite bien son surnom.

5. La scène se clôt par le passage des retrouvailles qui est développé et cherche à faire partager au public ou au lecteur l'émotion des héros.
L'émotion des héros est montrée par les gestes : « les genoux défaillirent » (l. 35), « jetant ses bras au cou d'Ulysse, elle baisa sa tête » (l. 37-38), « serrant dans ses bras sa chère femme » (l. 51). On fait commenter la signification de ces gestes. Tous deux pleurent (l. 37, l. 50).

Bilan

6. Plusieurs éléments ancrent le texte dans un monde civilisé :
– les objets : le trône, le lit ;
– un lieu : le palais ;
– une organisation sociale hiérarchisée : femme, servante ;
– des échanges verbaux longs entre les personnages (on les opposera aux répliques entre Ulysse et le Cyclope) ;
– des personnages qui sont capables d'analyser leur comportement, leurs actions et leurs sentiments ;
– des personnages qui sont capables d'aimer.
On oppose les hommes aux monstres. Les monstres vivent dans des lieux sauvages (Cyclope : montagne ; Sirènes, Charybde et Scylla : mer). On ne voit guère d'échanges entre eux, ils n'ont pas d'habitation raffinée : le Cyclope vit dans une grotte, les Sirènes dans des espaces désolés, Charybde et Scylla sur des écueils. Ils ont un comportement violent, brutal et ne parlent pas ou peu. Toutes leurs actions sont tournées vers un désir de mort.

Activités

Oral Dire un texte de façon expressive (II.2)

Cette dernière séance permet de faire le portrait final du héros. Quoique la brièveté du parcours nous ait contraint à laisser de côté bien des épisodes éclairants, on peut faire sentir aux élèves qu'Ulysse émeut le lecteur parce qu'il est à la fois un héros exceptionnel capable d'exploits extraordinaires et un homme qu'on voit souffrir.
Exceptionnel, Ulysse l'est par ses qualités d'endurance et de ruse qui lui permettent de triompher des monstres ; par son intelligence qui lui permet de deviner et déjouer les ruses de Circé.
Simple homme, il l'est aussi parce qu'il peut avoir le dessous parfois (comme avec Charybde et Scylla), être désespéré mais se ressaisir, éprouver tous les sentiments que peut éprouver un homme ordinaire : la colère, l'amour, la tendresse, la nostalgie, le doute. Il est homme parce qu'il rêve non d'exploits guerriers mais d'un retour auprès de son épouse, dans l'île d'Ithaque.

Écriture Décrire une personne qui crée (III.2)

On attirera l'attention des élèves sur la nécessité d'un bon choix. Il faut choisir de présenter la réalisation d'un objet que l'on aime fabriquer, que l'on connait bien ; ou raconter une expérience réelle dont on a été un témoin attentif, admiratif ou amusé. Il ne s'agit pas d'inventer mais de rendre compte d'une expérience réelle.

Critères	Remarques	Notes
Chaque étape de la fabrication est décrite précisément.		/4
Les sentiments du créateur de l'objet sont évoqués.		/4
Le texte est clair et précis.		/4
Les adjectifs qui décrivent l'objet réalisé sont variés.		/4
Les verbes qui décrivent les gestes sont variés.		/4
Total		/20

DU PLAISIR DES MOTS AU PLAISIR D'ECRIRE — *Monstres et merveilles* — p. 60

Stratégies pédagogiques

Cette série de propositions vise avant tout à permettre à tous les élèves de réussir un travail écrit, même bref. Les consignes données relèvent d'un travail d'atelier d'écriture visant à susciter les écrits et à faire fonctionner l'imagination. On a voulu permettre un moment de jeu et de plaisir dans lequel les élèves entreront facilement grâce aux connaissances acquises et aux lectures faites.
Certaines propositions sont susceptibles également de déboucher sur une écriture plus longue. Suivant la manière dont les élèves réagissent à chaque consigne, on peut décider ou non de prolonger l'exercice.

Corrigé des questions

Activité 1 : Fiches d'identité imaginaires

Exemple : La sorcière
Elle est présente dans les contes : Dame Trude, Hansel et Gretel, Blanche-neige, Baba-Yégabika dans Ivan le Tarurillon.
On la représente généralement comme une femme laide, parfois vieille ; on peut lui prêter une apparence monstrueuse (Dame Trude), elle a parfois le pouvoir de modifier son apparence. Elle vit dans une maison située dans un endroit isolé : dans la forêt le plus souvent. Elle est maléfique.

Activité 2 : Mots-valises et monstres grecs

Un mot-valise est composé de parties de termes existants. Sa signification est dictée par l'association des idées obtenue par la réunion de ces parties de mots.
– La Chimère est composée d'un corps et d'une tête de lion + une seconde tête de chèvre et une queue de serpent. Pour Homère, elle a une troisième tête, de serpent, et crache du feu.
– Un centaure est un cheval avec un buste et une tête d'homme.
– Un sphinx / la sphinx a un buste et une tête de femme, les pattes et la queue d'un lion et les ailes d'un oiseau.
La Chimère : chèvroisonne ; le centaure : hipphomme, chevhumain ; la sphinx : femoisonne.

Activité 3 : Mots-valises et monstres hybrides

– Trollclope : un troll et un cyclope ; les trolls n'ont pas, dans la mythologie nordique d'apparence précisément décrite, on les dit surtout très laids. Le trollclope pourrait être un géant avec un œil au milieu du front très laid, par exemple poilu, ou bossu.
– Cyrsière : une sorcière et un cyclope ; une sorcière géante avec un seul œil au milieu du front, qui détesterait les humains.
– Sirelfe : sirène et elfe ; belle sirène qui veut du bien aux humains et les enchante par sa voix pour les consoler lorsqu'ils sont tristes.
– Dratin : dragon et lutin ; un minuscule dragon farceur mais capable de cracher une petite flamme, qui ferait peur aux fourmis et aux petits êtres ; les enfants en auraient comme animal de compagnie.

Activité 4 : Inventer l'histoire de Médusine

L'intérêt du récit réside dans le mélange de réalisme (le salon de coiffure) et la créature fantastique.

Activité 5 : Un monstre en « ul »

– En –ul : calcul, nul.
– En-ule : majuscule, bascule, crapule, animalcule, ventricule, calcule, dissimule, capsule, minuscule, pellicule, tentacule, libellule, brûle.
– En –ulle : tulle, bulle.

Activité 6 : Rêverie sur les monstres et autres créatures imaginaires

La première phrase du texte permet une diction « naturelle » du texte.
On peut dire aux élèves de dire le texte comme une explication donnée à un enfant.

Activité 7 : Des monstres à inventer

On peut susciter des réactions à l'oral et laisser venir les associations d'idées avant de passer à l'écriture ou au dessin.

Activité 8 : Des souhaits et les fées

L'activité peut donner lieu à un écrit court ou permettre un véritable récit.

Activité 9 : Une fée et sa légende

On peut demander aux élèves de se mettre à deux et de prendre des notes avant de donner leur interprétation oralement.
On peut aussi faire rédiger des récits individuels

La première image montre Raymondin regardant Mélusine dans son bain.
Dans la légende, avant ce moment, les deux époux ont eu dix fils, tous porteurs d'une singularité physique attestant leur origine maternelle surnaturelle. Mélusine, très bonne mère, donne également au royaume prospérité et richesse.
Pour la seconde image, on peut imaginer que la fée, surprise, s'envole par la fenêtre.
Dans la légende, Raymondin avoue qu'il l'a regardée. On dit aussi qu'il lui aurait reproché le comportement sauvage d'un de leurs fils qu'il aurait attribué à son origine non humaine.
Mélusine, dans sa forme de serpente, s'envole alors par la fenêtre en poussant un terrible cri.
À la troisième image, on voit Mélusine, restée bonne mère, qui revient la nuit allaiter ses plus jeunes fils.

Activité 10 : Des titres pour créer des histoires

Les titres sont ceux de contes russes recueillis par Afanassiev. Les gousslis sont des intruments de musique à cordes mais il vaut mieux laisser les élèves imaginer ce qu'ils sont.
Cet exercice se prête assez bien à un travail à deux pour la partie de recherche d'idées.
On peut, si la classe a déjà rédigé des parties de récit, demander un conte complet.

Activité 11 : Logorallye

Il s'agit d'une sorte de puzzle verbal, qui peut permettre aux élèves en difficulté de produire un texte et qui donne à tous le plaisir d'écrire de manière ludique.

Activité 12 : Être un personnage imaginaire

L'intérêt de la proposition est de donner à un personnage légendaire une sensibilité et une personnalité. La fantaisie est de rigueur, la transposition moderne est possible.

Thésée, un tueur de monstres

Dans le labyrinthe p. 64

Ariane contre le Minotaure,
Marie-Odile Hartmann, 2004.

Corrigé des questions

Recherches documentaires

1. Son vrai père est Poséidon. Il a débarrassé la Grèce du géant Procuste, qui mettait les voyageurs au supplice en les faisant coucher sur un lit trop court ou trop long et étirait leur corps pour l'« adapter » au lit.
2. Son père est le roi d'Athènes.
3. Il a demandé à son père à partir pour tuer le Minotaure.

Présentation orale en groupes

Groupe 1
Ariane, fille du roi de la Crète, Minos, attend la grande fête de l'automne et l'arrivée des otages athéniens.

Groupe 2
Ariane fait parvenir à Thésée, l'épée du roi. Elle lui donne le fil qui lui permettra de retrouver son chemin dans le labyrinthe. Thésée entre dans le labyrinthe, affronte le Minotaure et le tue.

Groupe 3

Thésée abandonne Ariane sur l'île de Naxos où Dionysos la recueille. Thésée oublie de mettre les voiles blanches à son navire et son père Egée, croyant qu'il est mort, se suicide.

Ce que vous avez appris... p. 68

Bilan du chapitre

1. Un conte d'avertissement finit mal. Il montre comment un héros cède à une tentation et comment il en est puni.
2. Un miroir magique, une fontaine qui guérit, une forêt, un château, une fée, une sorcière.
3. Au début, il est un enfant. À la fin, il est devenu un adulte, un être accompli qui est capable de vivre seul, de se marier et d'avoir des enfants.
4. Le Cyclope est un géant à un seul œil qui mange de la chair humaine ; Charybde et Scylla sont deux monstres marins qui dévorent les humains ; les Sirènes, mi-femmes, mi-oiseaux charment les marins par leurs chants avant de les noyer.

2. Des récits d'aventures pour voyager et pour apprendre

Présentation du chapitre

Esprit et intentions de l'étude

Un genre et des sous-genres

L'objet d'étude s'organise autour d'un genre clairement circonscrit, le roman d'aventures, qui naît dans la deuxième moitié du XVIIIe siècle, s'épanouit au XIXe siècle et présente encore quelques chefs d'œuvre au XXe siècle.
Le genre se définit aisément : un héros, souvent masculin, pourvu de qualités morales et physiques admirables, vit des aventures exaltantes, souvent fort loin de son lieu natal et, après mille dangers, revient chargé de richesses, de gloire ou, parfois plus modestement, de souvenirs et d'expérience.
Notre manuel propose d'étudier ce genre en parcourant ses différents sous-genres : *La Guerre du feu* et *Le Dernier des Mohicans* permettront d'étudier un roman (pré-)historique, et le mélange de savoirs et d'aventures qu'il présente d'ordinaire. *Vingt mille lieues sous les mers* est un roman d'aventures scientifiques. *Construire un feu* et *Premier de cordée* sont plutôt des romans d'exploration, centrés sur la découverte d'une nature hostile. *L'Île au trésor* invente et porte à son point d'incandescence le roman de piraterie.
Les rubriques « À retenir » se centreront sur les héros et la manière dont l'empathie que l'on éprouve pour eux permet de retenir l'attention du lecteur, et de lui faire tourner, avec fébrilité, les pages du roman.

Héros et dangers

Les dangers sont multiples dans les récits d'aventures : monstres de la nature, contrées arides ou glacées, princes ambitieux, Indiens farouches. Mais il s'agira surtout d'étudier ce que les dangers révèlent du héros, et les qualités physiques, intellectuelles et morales que le péril sollicite et fait éclore. Un homme cruel est prêt à se sacrifier ; un voyageur arrogant se découvre habile et minutieux ; un alpiniste devient autoritaire et courageux ; un jeune garçon d'auberge se révèle à lui-même et affronte les plus farouches pirates des sept mers ; un jeune homme sauve son peuple et en devient le chef. Le récit d'aventures est avant tout une initiation.

Le travail d'expression orale et écrite

Le travail d'expression orale et écrite est constant, dans les questionnaires sur le sens des textes, comme dans des rubriques spécifiques intervenant à la fin de l'étude de chaque texte appelées *Activités* et dans les doubles pages consacrées à l'expression orale et écrite (*Oral, Des outils pour rédiger, Du plaisir des mots au plaisir d'écrire*).
Il s'agira à la fois d'écrire des aventures palpitantes, mais aussi de les lire ou de les raconter à ses camarades.
De nombreux travaux de recherche permettront de stimuler et d'alimenter l'imagination des élèves.

La structure du chapitre

L'ouverture

L'ouverture, intitulée *Ce que vous savez déjà...*, est destinée à rafraîchir les connaissances que les élèves ont déjà sur les récits d'aventures. En CM1 et CM2, ils ont notamment étudié des aventures mettant en scène des enfants ou des animaux.

L'étude des textes

– Elle comprend quatre parties : deux groupements de textes autour des différents sous-genres du récit d'aventures, un parcours de lecture de *La Guerre du feu*, une lecture cursive de l'*Île au trésor*.
– À l'occasion de l'étude de chaque texte, la question « Bilan » permet de faire le point sur ce que l'étude du texte a apporté à l'exploration du genre.
– La rubrique *Des outils pour rédiger*, placée après le premier groupement de textes (partie 1), est consacrée à des exercices permettant l'écriture d'aventures palpitantes.
– La page d'*Oral* propose un entraînement à la compréhension orale et à la lecture de récits d'aventures.
– La rubrique d'expression écrite *Du plaisir des mots au plaisir d'écrire* propose exercices et jeux d'expression liés aux aventures à travers le monde et l'histoire.
– Une double page *Cinéma* est consacrée à la comparaison du film *Pirates des Caraïbes* et du roman *L'Île au trésor* de Robert Louis Stevenson.
– Des activités interdisciplinaires et numériques prolongent l'étude des textes.

Ce que vous savez déjà... p. 72

Corrigé des questions

Rassemblez vos connaissances

1. En classe de CM, les élèves ont notamment étudié des aventures mettant en scène des animaux et des enfants. On acceptera (pour cette partie introductive) un sens élargi du mot « aventure » : Harry Potter comme Luke (ou Anakin) Skywalker connaissent des aventures, de même Sherlock Holmes ou Bilbon Sacquet. On resserrera ensuite la définition du mot « aventure », en écartant ce qui relève de la science-fiction, du polar ou du roman policier, de la *fantasy*, du conte ou du merveilleux.
2. Les aventures se déroulent souvent dans des lieux naturels, exotiques ou non, mais toujours impressionnants ou fascinants, et parfois dangereux : déserts de glace ou de feu, jungles et forêts, marécages et savanes, océans et hautes montagnes. Ces lieux dépaysent et instruisent le lecteur à la fois. Notons quelques aventures se situant sous la terre ou dans l'espace (l'aventure risque alors de basculer dans la science-fiction ou le *space opera*).
3. Les aventuriers sont souvent des hommes (mêmes si les librairies proposent de plus en plus une forme de parité), jeunes et forts. La faiblesse physique du héros (s'il est adolescent) est souvent compensée par des qualités morales telles que la détermination, le courage et le sens du sacrifice ou des qualités intellectuelles, telles que l'astuce, la ruse et la culture. Les héros peuvent également se montrer patients, minutieux et attentifs, et ainsi déjouer les pièges et les embûches.
4. Les aventuriers pèchent souvent par arrogance ou par orgueil, trop sûrs de leurs qualités. Ils peuvent également se montrer ignorants (notamment lorsqu'ils découvrent des terres et des peuples qu'ils ne connaissent pas).
5. Ils peuvent se confronter à des humains (Indiens cruels, pirates féroces, sorciers maléfiques, brigands et hors-la-loi) ou à des monstres de la nature (requins et poulpes, taureaux furieux, tigres et lions) ou des monstres merveilleux (l'aventure bascule alors dans le conte merveilleux ou le roman de *fantasy*). La nature peut également leur être hostile : un océan, une tempête déchaînée les menacent, un gouffre insondable, un volcan en éruption. Mais un temple truffé de pièges, un coffre ou un bijou maudit peuvent également se refermer sur nos héros.

6. Les héros peuvent être aidés par d'autres personnages humains, plus forts et plus savants, par des animaux (Milou, un lion rencontré dans la savane), des robots intelligents, etc. Notons qu'un opposant peut souvent devenir un ami précieux, un rival, un allié (Le capitaine Hadock menace puis aide Tintin.).

Retrouvez l'univers du récit d'aventures

1. Croc-Blanc est le héros de ce texte. C'est lui qui donne son nom au récit d'aventures. Il est en effet « extraordinaire », à la fois rapide, rusé, puissant et déterminé. Cherokee présente aussi d'indéniables qualités, mais sa brutalité l'empêche d'être un héros. D'ailleurs, le public du spectacle de chiens applaudit et admire Croc-Blanc, ce public est un écho du lecteur, qui ne peut qu'admirer la détermination du chien.
2. On peut, tel le public, admirer Croc-Blanc pour sa force et sa détermination lors du combat. Par ailleurs, le récit suit le point de vue de Croc-Blanc. On connaît à la fois ses sentiments et la logique de ses mouvements, lors du combat. Ainsi on éprouve de l'empathie pour lui : on frémit de joie lorsqu'il est sur le point de porter un coup fatal au bouledogue, on tremble lorsque son adversaire reprend le dessus et referme ses mâchoires sur lui.
3. On peut proposer diverses hypothèses : un retournement de situation pourrait redonner l'avantage à Croc-Blanc, il pourrait même terrasser Cherokee, gagner le combat et les honneurs.
Il est plus probable que Cherokee gagne : Croc-Blanc pourrait alors mourir ou rester inconscient. Dans ce cas, son maître pourrait le soigner, le réconforter et l'entraîner pour une future revanche. Il pourrait aussi le frapper et le chasser ou l'abandonner. Toutes les solutions, des plus heureuses aux plus tragiques semblent envisageables.

Découvrez le chapitre

Les élèves sont conduits à faire des hypothèses, non à deviner la bonne réponse.
Il s'agit pour les élèves de compléter et corriger les questions de « Rassemblez vos connaissances ». Ainsi, on pourra ajouter des lieux (comme la mer, ou les hautes montagnes), imaginer des aventures qu'on n'avait pas encore envisagées (l'exploration notamment), ou des dangers (les Indiens).
On pourra aussi écarter les œuvres et les sous-genres qui ne relèvent pas à proprement parler de la science-fiction : récits merveilleux, contes, romans policiers, etc.
Une définition du roman d'aventures pourra, *in fine*, être élaborée avec la classe. Elle mettra en avant les qualités du héros, le cadre naturel, les dangers variés ainsi que l'attitude du lecteur, toujours prêt à s'identifier au héros et à tourner, dans l'anxiété ou l'exaltation, les pages du livre.

Partie 1 : Face à un ennemi, ruser ou se battre

TEXTE 1 — *Éviter le danger* p. 74

« Des Indiens dans la nuit », *Le Dernier des Mohicans*, *James Fenimore Cooper*, 1826.

Stratégies pédagogiques

On pourrait, au début du cours, poser aux élèves la question suivante : quelles différences et quels points communs y a-t-il entre les Indiens du texte et ceux des illustrations ?

L'Indien *Nuage Blanc* peut intimider, comme les Indiens du texte. En effet, son regard semble à la fois noble, fier, et farouche. Son visage est peint en rouge et en vert, une main et d'étranges figures apparaissent sur son corps, des plumes et des feuilles jaillissent de sa coiffure, il est paré de crocs et de laine. Cette tenue de combat est effrayante. Même si les Indiens du texte ne sont pas décrits aussi minutieusement, on peut, comme *Nuage Blanc*, les admirer et les redouter dans le même temps.

La scène de la gravure peut rappeler celle du texte : la scène est nocturne, des Indiens se déplacent dans la forêt. Ils semblent à la fois rapides, sûrs et dangereux.

Les Indiens du texte sont également dangereux. Ils « gesticul[ent] » et « cri[ent] » en voyant le fortin et ils ne peuvent que terroriser ses occupants. Pourtant, ils ne semblent pas si sauvages. Ils montrent à la fois de la prudence, de la ruse (ils se séparent pour explorer la clairière) et du courage (« ils n'ont pas l'habitude de fuir le danger »). Surtout, ils sont pleins de respect et de révérence pour leurs morts. Le texte de Fenimore Cooper est ainsi porteur d'une morale : il apprend à reconnaître les qualités des Indiens et à éviter un combat fatal.

Des élèves retrouveront peut-être la pénombre de la scène dans la gravure.

Un bilan écrit évoquera cette figure nuancée de l'Indien, le type de dangers que l'on peut rencontrer dans les récits d'aventures, ainsi que l'attitude à avoir face au danger, les comportements lâches ou bravaches à éviter, ainsi que les qualités que suscitent les événements extraordinaires (cf. *infra*).

Corrigé des questions

Si vous avez fini de lire

Les élèves devront situer la clairière entre le fortin et la forêt.
Ils devront placer dans le fort Heyward, Duncan, les deux sœurs Cora et Alice, les deux Mohicans, Chingachgook, Uncas et le chasseur Œil-de-Faucon.

Comprendre le texte

Les Indiens arrivent…

1. La scène se passe de nuit. De jour, les Hurons auraient plus facilement aperçu les traces des héros. Une terrible bataille aurait pu éclater, et les héros auraient peut-être péri.
2. Les expressions « un Indien », « le chef », « les Hurons », « des sauvages », « les sauvages », « un grand huron », les « autres compagnons », « des daims effarouchés », « les deux sauvages » désignent les Indiens. Il s'agit d'une description typique des Indiens au XIXe siècle. Ils apparaissent comme des êtres à la limite de l'humanité, « sauvages », proches des animaux, comme les « daims », et de la nature, toujours en bande avec leurs « compagnons », féroces et farouches.

Dans le vieux fortin

3. Il y a sept personnages dans le fortin :
– Heyward et Duncan, semblent prêts à tirer sur le premier Indien qui s'approchera.
– Le chasseur Œil-de-Faucon les retient car il pense qu'on peut éviter le combat.
– Les sœurs Cora et Alice se contentent de trembler et d'avoir peur.
– Les deux Mohicans se tiennent de chaque côté de la porte, prêts à se battre.
4. L'attitude du chasseur et des Mohicans semble la plus sage : ils sont prêts au combat (à la différence des deux sœurs) mais préfèrent l'éviter si possible (à la différence des soldats, plus téméraires).
5. Les mots « silence », « entendit », « parler », « ton », « grave », « bruit », « froissées », « explosion », « s'écria », « exclamation », et « criant » appartiennent au champ lexical du bruit. Les Indiens ne voyant pas les héros, il suffirait d'un bruit, le souffle d'un cheval ou une explosion, pour qu'une bataille s'engage. Par ailleurs, certains occupants du fort ne voient pas les Indiens, et doivent s'en remettre à leur ouïe pour savoir ce qui se passe.

6. Plusieurs réponses sont envisageables : le moment où les Indiens débouchent dans la clairière, lorsqu'ils regardent le fortin et qu'un « Hugh ! » retentit, le moment où ils sont si près qu'ils pourraient entendre le bruit des chevaux ou lorsqu'ils sont sur le point de partir – et qu'un revirement est encore possible. Les mouvements, à peine perceptibles dans le noir, ainsi que le bruit, participent à la tension de la scène. Toute cette scène est une source d'anxiété pour les habitants du fortin... et le lecteur.

Un combat inévitable ?

7. Le Huron trouve une tombe de son peuple. La clairière devient dès lors un lieu sacré pour lui. Il faut respecter les ancêtres dont la réapparition, sous la forme d'esprit, est toujours possible.

8. Les Indiens quittent précipitamment la clairière parce qu'ils révèrent et craignent leurs morts. S'ils étaient restés plus longtemps, ils auraient sans doute repéré les héros. Ils se seraient battus avec, et de nombreuses morts, de part et d'autre, auraient été à déplorer.

Bilan

9. De nombreux éléments du texte concourent au suspense de cette scène : un grand danger ; des personnages stéréotypés (des filles craintives, des Indiens sauvages) ; des personnages réagissant différemment face au danger et auxquels on peut s'identifier (le courage, l'audace, la fermeté, la peur) ; une scène sombre et une forêt isolée ; des bruits angoissants ; le rôle du hasard et de la chance ; la mention d'un élément surnaturel (la crainte de voir un esprit). L'atmosphère est à la fois sombre, magique et exaltante.

Activités

Langue (IV.2)

Il aperçoit le vieux fortin et, à la clarté de la lune, on peut voir la surprise se peindre sur son visage. « Hugh ! » s'écrie-t-il, et l'exclamation provoque l'afflux des autres compagnons.

Écriture Écrire une aventure de western (III.1)

Critères	Remarques	Notes
Le récit respecte ce que nous savons des habitants du fortin.		/4
Le récit est cohérent (raison valable d'aller dans la forêt, objet utilisé à propos).		/4
Le récit est haletant.		/4
Les phrases sont courtes et bien délimitées.		/4
Les verbes sont bien conjugués.		/4
Total		**/20**

TEXTE 2 | *Affronter le danger* | p. 77

« Le combat contre la pieuvre », Vingt mille lieues sous les mers, *Jules Verne*, 1869.

Stratégies pédagogiques

Dans un premier temps, on peut laisser les élèves prendre connaissance, seuls, du texte, et s'en remettre aux notes de vocabulaire pour comprendre les mots et les passages difficiles.
On peut également assurer la lecture à voix haute, insister sur des éléments précis, et donner au texte les inflexions de son choix.
On peut enfin, en se rendant sur le site, faire écouter à la classe la lecture qu'en propose la conteuse.

Il est possible également de choisir entre une **lecture méthodique** et une **lecture analytique** du texte.
La lecture méthodique – suivant les questions du manuel – permet une élucidation progressive des enjeux du texte. Les rubriques *Si vous avez fini de lire…* et *Écoute* demandent aux élèves de faire un retour sur le texte, de préciser ce qu'une première lecture a souvent laissé flou, et de fixer des éléments permettant une compréhension littérale du texte, comme l'identité des personnages ou les étapes du récit. La rubrique *Comprendre le texte* permet de l'interpréter d'une manière à la fois guidée et exhaustive. La question *Bilan* permet aux élèves de revenir sur leurs réponses précédentes et de proposer une interprétation synthétique.

Une question suffit à mener une **lecture analytique**. Les élèves peuvent y consacrer quelques minutes de réflexion, dans leur cahier. La mise en commun de ces réflexions, les débats qu'elles peuvent impliquer permettent d'interpréter d'une manière approfondie et dynamique un texte. Le professeur peut se faire secrétaire des élèves, tandis qu'émergent, ou fusent, les hypothèses, les éléments contradictoires de réponse, jusqu'à ce qu'une forme de consensus apparaisse. Reste alors à la classe à rédiger, en s'aidant des notes prises au tableau, un bilan de cette lecture.

La rubrique *Si vous avez fini de lire* ainsi que la question *Bilan* constituent d'efficaces questions de lecture analytique.

Corrigé des questions

Écoute

Cette première question permet, à elle seule, de lire analytiquement le texte.
Un lecteur peut ressentir du dégoût et de l'horreur pour les poulpes, mais aussi de l'admiration pour les courageux voyageurs du *Nautilus*, ainsi que de la pitié pour le marin emporté et dévoré. Justifier ces émotions et ces impressions permet d'analyser le texte sans nécessairement répondre à toutes les questions. Ainsi, l'horrible anatomie des calmars explique l'horreur qu'ils inspirent, ainsi que leur attitude monstrueuse et les références mythologiques que mobilise Jules Verne.
L'héroïsme et la sensibilité de Nemo justifient l'admiration qu'on lui porte.
La lecture de la conteuse permet de souligner les émotions et les impressions que suscite le texte.

Si vous avez fini de lire

En s'inspirant de l'image, les élèves doivent dessiner une forme ronde de laquelle partent huit « tentacules ». Le texte mentionne également les « ventouses » de ces « bras », les « yeux glauques » des monstres et leur « bec » aux deux « mandibules ». Les élèves peuvent enfin indiquer le « triple cœur » du calmar, même s'il n'est pas extérieur, ainsi que son « encre » noire (qui n'est pas à proprement parler une partie du corps).

Comprendre le texte

Encre, bec et tentacules

1. Jules Verne appelle les poulpes des « monstres » à la ligne 25.
Ils sont d'abord des monstres parce que leur apparence est repoussante (cf. réponse précédente). Ils révulsent par leur corps, « masse charnue », et par toutes les odeurs et les matières qui en sortent : le « musc », le sang et le « liquide noirâtre » de l'encre. Leur nombre même est effrayant : chacun dispose de huit tentacules et l'amas de ces « membres » compose un affreux ensemble.
Ils sont aussi des monstres parce que leur attitude est violente et hostile. Ils attaquent sans raison le *Nautilus*, emportent les hommes dans leurs tentacules et, sans doute, les dévorent.
Ils ne sont pas des monstres au sens strict : les calmars existent réellement, même s'ils ne sont pas aussi agressifs dans la nature. Toutefois, en les voyant, Pierre Aronnax pense aux monstres mythologiques : à l'immortelle Hydre de l'Herne, dont les têtes repoussent sans cesse et, de manière plus implicite, à la Méduse aux cheveux serpentins.
2. Les calmars sont à la fois « longs », « formidable[s] », « énorme[s] », « horrible[s] » et « visqueux ». On peut éprouver en les voyant une terreur mêlée de dégoût et de répulsion.

3. « Comme les têtes de l'hydre » (l. 43) et « comme une plume » (l. 32) sont également des comparaisons. Elles rendent plus dangereux et terribles encore les calmars.

Entre la rage et les pleurs

4. Nemo est incontestablement celui qui lutte le plus efficacement contre les poulpes : alors que tous sont paralysés, il est le premier à brandir sa hache et à frapper les monstres. Il s'élance même à leur poursuite afin de mieux les blesser. Enfin, il devance le narrateur et sauve Ned Land du double bec des monstres.
Ned Land est également terrible par son maniement du harpon. Les marins aussi sont courageux, de même que le second du capitaine. Pierre Aronnax et Conseil luttent aussi avec virulence. Toutefois, aucun d'eux n'a la force et la vigueur de Nemo.
5. Nemo a failli sauver le marin saisi par le calmar. Il l'aurait libéré de son étreinte si le monstre ne lui avait lancé son encre « noirâtre ». En multipliant les coups de hache et en sauvant Ned Land, il se rachète à ses propres yeux et aux nôtres.

Bilan

8. Nemo, qui n'était jusqu'à présent, aux yeux du lecteur, qu'un inventeur de génie ou un être torturé, apparaît à la fois puissant, vigoureux et réactif.
De même, il pouvait sembler cruel – ne serait-ce que parce qu'il retient prisonniers Pierre Aronnax et ses amis à bord du *Nautilus*. Dans cet extrait, au mépris de sa propre vie, il défend ses marins et ses prisonniers. Il se montre sensible et accessible à la pitié : il pleure en pensant à la mort de son compagnon.

Activités

Langue (IV.2)

« Avaient envahi » : plus-que-parfait
« Roulions » : imparfait.
« Avaient envahi » a lieu avant « roulions ».

Écriture Inventer une aventure à la manière de Jules Verne (III.6)

Voici une grille permettant au professeur d'évaluer le travail de ses élèves.

Critères	Remarques	Notes
Le récit respecte ce que nous savons du *Nautilus* et de ses voyageurs.		/4
La description est horrible ou merveilleuse.		/4
Le récit est haletant.		/4
Les phrases sont courtes et bien délimitées.		/4
Les accords sont corrects.		/4
Total		**/20**

« Le Tour du monde en 80 jours »,

Adolphe Ennery et Jules Verne, 1874.

Corrigé des questions

1. Sur cette affiche, on voit sans doute en premier le globe terrestre ainsi que le titre du spectacle : « Le Tour du monde en 80 jours ». Les lettres capitales rouges ressortent sur le bleu et le jaune du globe. Leur aspect bombé les rend particulièrement visibles. Il s'agissait d'attirer le regard des passants, de leur donner envie de regarder les autres éléments de l'affiche, d'attiser leur curiosité pour qu'ils se rendent au spectacle.

2. Il y aura, dans ce spectacle, une aventure en mer, à bord d'un paquebot ; une aventure indienne (on remarque un éléphant, un palais blanc, une jungle, une foule bariolée – le bûcher est plus difficilement discernable) ; une aventure ferroviaire : on voit une tribu sioux attaquant un train ; une dernière aventure maritime, plus tragique peut-être, puisqu'un navire explose. Les aventuriers parcourront tous les continents (on reconnaît au moins l'Inde et l'Amérique des Sioux, le paquebot, quant à lui, relie Londres à Suez). Les personnages sont à la fois des personnages familiers aux passants (une foule paisible dans le coin supérieur gauche) et des personnages inquiétants (Indiens ou Sioux hostiles).

L'affiche met en valeur tous ces détails par les couleurs vives (le rouge et le jaune dominent) et parce qu'elle met en scène des situations facilement identifiables. Les détails ne peuvent être vus de loin. Il s'agit donc d'attirer le passant, et de lui donner envie de s'attarder sur chaque aventure et chaque personnage de l'affiche, de lui faire deviner ce que peuvent être les aventures.

3. Les élèves peuvent proposer plusieurs réponses. Ils mettront sans doute en avant les grands dangers qui menacent les héros, l'exotisme des lieux et des situations, l'empathie que l'on peut avoir pour ces aventures effrayantes… et attirantes.

4. Il s'agit d'une affiche promotionnelle pour séduire d'éventuels spectateurs et faire de la pièce « Le Tour du monde en 80 jours » un succès. Par la clarté de son organisation (cf. 1), ses couleurs (cf. 2) mais aussi par la multiplication des petites scènes palpitantes qui donnent envie de s'arrêter pour la regarder avec attention (cf. 4), cette affiche est indéniablement efficace.

BIBLIOTHEQUE NUMERIQUE

p. 81

Michel Strogoff, *Jules Verne*, 1876.

Partant du constat que les lectures longues de textes patrimoniaux suscitent de plus en plus de difficultés de compréhension littérale dans les classes, les œuvres de la Bibliothèque numérique sont accompagnées d'un appareillage interactif destiné à lever ces obstacles tout en gardant intact le plaisir de la lecture.
En 6e, *Michel Strogoff* a été sélectionné avec une double visée : proposer un récit motivant et accrocheur et faire découvrir une œuvre en lien étroit avec les grands questionnements du programme dont elle permet d'illustrer plusieurs aspects. Roman d'aventures haletant, *Michel Strogoff* permet aussi de croiser des figures de personnages rusés et de traîtres.
Les coupes de ces œuvres, toujours longues et exigeantes, ont été pensées pour s'adapter à trois niveaux de lecteurs. Le professeur pourra choisir la version qui convient le mieux aux besoins de ses élèves (version courte, moyenne ou longue).
Quelle que soit la version adoptée par l'enseignant, l'appareillage est conçu pour attirer l'attention sur les vraies difficultés lexicales, culturelles et stylistiques, qui doivent être résolues afin de pouvoir s'assurer d'une bonne compréhension d'ensemble du texte. La présentation interactive permet à chaque élève de repérer et de décider par lui-même des aides dont il a besoin, et qu'il peut faire apparaître au gré de sa lecture lorsqu'il le souhaite. Elle l'engage dans une démarche personnelle d'appropriation du sens, ces « notes » faisant appel à la participation réfléchie du lecteur efficace qu'il doit progressivement devenir.
C'est pourquoi l'appareillage des œuvres évolue parallèlement au niveau scolaire de l'élève : en 6e, l'aide fournie est essentiellement lexicale.
Chaque version de l'œuvre est découpée en séquences de lecture au terme desquelles est proposé un questionnaire afin que l'enseignant puisse vérifier, au fur et à mesure de l'avancée dans le texte, la compréhension globale et les acquis de chacun. Les corrigés de ces questionnaires sont accessibles sur la partie enseignant du site compagnon de la collection *Passeurs de textes*.

Aussi l'enseignant est-il laissé libre d'adapter l'usage de cet outil de lecture à ses objectifs pédagogiques : il pourra en effet intégrer pleinement l'œuvre dans sa progression annuelle, l'utiliser en accompagnement personnalisé, ou encore en tant que lecture cursive.

DES OUTILS POUR REDIGER	*Écrire un récit d'aventures au Far West*	p. 82

Corrigé des questions

Vocabulaire du roman d'aventures

1. Des mots pour dire l'aventure

– s'aventurer : courir un risque ; se hasarder
– aventurier, aventurière : personne qui cherche l'aventure/personne sans scrupules
– aller à l'aventure : aller sans dessein, sans but fixé
– aventureux : qui aime l'aventure (un esprit aventureux)/ plein d'aventures, de risques (existence aventureuse)

Phrases :
– Burton s'était aventuré au plus profond de la forêt.
– Calamity Jane était une véritable aventurière.
– Il vit arriver une troupe de voyageurs qui allaient à l'aventure.
– Ce grand voyage vers l'Ouest était une entreprise aventureuse.

2. Des noms et des adjectifs pour décrire l'apparence d'un cow-boy

a. Une silhouette élancée, courte ; une carrure trapue ; une taille élevée ; une apparence aimable, avenante ; un visage ouvert, fermé ; un regard hostile ; des yeux perçants.

b. C'était un homme d'une *grande taille*, *brûlé* par le soleil, déjà sur le retour de l'âge, dont l'air *insouciant* et *épais* ne peignait aucune émotion, aucun sentiment de *regret* pour le passé ou *d'anxiété* pour l'avenir. Ses membres semblaient flasques et comme *détendus*, mais ils étaient, en réalité, d'une force et d'une *vigueur* extraordinaires.

3. Des noms et des adjectifs pour habiller un cow-boy

Avec son bandana rouge, son vieux ceinturon orné de clous dorés et ses bottes bien cirées, il avait fière allure. Avant de sortir, il enfonça son harmonica dans sa poche, attacha ses éperons, et se coiffa d'un bonnet de fourrure qui le faisait ressembler à un vieux trappeur.

4. Des verbes pour faire agir un cow-boy

1. Jessy *enfourcha* son cheval et *s'élança* en *galopant*.
2. Charlie saisit les *rênes*, *éperonna* sa monture et partit au triple *galop* sans se *retourner*.
3. Buffalo attrapa son *lasso*, cria pour *encourager* son cheval, et *galopa* à la poursuite du voleur.

5. Des adjectifs pour décrire le caractère d'un cow-boy

a. Très ému mais en apparence impassible, il pénétra dans le saloon d'un air déterminé.

b. Le loup semblait agressif et affamé. Sans se laisser troubler, Luke saisit bravement son arme et fit face à l'adversaire en homme intrépide et téméraire.

6. Faire vivre les personnages dans un cadre

Là, ni torrent scintillant, ni vallon humide et verdoyant, ni clairière ombragée et reposante. Devant eux s'étendait une plaine immense, monotone et nue, complètement desséchée. Une maigre végétation n'arrivait pas à adoucir cette étendue sauvage et désertique.

Grammaire pour écrire un récit d'aventures

7. Employer les temps dans un récit au passé

Dans le saloon, toutes les tables *étaient occupées*. Les fermiers *jouaient* aux cartes ; au bar *étaient accoudés* trois cow-boys à la mine hostile. Soudain, la porte d'entrée *claqua*, un homme à l'allure menaçante *entra* lentement, *se dirigea* vers le bar. Toutes les conversations *cessèrent* ; on *n'entendit* plus que le tic-tac de la vieille pendule.

8. Employer des adverbes de temps

a. John regardait la plaine en rêvant. *Enfin*, il se leva. Il se dirigea *ensuite* vers sa tente pour aller dormir. *Tout à coup*, il entendit un bruit étrange. Il tendit l'oreille ; plus rien. Il allait s'endormir quand *de nouveau* le curieux bruit reprit.

b. Situation 1 : Il saisit d'abord la selle puis la posa sur le dos du cheval. Il l'ajusta encore au garrot ; enfin il sangla fermement sa monture.

Situation 2 : Il étendit d'abord sur le sol une couverture épaisse puis en roula une autre encore comme oreiller ; il prépara enfin un bon feu à peu de distance.

Partie 2 : Face à la nature, du courage à l'imprudence

TEXTE 1	*Courage ou imprudence ?*	p. 84

« Dans le froid du Klondike », Construire un feu, *Jack London*, 1907.

Stratégies pédagogiques

Faire des recherches avant de lire un texte

On pourra demander aux élèves, avant de procéder à l'explication du texte, de faire quelques recherches sur le Klondike. On pourra les guider par quelques questions :

1. Qu'est-ce que le Klondike ?
2. Pourquoi des hommes peuvent-ils s'y rendre ?
3. Quels types de dangers le Klondike recèle-t-il, selon vous ?
4. Imaginez en quelques phrases une aventure se déroulant dans le Klondike.

Une discussion, en début d'heure, pourra situer avec précision la région du Klondike, évoquer la ruée vers l'or et quelques dangers liés au froid : neige, plaque de glace qui craque, loups et autres bêtes sauvages, mines qui s'effondrent, etc.

Les élèves seront ensuite amenés à lire leurs aventures. Des ours, des élans et des terribles bandits peupleront sans doute leurs récits.

Mettre en place un tel horizon d'attente rend les élèves plus sensibles à l'univers du texte. Les enjeux du texte semblent ainsi moins abstraits.

On procédera ensuite à la lecture du texte.

Les élèves seront ensuite invités à répondre à la question : Quelle aventure vous semble la plus dangereuse ?

Plusieurs réponses peuvent être apportées (elles dépendront notamment des histoires inventées par les élèves). Les élèves évoqueront toutefois le problème minuscule et terrifiant de l'homme, un pied mouillé qui le condamne à mort, l'enjeu insignifiant et vital du texte, allumer un simple feu. On expliquera les étranges et modestes expressions « événement » et « construire un feu ». On évoquera l'obsession du personnage pour son corps, la minutie des préparatifs du feu, ainsi que son courage, et son arrogance, plus dangereuse pour lui que tous les loups d'Alaska.

Corrigé des questions

Si vous avez fini de lire...

Pour construire un feu, il faut de gros morceaux de bois pour l'isoler du sol. On allume des fines herbes séchées avec une allumette que l'on gratte sur un fragment d'écorce de bouleau. On entretient le feu avec des brindilles, des morceaux de bois et des branches de plus en plus épaisses.

Comprendre le texte

La glace et le sang

1. Le terme « événement » désigne le moment où la neige a craqué sous le poids du narrateur et où son pied s'est enfoncé dans l'eau jusqu'à mi-mollet. Il s'agirait d'un événement anodin ailleurs que dans le Klondike, mais à moins soixante-quinze degrés Fahrenheit, rien n'est plus mortel, et l'incident devient « événement ».
2. Les mots « orteils », « nez », « joues », « pieds », « doigts », « corps », « yeux » appartiennent au champ lexical du corps. Ce champ est particulièrement présent puisque le froid insensibilise son corps, que l'eau glacée gèle son pied, et qu'en somme chaque partie nue ou trempée de son corps est menacée par le gel ou la glace.

Construire un feu

3. S'il ne fait pas de feu, son pied mouillé risque de geler et sa mort serait alors certaine. Seul le feu peut le sécher et le réchauffer. Courir est notamment inutile.
4. L'expression « construire un feu » insiste sur le nombre de matériaux nécessaires pour allumer un feu (cf. *Si vous avez fini de lire...*) ainsi que sur toutes les qualités qu'une telle opération demande, dans ces conditions extrêmes : l'attention et la minutie, mais aussi la patience et la maîtrise de soi.
5. Le personnage présente à la fois des qualités physiques, morales et intellectuelles. Il est d'abord fort et vigoureux pour se lancer dans une telle expédition. Il est aussi courageux : il s'aventure dans des terres gelées où l'homme ne peut survivre aisément. Il semble également sensé : il comprend tout de suite la nécessité de faire un feu et s'y applique aussitôt. Lors de la construction du feu, il se montre à la fois

attentif et précis, prudent et maître de ses émotions : il ne se précipite pas, ne se décourage pas et ne perd pas ses moyens.

Les conseils du vétéran

6. Le vétéran lui a donné deux conseils : ne jamais laisser ses pieds geler, mais faire un feu pour les réchauffer et les sécher ; ne jamais voyager seul au-delà de moins cinquante degrés. Il suit le premier, non le deuxième : il est seul dans le Klondike avec son chien.

7. On ne peut être d'accord avec l'homme : le premier conseil donné par le vétéran lui a sans doute sauvé la vie. Ne pas avoir suivi le second risque de lui coûter la vie. Ne pas s'aventurer dans des terres gelées à moins de moins soixante-quinze degrés Fahrenheit ne signifie pas qu'on est une personne lâche et craintive, il s'agit d'une marque de prudence et de sagesse.

Le personnage se révèle ici orgueilleux, arrogant, présomptueux. Il pense que son habileté et sa vigueur lui permettront de survivre seul en Alaska, il se croit supérieur aux dures lois naturelles. Or, un imprévu, un hasard malheureux est toujours possible, ce que montre « l'événement ».

Bilan

8. Diverses hypothèses sont envisageables : par ses qualités morales et physiques, son courage, son endurance, sa minutie, l'homme peut, après s'être réchauffé auprès du feu reprendre sa route et retrouver ses compagnons au camp. Ce voyage dans le Klondike aura été un avertissement : il faut toujours suivre les conseils des vétérans. Mais le feu peut ne pas réchauffer son pied. Un autre « événement » peut aussi le menacer : le feu peut s'éteindre, la couche de glace se fendre. Dans la suite de la nouvelle de Jack London, la neige du sapin tombe et éteint le feu. Le personnage, après diverses tentatives pour rallumer le feu ou pour tuer son chien afin de se réchauffer avec son sang, meurt de froid.

On peut aussi imaginer l'arrivée de loups, celle de ses compagnons, inquiets de ne pas le voir venir, la découverte d'une caverne, etc.

Activités

Langue (IV.3)

Et il n'aurait jamais pensé que son doigt puisse s'engourdir en si peu de temps. Il était sans vie, car c'était à peine s'il pouvait le remuer pour saisir une brindille : il semblait ne plus faire partie de son corps.

Écriture Raconter la suite d'un récit (III.11)

Critères	Remarques	Notes
Le récit respecte ce que nous savons du personnage.		/4
Le second événement est original et en lien avec le Klondike.		/4
Le récit est haletant.		/4
Les phrases sont courtes et bien délimitées.		/4
Les verbes sont bien conjugués (imparfait et passé composé).		/4
Total		**/20**

TEXTE 2 *Le sens du sacrifice* p. 88

« Prisonniers de la montagne », *Premier de cordée*, *Roger Frison-Roche*, 1941.

Stratégies pédagogiques

Comparer deux textes

Après une première lecture du texte, on pourrait proposer aux élèves de comparer, seuls ou en groupes, le texte de Jack London, précédemment étudié, et le texte de Frison-Roche.

Une classe particulièrement calme et autonome pourra se contenter d'une simple question : Quels points communs et quelles différences y a-t-il entre ce texte et le texte que nous venons d'étudier ?

Une classe moins autonome remplira sur le tableau suivant :

	Jack London, Construire un feu	**Roger Frison-Roche, *Premier de cordée***
Lieu de l'aventure		
Objectif des personnages		
Dangers liés à l'aventure		
Attitude et réaction des personnages		
Qualités des personnages		
Défauts des personnages		
Quel texte avez-vous préféré ? Pourquoi ?		

Les deux textes se situent dans un endroit froid et hostile. Toutefois les dangers sont fort différents : le froid de l'Alaska devenu mortel ; la foudre, les éboulements, les chutes dans la montagne. Les objectifs des personnages diffèrent grandement : Warfield est un touriste riche et exigeant, Jean Servettaz et Georges le guident. L'homme du texte de Jack London cherche à rejoindre un camp – et nous n'en saurons pas plus. Toutefois, les qualités et les défauts des personnages se font écho : l'orgueil de l'homme rejoint l'arrogance de Warfield. Sa minutie, sa dextérité et son indéniable courage rejoignent les qualités des guides de haute-montagne.

La dernière question sera l'occasion de réponses fort diverses. Les élèves plébisciteront peut-être la fin plus heureuse du texte de Jack London (si leur professeur ne leur a pas au préalable lu la fin de la nouvelle !) à l'anxiété que suscite la chute des montagnards. Des passionnés de montagne ou d'Amérique du Nord se manifesteront. On condamnera les prétentions de l'homme, on lui préfèrera Jean Servettaz.

Un bilan écrit reviendra notamment sur le rôle du lecteur dans les récits d'aventures, toujours incité à se mettre à la place des personnages, à éprouver leurs joies et leurs angoisses, à tourner avec fébrilité les pages du récit.

Corrigé des questions

Si vous avez fini de lire

Les mots et expressions « coup de foudre », « foudre », « tonnerre », « neiger », « brouillard », « ciel », « lueur » appartiennent au champ lexical de la météorologie. Ils sont nombreux et répétés car, en haute-montagne, le temps change très vite et les conditions météorologiques peuvent devenir très dangereuses pour les alpinistes.

Comprendre le texte

Entre ciel et terre

1. Les alpinistes sont menacés par un « coup de foudre ». Le « tonnerre » peut éclater à tout instant et les frapper, ou frapper la montagne. Des chutes de neige ou de « blocs » de pierre peuvent ainsi les blesser. Le brouillard, qui rend invisibles les gouffres et les obstacles, les menace également.

2. Le silence est plus étrange, plus énigmatique et angoissant que le bruit. En effet, comme on n'entend pas le danger, on ne sait d'où il pourra venir, ni même s'il viendra. C'est cette incertitude qui est étrange.

3. Ce bruit est le signe que l'air est chargé d'électricité statique et que la foudre peut tomber à tout moment. Elle pourrait les frapper ou faire s'écrouler la montagne sur eux (cf. *supra*).

Maître et serviteurs

4. Warfield s'est montré arrogant et avare avant cet extrait. Parce qu'il avait payé son excursion, il refusait d'y renoncer. Dans ce texte, il prend conscience des dangers qu'il a fait courir à tout le groupe, il éprouve des remords et veut présenter des excuses. Il se montre enfin obéissant et humble et exécute les ordres de Jean Servettaz. À la toute fin du texte, il peut apparaître lâche ou pusillanime, puisque Servettaz doit insister pour qu'il descende.

5. Jean semble de prime abord expérimenté : il connaît la montagne et sait comment réagir en cas d'orage. Il doit par ailleurs être vigoureux et habile pour être guide en haute montagne. Il est également autoritaire : devant le danger, tous doivent rapidement obéir à ses ordres.

Georges et lui se montrent patients, déterminés et minutieux : ils font des gestes précis et répétés pour se mettre à l'abri.

Cette rapide descente dans des conditions épouvantables montre enfin leur courage.

Au-dessus de l'abîme

6. Indiquer que le fil est « ténu », c'est dire que seul un mince fil leur permet de descendre, que ce fil seul les empêche de basculer dans le vide, et d'y mourir. Frison-Roche désire susciter l'attention et l'anxiété de son lecteur.

7. Les alpinistes ont « lourdement » atterri sur une dalle de granit. Leur situation est ambiguë : certes, cette dalle doit être stable, et ils ne peuvent plus basculer dans le vide. Mais un coup de foudre ou une avalanche est encore à prévoir. Surtout, ils sont peut-être morts, ou blessés. Un membre cassé pourrait les empêcher de redescendre au village et la météo peut encore empirer...

8. Le lecteur peut d'abord admirer le courage et la dextérité des alpinistes, le sang-froid qu'ils conservent dans une situation difficile.

À la fin, il ne peut être soulagé : leur situation est précaire, ils sont peut-être blessés. Parce qu'il éprouve de l'empathie pour les personnages, il peut être anxieux... et désireux de poursuivre sa lecture.

Bilan

9. Le danger nous révèle : nous pouvons nous montrer arrogants ou lâches face à lui, comme Warfield. Il peut également être l'occasion de révéler nos qualités physiques, morales et intellectuelles : notre habileté, notre détermination, notre courage ou notre sagesse. Jean Servettaz ne semble jamais aussi grand que face à une nature hostile et imprévisible.

Activités

Langue (IV.4)

« Farouchement » et « inlassablement » sont des adverbes.
Dangereusement, extraordinairement, rarement.

Oral Raconter une expérience dangereuse (III.1)

Une co-évaluation permettrait d'évaluer cette activité.

Nom de l'élève qui note :

	Élève 1 :	**Élève 2 :**	**Élève 3 :**	**Élève 4 :**	**Élève 5 :**
La posture est correcte.	/4	/4	/4	/4	/4
La voix est lente et forte.	/4	/4	/4	/4	/4
L'aventure est exaltante.	/4	/4	/4	/4	/4
Les explications sont claires : obstacle, réaction, qualités.	/4	/4	/4	/4	/4
L'élève insiste sur qu'il a ressenti et appris.	/4	/4	/4	/4	/4
Total	**/20**	**/20**	**/20**	**/20**	**/20**

ORAL	*Mettre en voix un récit d'aventures*	p. 92

Stratégies pédagogiques

Activité 1

Script : Michael Morpurgo *Le Royaume de Kensuké*

Des vagues de terreur m'envahirent les unes après les autres. Les lumières de la *Peggy Sue* avaient disparu dans l'obscurité de la nuit, me laissant seul dans l'océan, seul avec la certitude que mes parents étaient déjà trop loin, qu'ils ne pourraient plus entendre mes appels au secours. Puis je pensai aux requins qui fendaient l'eau noire, en dessous de moi – ils me flairaient déjà, étaient sur mes traces, se dirigeaient vers moi – et je compris qu'il ne me restait aucun espoir. Je serais mangé vivant. Ou bien je coulerais lentement. Rien ne pourrait me sauver.
Je fis du surplace dans l'eau, essayant désespérément de découvrir dans l'obscurité impénétrable une chose vers laquelle nager. Il n'y avait rien.
Puis une brusque lueur blanche dans la mer. L'écume d'une vague, peut-être. Stella* ! C'était sûrement elle ! J'étais si soulagé de ne pas être seul ! Je l'appelai et nageai vers elle. Elle continuait à s'éloigner, apparaissant puis disparaissant comme si elle dansait sur l'eau, puis s'évanouissant à nouveau. Elle m'avait semblé toute proche, mais je mis plusieurs minutes avant d'arriver assez près d'elle pour la toucher. C'est alors que je me rendis compte de mon erreur. La tête de Stella était plus noire que blanche. Or, je ne voyais que du blanc. C'était mon ballon de football. Je l'attrapai et m'y cramponnai, étonné par son extraordinaire fermeté. Je faisais du surplace dans l'eau, en continuant à appeler Stella. Il n'y eut pas de réponse. Je l'appelai encore. Mais à présent, chaque fois que j'ouvrais la bouche, j'avalais de l'eau. Je dus abandonner. Il fallait que j'essaie de sauver ma peau.
Je n'avais pas intérêt à perdre de l'énergie en nageant. Surtout que je ne voyais pas dans quelle direction aller. Il valait mieux me contenter de flotter, de rester agrippé à mon ballon en attendant que la *Peggy Sue* revienne. Tôt ou tard, mes parents s'apercevraient que j'étais passé par-dessus bord. Tôt ou tard ils viendraient me chercher. Il ne fallait pas que je fasse trop de mouvements avec mes jambes, juste assez pour garder mon menton au-dessus de l'eau, pas plus. Trop de mouvements attireraient les requins. Le matin viendrait bientôt. Il fallait tenir jusque-là. Il le fallait. L'eau n'était pas trop froide. J'avais mon ballon de foot, j'avais une chance.

Michael Morpurgo, *Le Royaume de Kensuké*, Gallimard, coll. « Folio junior », 2000.

* Stella est le chien du héros.

Corrigé des questions

1. Le personnage est dans une terrible situation, seul dans l'océan. On ne peut désirer être à sa place...
2. Il n'a qu'un ballon de football avec lui.
3. a. Personne ne danse sur l'eau. C'est seulement le ballon qui évolue avec les vagues.
b. La scène se passe bien de nuit.
c. Le personnage nage pour rejoindre ce qu'il pense être Stella. Il ne sait pas dans quelle direction aller pour rejoindre ses parents.
d. Le personnage est tombé accidentellement à l'eau.
e. Le personnage pourra s'accrocher au ballon de football, qui flotte, pour survivre.
4. « flairaient » signifie « sentaient ».
La « fermeté » du ballon est sa dureté.
Il « s'agrippe », s'accroche au ballon.
5. Le personnage se montre intelligent et malin. Il ne gaspille pas son énergie pour retrouver un bateau inaccessible. Il cherche également quelque chose à quoi s'agripper. Il s'agit d'un bon réflexe.
Il est également courageux, car même s'il a peur des requins, il ne cède pas au désespoir mais, avec obstination, il tente de survivre.
6. Le personnage nous montre qu'il ne faut jamais désespérer. Un célèbre proverbe pourrait aussi illustrer cette page : « Aide-toi, le ciel t'aidera ».
7. Le personnage ne peut mourir, nous n'en sommes qu'au début du roman. On peut imaginer que ses parents feront demi-tour pour le récupérer. Un autre bateau le récupérera peut-être. Les élèves peuvent également observer la double-page, à la fois l'illustration et la couverture du livre et déduire que le personnage s'échouera sur une île tropicale...

Partie 3 : *La Guerre du feu*, l'aventure de l'humanité

DECOUVRIR	*La Guerre du feu* de J.-H. Rosny aîné	p. 94

« Voyage dans la préhistoire », *La Guerre du feu*, *J.-H. Rosny aîné*, 1958.

Stratégies pédagogiques

En CM, les élèves ont lu des récits d'aventures dont les héros sont le plus souvent des enfants ou des animaux. En 6e, les IO prévoient l'étude d'un roman du même type, mais avec un personnage principal adulte, ce qui permet d'envisager les significations morales et philosophiques du récit étudié.

Un parcours dans le roman *La Guerre du feu* est idéal pour aborder des notions sur le roman d'aventures en classe de 6e dans une lecture suivie. De lecture aisée et prenante, le roman entraîne facilement l'adhésion de jeunes lecteurs. En lien avec l'étude de la préhistoire au programme d'histoire de 6e, il offre la possibilité d'activités interdisciplinaires multiples, et de travaux numériques en lien avec l'histoire bien sûr, mais aussi les arts plastiques et la SVT.

Les extraits choisis permettent de découvrir l'ensemble du roman et d'aborder les notions de structure du récit, de héros, de quête, d'ennemi, d'aide, d'épreuve, de récompense. Toutes ces notions sont réinvesties dans des activités guidées d'écriture et des échanges oraux.

Présentée par son auteur comme un « roman des âges farouches », *La Guerre du Feu* emprunte à l'épopée certains traits, et prend l'allure d'un roman initiatique tout en ayant une dimension poétique. Le roman s'interroge aussi sur la naissance de la conscience et des sentiments chez l'homme, sur celle de l'art, et sur la transmission de l'expérience humaine. Ce sont ces pistes de lecture que nous avons privilégiées.

Proposition d'organisation du cours :

Cette première séance permet de faire connaître l'auteur, de rendre sensible à la situation de production, et de situer le cadre socio-temporel du récit.
En amont on peut demander aux élèves d'apporter des exemples de peintures pariétales datant de la préhistoire.
En classe :
– On ajoutera aux questions du livre un moment de présentation qui exploitera le chapeau et fera l'objet d'un questionnement oral.
– On lira ensuite l'incipit du roman pour répondre aux questions de *Comprendre le texte*.
– On terminera par l'activité d'écriture de la question 3.

Chapitre 2

Présentation

On pourra poser les questions suivantes, pour montrer que la conception du roman est liée aux intérêts de l'époque pour la préhistoire et aux découvertes archéologiques.
1. À quelle époque l'auteur vivait-il ? Dans la seconde moitié du XIXe siècle et la première du XXe.
2. Qu'est-ce que les sites d'Altamira et des Eyzies ? Qu'y a-t-on découvert ? Quand ? Les peintures de la grotte d'Altamira, situées en Espagne, ont été découvertes en 1879. Elles se développent sur plus de 300 mètres et sont entièrement ornées de peintures très raffinées datant de plus de 15 000 ans. On pourra montrer des exemples de peintures en utilisant éventuellement les documents apportés par les élèves.
Les Eyzies : on lira la parenthèse. On s'appuiera sur les expériences des élèves.
3. Quel est le rapport entre le roman et les recherches scientifiques de l'époque où le texte a été écrit ?
Le roman reprend les découvertes du temps et se situe dans la préhistoire.
4. Quelle activité de l'écrivain a précédé l'écriture du roman ?
Il s'est documenté. On expliquera qu'à cette époque les savants publient de nombreux travaux scientifiques et fixent les grandes périodes de la préhistoire, le Paléolithique et le Néolithique. Rosny suit d'ailleurs d'assez près les recherches des préhistoriens pour leur consacrer un essai, *Les Origines*.

Corrigé des questions

Comprendre le texte

1. « Le Feu était mort. Ils l'élevaient dans des cages, la horde, le nourrissaient. ». Les expressions désignant les humains, et la manière dont ils s'occupent du feu renvoient à la préhistoire.
2. Le titre laisse deviner qu'il y aura une lutte pour récupérer le feu. On fait oralement des hypothèses de lecture : qui peut posséder le feu ? D'autres tribus ? Comment peut-on le retrouver ? Où faut-il aller le chercher ? Qui partira ?

3. Écriture.
Avant de faire écrire, on demandera ce que représente le feu pour les élèves : l'aiment-ils et pourquoi ? Leur fait-il peur au contraire ?
On éclaircira ensuite oralement le sens des expressions. On formera des équipes de deux pour l'écriture.

EXTRAIT 1	*Le départ pour l'aventure*	p. 95

« Un héros des âges farouches », *La Guerre du feu*, *J.-H. Rosny aîné*, 1958.

Corrigé des questions

Comprendre le texte

L'extrait 1 est centré sur la figure du héros et le départ pour la quête.

La quête du héros

1. Le feu s'est éteint. Pour les conséquences, on fait relever les expressions du 1er paragraphe et on commente. Les hommes ne peuvent plus cuire les aliments ; ils ne peuvent plus se protéger de la nuit et du froid ; ils ne peuvent plus se chauffer ; ils ne peuvent plus fabriquer leurs armes ; ils ne peuvent plus se défendre contre les bêtes sauvages.
2. Cet événement bouleverse la vie de la tribu. Il va falloir trouver un héros pour aller reconquérir le feu. Ce sera Naoh (l. 12) qui partira à l'aventure.
3. On devine que le héros devra affronter les dangers énumérés par le chef et en particulier les bêtes sauvages, qu'il rencontrera des mammouths et des peuples hostiles comme les Dévoreurs d'hommes (l. 14).
4. Naoh sera adopté par le chef, il recevra des récompenses matérielles, et surtout il obtiendra la nièce du chef et deviendra le chef de la tribu à la mort de Faouhm.

La figure du héros

5. Les qualités du héros sont la jeunesse, la rapidité et l'endurance (lignes 16 à 20).
6. Faouhm est autoritaire, hostile à Naoh dont il est jaloux et dont il a peur (l. 16, 20, 21).
7. Naoh est amoureux. Il a envie d'être doux avec elle. L'humanité du héros s'oppose à la brutalité du chef (on oppose les lignes 22 à 25 aux lignes 37 et 38).

Bilan

8. Le début du roman fait naître chez le lecteur un intérêt pour la suite de l'histoire ; il se demande quelles aventures va connaître le héros, et s'il en sortira vainqueur. Il est impatient de découvrir la suite.

Activités

Langue (IV.4)

– le, lui, l', l': Naoh.
– il : Faouhm.

Écriture Écrire la mise en place d'un récit (III.7)

On présente les deux personnages que la suite du récit permettra de retrouver. L'activité « avant d'écrire » sera faite à deux. On lira ensemble les conseils d'écriture et on en fera la synthèse oralement (a et b). On élucidera le vocabulaire de c. On attirera l'attention sur l'importance de la relecture.

Critères	Remarques	Notes
Le départ est décrit.		/4
Les sentiments éprouvés sont évoqués à l'aide de mots variés.		/4
Le texte est disposé en trois paragraphes.		/4
Les phrases sont correctes.		/4
Le texte est bien ponctué.		/4
Total		**/20**

Proposition d'activité complémentaire

Oral Lire un texte de façon expressive

Consigne : *Préparez la lecture expressive des lignes 2 à 11 (la plainte de Faouhm).*

On discutera des sentiments que le récitant doit faire partager à l'auditeur : inquiétude, désespoir, appel à l'aide. La diction doit mettre en valeur le sens des propos : promesse de récompense, et faire ressentir aussi l'autorité du chef.

EXTRAIT 2 *La naissance de l'aventure humaine* p. 98

« Les rêveries de Naoh », *La Guerre du feu*, *J.-H. Rosny aîné*, 1958.

Corrigé des questions

Comprendre le texte

L'étude permet de prendre conscience des visées du texte : montrer comment chez l'homme apparaissent imagination et désir de connaissances, comment ont pu se former les premiers savoirs et se transmettre les premières expériences.

La naissance de la connaissance du monde

1. Tradition (l. 4) : ce qui est transmis. Expérience (l 4) : ce qu'on observe et ce qu'on fait.
Les connaissances issues de la tradition sont celles que les hommes se transmettent de génération en génération. Les connaissances issues de l'expérience sont celles que les hommes découvrent par eux-mêmes et non parce qu'elles leur ont été transmises. On cherchera des exemples pour bien faire comprendre ces notions et on montrera les liens qui unissent ces deux manières d'apprendre : l'expérience s'appuie sur la tradition ; la science progresse et se construit dans une « histoire ». On peut prendre en exemple de savoir transmis, la lecture et l'écriture qui sont transmises par l'école, en exemple de savoir acquis par l'expérience, la marche que l'enfant découvre seul.
2. On lit les lignes 12 et 13 qui énumèrent ces outils. Ils correspondent aux trouvailles archéologiques du paléolithique (Les activités d'interdisciplinarité permettront d'approfondir ce sujet.). Outre la technique de fabrication des outils, l'écrivain veut faire comprendre que les hommes préhistoriques possèdent bien d'autres connaissances. En fait, l'ensemble du texte veut faire imaginer comment les hommes préhistoriques ont observé le monde et acquis leurs premiers savoirs.
Pour faire comprendre cette intention de l'écrivain, si on ne peut faire l'activité interdisciplinaire proposée, on traitera en classe la question 5 de cette rubrique : on cherchera dans le premier paragraphe les expressions qui se rattachent aux sciences suivantes :
– astronomie : « la marche du soleil et de la lune » ;
– géographie : « la route des rivières et des fleuves » ;
– botanique : « la croissance des arbres et des herbes » ;
– zoologie : « la forme… bêtes innombrables » ;

– climatologie : « la saison froide alternant avec la saison chaude » ;
– anthropologie : « la naissance… hommes ».
On montrera que Naoh a déjà des connaissances en ces domaines.

L'éloge du feu

3. On relit les lignes 21 à 32. Le feu est successivement comparé à une bête qui chasse, se nourrit, à des animaux précis (abeille, mouche) ; on note les verbes « ramper », « voler », « souffler », les oppositions qui renvoient à « c'est une bête et ce n'est pas une bête ». Le feu est perçu par Naoh dans cette description poétique comme un être vivant et mystérieux.
4. L'écrivain veut faire comprendre l'éveil de l'imagination humaine ; il choisit de faire rêver le héros devant le feu parce que c'est l'objet de la quête.

L'imagination et la science

5. Naoh a pu expérimenter le mouvement apparent de la lune. Le dernier paragraphe fait écho au premier qui énumère les observations humaines.
6. Naoh imagine que des êtres mystérieux, des « hommes cachés » entretiennent sur la lune un feu qui l'éclaire plus ou moins. Il n'est pas sûr de son explication. On fait relever les modalisateurs « sans doute » et « ont dû », lignes 45 et 49.
C'est de cette incertitude, de ce doute que peuvent naître l'observation et la science ; elle est indispensable à toute recherche.

Bilan

7. Ce texte aux accents poétiques veut rendre sensible la naissance de l'imagination et de la réflexion chez l'homme. Il recourt pour cela à des tournures et des thèmes poétiques (paragraphes 2 et 3) et suscite aussi la réflexion du lecteur en montrant l'apparition de la curiosité devant la nature et du désir de comprendre. Les dernières lignes éclairent le sens des mots « confusément » et « légende du monde » employés à la ligne 5. Chez le héros se mêlent observation et imagination. Certains éléments dans la description du feu et dans celle de la lune sont des éléments propres à engendrer des légendes.

Activités

Langue (IV.2)

– jaillissait, s'éteignait, s'amoindrissait, était, courait, se ranimait, s'occupaient, nourrissaient

Oral Raconter une expérience (II.8)

On organisera les prises de parole pour qu'elles soient brèves ; si plusieurs élèves ont envie de raconter la même expérience, l'activité orale pourra prendre la forme d'un débat (question 3).

Proposition d'activité complémentaire

Écriture

Sujet : En reprenant des éléments descriptifs du paragraphe 2, racontez un conte où le feu sera un personnage.
Avant d'écrire : rappelez les verbes d'action décrivant le feu, puis les animaux auxquels il est associé dans le paragraphe 2.

LECTURE D'IMAGE	*Un héros des origines*	p. 102

Prométhée enchaîné sur le Caucase,

Gustave Moreau, XIXe siècle.

Stratégies pédagogiques

On lira l'introduction et on la commentera avec l'aide des éléments suivants, avant ou après l'observation de la toile de Gustave Moreau.

Dans la mythologie gréco-latine, le titan Prométhée (son nom signifie « le prévoyant ») crée l'homme à partir de la roche et de la terre. Le voyant nu et sans défense contre les autres animaux mieux lotis que lui, il lui donne le feu qu'il a dérobé à Héphaïstos. C'est donc lui qui apporte les arts du feu et sa maîtrise aux hommes... Le vol symbolise de toute évidence la volonté humaine de se libérer de l'emprise du destin et des dieux et son aspiration à la liberté.
Ce mythe peut être mis en parallèle avec le récit biblique d'Adam et Ève, chassés du Paradis pour avoir goûté le fruit de l'arbre de la connaissance du Bien et du Mal.
On pourra raconter la légende de Pandore attachée au mythe de Prométhée : Pandore est la première femme (comme Ève). Elle fut créée sur l'ordre de Zeus qui voulait se venger des hommes pour le vol du feu par Prométhée. Zeus offrit la main de Pandore à Épiméthée, frère de Prométhée. Bien qu'il eût promis à Prométhée de refuser les cadeaux venant de Zeus, Épiméthée accepta Pandore. Pandore apporta dans ses bagages une boîte mystérieuse qu'il lui était interdit d'ouvrir. Mais, poussée par la curiosité, elle l'ouvrit. La boîte contenait tous les maux de l'humanité. Ils s'échappèrent et envahirent le monde. Pandore referma la boîte trop tard pour les retenir, et seule l'Espérance y resta enfermée.

On répondra ensemble à la question 1. Pour les questions suivantes, on constituera des groupes de quatre élèves qui réfléchiront et écriront sous forme de notes les réponses. On fait un retour devant toute la classe, où l'on confronte les réponses.

Corrigé des questions

1. Prométhée n'est pas désespéré ; il regarde avec détermination devant lui. On ne lit pas de souffrance sur son visage ou son corps magnifique.
On commente les autres éléments :
– L'aigle du mythe est devenu un vautour qui dans l'imaginaire moderne renvoie plus que l'aigle à la mort.
– Le cadre est dramatique : Prométhée semble enchaîné en un lieu inaccessible – le rocher est à pic.
2. La flamme peut représenter le feu dérobé aux dieux ou l'intelligence et la détermination intérieure du héros.
3. Le feu donne aux hommes la puissance sur le monde.
4. En maîtrisant le feu, les hommes ont pu faire des outils, cuire leur nourriture, se protéger des animaux sauvages, du froid. La maîtrise du feu donne à l'humanité la maîtrise de la nature et l'aide à se garder en vie.

EXTRAIT 3	*Trouver des alliés*	p. 103

« Un pacte avec les mammouths », *La Guerre du feu*, J.-H. Rosny aîné, 1958.

Corrigé des questions

Comprendre le texte

Épisode central du roman, l'alliance avec les mammouths montre l'intelligence du héros, constitue une péripétie émouvante, et prépare le dénouement.

Un animal terrible

1. La taille et la force du mammouth le rendent redoutable. On fait relever les notations de grandeur : « sa taille énorme, considérable, ce géant ». La comparaison de la ligne 39 : Naoh est une souris, le mammouth une panthère.

2. La description attire l'attention sur les éléments impressionnants : « sa crinière comme celle des lions, sa trompe velue, ses pieds colosses ; ses défenses… urus ».

Apprivoiser une bête sauvage

3. Les questions 4 et 5 sont centrales pour la compréhension du texte. On fait relever en détail la tactique de l'homme puis dans la question suivante les réactions de l'animal. Pour apprivoiser le mammouth, Naoh lui parle (l. 9 à 12, 19 à 21), lui promet des offrandes, lui cueille des nénuphars (l. 25), les lave et les prépare soigneusement, les pose à 25 mètres de la bête, se rapproche petit à petit, caresse l'animal.
4. Le mammouth regarde les hommes (l. 7), écoute la voix de Naoh (l. 13-15), s'approche de la nourriture (l. 32), mange, observe les hommes et les flaire (l. 35), frôle Naoh de sa trompe (l. 41-42).
5. Preuve d'intelligence : Naoh sait que le mammouth aime les nénuphars et a l'idée de l'apprivoiser avec de la nourriture.
Preuve d'habileté : la tactique d'approche. Il met les fleurs à distance, il s'approche insensiblement, il laisse le mammouth le flairer d'abord avant de le toucher.

Les émotions du dompteur

6. Le héros sent qu'il vit quelque chose de nouveau et d'exceptionnel en agissant comme il le fait ; et il sent qu'il va réussir.
7. On recopie la phrase : « Ensuite…signe d'alliance » (l. 43-44).
L'expression « sans souffle » dans la phrase précédente marque le sommet de l'émotion ressentie par le héros. Il retient son souffle lorsqu'il fait le geste déterminant et dangereux.

Bilan

Dans cet épisode très réussi, le lecteur partage les émotions du héros. Le récit est bien raconté comme on le voit en répondant aux questions 3 et 4.
Par ailleurs cet épisode est déterminant puisqu'il prépare la suite du récit et son dénouement, comme les élèves le découvriront dans l'extrait suivant.

Activités

Langue (IV.1)

– « En contrebas de la rive » et « parmi les jeunes peupliers » : deux compléments circonstanciels de lieu de « paissait » ;
– « les pousses tendres » : COD de « paissait ».

Écriture Décrire un animal en action (III.1)

On pourra lancer l'écriture par un échange oral et faire des groupes si cela est possible autour de la description d'un même animal.

Critères	Remarques	Notes
L'animal est sauvage.		/4
L'animal est décrit en action.		/4
Les sentiments qu'il inspire sont évoqués avec précision.		/4
Les phrases sont courtes et bien délimitées.		/4
Le dessin reflète bien la description qui est faite de l'animal.		/4
Total		**/20**

EXTRAIT 4	*Affronter l'ennemi*	p. 106

« La lutte contre les Dévoreurs d'Hommes », *La Guerre du feu*, *J.-H. Rosny aîné*, 1958.

Corrigé des questions

Comprendre le texte

Cet épisode raconte de façon dramatique une épreuve palpitante qui voit la victoire du héros.
Notions acquises : celle d'épreuve, celle d'écriture du suspens.

Une poursuite angoissante

1. Le mot « coudées » est repris sept fois : effet d'insistance sur la distance qui sépare les poursuivis des poursuivants ; effet d'insistance sur les efforts répétés du héros pour s'échapper ; recherche de dramatisation.
2. Les ennemis sont dépeints de façon menaçante car ils ne parlent pas. Ils sont perçus par leurs cris (l. 15) et leurs hurlements (l. 44). On entend aussi le bruit de leur marche décrite comme celle d'animaux : le trot (l. 3), et leur souffle (l. 24).
3. Les ennemis sont sûrs de leur victoire parce qu'ils connaissent la faiblesse de leurs adversaires et pensent que les mammouths vont rabattre vers eux les fugitifs. On recopie ou on lit les lignes 17 à 21 et 30 à 33.
4. Gaw veut que Naoh l'abandonne (l. 1-2) ; lui veut le sauver (l. 3) comme le montre son silence.

Le secours et la victoire

5. Alors que les fugitifs sont épuisés et sur le point d'être rejoints, les mammouths les voient au loin et courent vers eux.

6. On relit la ligne 40 : en mettant sa trompe sur l'épaule de Naoh, le mammouth montre qu'il reconnaît l'homme et qu'il est apprivoisé. Ce geste rappelle les lignes 41 et 42 du texte précédent.

7. « visage creux de fatigue » : souffrance du héros dans l'épreuve.
« yeux étincelants » : énergie victorieuse du héros.

8. Ces paroles expriment la victoire du héros et la fierté qu'il éprouve (« se rit ») d'avoir triomphé de ses adversaires.

Bilan

9. On résume les réponses aux questions indiquées et on conclut :
– Les Kzamms ne parlent pas, sont décrits comme des bêtes, sont cruels et violents : ils sont proches des animaux.
– Les héros sont solidaires, éprouvent des sentiments, sont intelligents : ils se rapprochent de l'humain…, de nous.

Activités

Langue (IV.1)

– les : article défini ;
– l' : article défini élidé ;
– des : article indéfini ;
– ces : déterminant démonstratif.

Écriture Transposer un épisode de poursuite à une autre époque (III.6)

On lit ensemble les deux premières rubriques ; on progresse par étapes, en laissant le temps de répondre sous forme de notations individuelles. On laisse ensuite le temps de l'écriture et on attire l'attention sur l'importance de la relecture.

Critères	Remarques	Notes
Le récit est palpitant.		/4
Le récit se déroule à une autre époque que la préhistoire.		/4
Le lieu est décrit précisément.		/4
Les phrases sont courtes et bien délimitées.		/4
Le récit est rendu dramatique par des tournures exclamatives.		/4
Total		**/20**

« La récompense de Naoh », *La Guerre du feu*, *J.-H. Rosny aîné*, 1958.

Corrigé des questions

Comprendre le texte

Le dernier extrait raconte le retour du héros dans la tribu et son triomphe. On aborde la notion de dénouement.

Le triomphe du héros

1. On retrouve le chef Faouhm, la promise Gammla, le sage Goûn, et les membres de la tribu.
2. Le héros est récompensé : il reçoit Gammla et devient le chef de la tribu. On lit les lignes 8 à 10.
3. Naoh partage le pouvoir avec le chef. On voit que le chef lui en est reconnaissant.
4. Le héros sort vainqueur des épreuves et ce chapitre clôt le récit par la reconnaissance de la valeur du héros. On réfléchit à la signification du terme « dénouement », dont on résume les éléments : le héros rapporte le feu, il obtient les récompenses promises.

De l'aventure à son récit

5. Le sage souhaite que le héros raconte ses aventures et Naoh en éprouve le désir.
6. La narration des exploits a lieu devant le feu (l. 33).
7. Lignes 33-34 : Nam et Gaw aident le conteur et le soutiennent par leurs réactions ; ils constituent le premier public qui va entraîner l'adhésion du reste de la tribu.
8. La réflexion du Sage élève Naoh au statut de héros en en faisant un personnage légendaire et inégalable dans les siècles à venir.

Bilan

9. Les contes et l'épopée sont des récits de transmission orale. Pour faire sentir la dimension de cette première forme de la littérature, l'écrivain imagine une scène qui en décrit la naissance. Naoh, comme Ulysse chez Alkinoos, raconte ses exploits et ses souffrances (l. 28 à 30). L'écrivain s'amuse même à imaginer les premières formes de ce langage littéraire (l. 26-27).

Activités

Oral Préparer un bilan de lecture (l.8)

On peut imaginer les questions suivantes :

– Quel élément fait naître l'aventure ? Quel peuple est ennemi ? Qui aide les héros ?

– Quelles sont les qualités de Naoh ? Racontez un épisode où il fait preuve d'intelligence. Donnez un exemple de son habileté, de sa générosité.

– Qui est Gammla ? Quel est son rôle dans le récit ?

– En quoi le roman est-il une interrogation sur l'apparition du savoir ? En quoi fait-il réfléchir à ce qui rend les hommes humains ? Que vous a-t-il fait découvrir sur la préhistoire ?

DU PLAISIR DES MOTS AU PLAISIR D'ECRIRE	*Explorateurs et mousquetaires*	p. 112

Stratégies pédagogiques

Cette double page est un prétexte, pour les élèves, à imaginer et à rêver, à se lancer dans des aventures merveilleuses, trépidantes, exaltantes.

Diverses modalités de mise en œuvre sont possibles : on pourra les faire travailler individuellement, ou par groupes. Quelques lignes peuvent suffire. Les exercices populaires pourront devenir des activités plus longues.

Corrigé des questions

Activité 1 : Écrire une bande-son

Une grille pourra aider les élèves à s'auto-évaluer.

Critères	J'ai fait	Je n'ai pas fait
On entend les voix des mousquetaires et des hommes du cardinal.		
Il y a de nombreux verbes de parole.		
Il y a des jurons.		
Au moins cinq mots appartiennent au champ lexical du bruit.		
Le dialogue est bien ponctué.		

Activité 2 : Écrire à partir d'un nom

L'alliance d'un lieu (désert, canyon) et d'un nom propre aux sonorités très évocatrices (Saltstraumen, Darvaza, etc.) permettra aux élèves d'imaginer des lieux à la fois dangereux et palpitants. Il s'agit moins de retrouver des connaissances géographiques (même si une recherche peut étayer cette activité) que de faire appel aux ressources de son imagination.

Activité 3 : Écrire à partir d'une liste

Cette activité permet à l'imagination des élèves de prendre son essor.
En effet, chaque élément peut faire penser à une aventure terrifiante ou exaltante : les vingt mètres de corde peuvent permettre de descendre au fond d'un gouffre, de monter en haut d'un baobab, etc.
La combinatoire de ces éléments fournit des occasions d'imaginer des péripéties exotiques, d'explorer les mondes glacés ou brûlants, les forêts et les marais impénétrables.

Activité 4 : Écrire à partir d'une gravure

Une grille pourra aider les élèves à s'auto-évaluer.

Critères	J'ai fait	Je n'ai pas fait
Le nom a un rapport avec la machine.		
Ses pouvoirs sont clairement identifiés.		
Au moins trois verbes de mouvement, trois verbes de combat et trois verbes de vue sont utilisés dans la description.		
Les accords sont faits.		

Activité 5 : Écrire à partir d'un titre

Critères	J'ai fait	Je n'ai pas fait
L'aventure se déroule sous terre.		
Elle comporte un élément horrible.		
Elle comporte un élément merveilleux.		
Il y a au moins trois mots de chaque liste.		
Les temps du récit (imparfait et passé simple) sont bien employés.		

Partie 4 : *L'Île au trésor*, un voyage initiatique

Sur la piste du trésor	p. 114

L'Île au trésor,
Robert Louis Stevenson, 1883.

Stratégies pédagogiques

Les élèves pourront s'autoévaluer avant de rendre leur travail.

Itinéraire « moussaillon » :

	Oui	Pas tout à fait	Non
Les dix phrases sont intéressantes et représentatives.			
Elles sont recopiées sans erreur.			
Les explications sont claires.			
Le papier est personnalisé.			

Itinéraire « matelot » :

	Oui	Pas tout à fait	Non
Les fiches d'identité sont complètes.			
Elles sont écrites sans erreur.			
Les images correspondent aux personnages.			
Le papier est personnalisé.			

Itinéraire « capitaine » :

	Oui	Pas tout à fait	Non
L'itinéraire sur la carte est complet et comporte au moins dix croix.			
Les explications sont claires et sans erreur.			
Les croix sont reliées.			
Le papier est personnalisé.			

Pirates au cinéma

p. 116

Pirates des Caraïbes, la Malédiction du Black Pearl, *Gore Verbinski*, 2003.

Corrigé des questions

Activité I

1. Nous retrouvons dans le film tout l'univers de la piraterie : ses personnages, d'abord (les pirates et les corsaires, les marins du roi, les perroquets, les habitants interlopes des villes portuaires) ; les lieux (îles, ports, caverne au trésor) ; ses accessoires si reconnaissables (bandeau sur les yeux, jambes de bois, crochets, drapeaux noirs, bouteilles de rhum, coffres débordant d'or, sabres, etc.)

2. Plusieurs réponses sont envisageables : Jack Sparrow, plus présent à l'écran, sournois et imprévisible, charismatique et plein d'humour, pourra remporter les suffrages. On pourra préférer l'honnêteté et la fougue de Will (si fade, par moments) ; la révolte et le courage d'Elisabeth.

Le débat et la nécessité d'argumenter et de justifier ses choix permettront de définir ce qu'est un héros d'aventure, et de voir quels critères doivent l'emporter : les qualités morales ou physiques, la sympathie que l'on éprouve pour lui, l'initiation que lui offre l'aventure, etc.

Activité 2

	L'Île au trésor	*Pirates des Caraïbes*
Personnages	Long John Silver Jim Hawkins Le Capitaine Flint Capitaine Flint (le perroquet) La femme de Long John Silver	Jack Sparrow William Turner Le Capitaine Barbossa Jack (le singe, à qui on donne le nom de Sparrow) Les différentes « amies » de Jack
Objets	La carte au trésor L'*Hispaniola* Le trésor de Flint	La boussole magique Le *Black Pearl* (*L'Intercepteur*) L'or maudit des Aztèques
Lieux	Bristol L'île au trésor Le fortin	Port Royal L'île de la Muerta Le fort de Port Royal
Péripéties	1.Les pirates prennent d'assaut l'auberge. 2. Jim se cache dans une barrique de pommes. 3. Une mutinerie se prépare. 4. On mentionne le code de l'honneur des pirates. 5. Jim prend une barque pour reprendre le navire. 6. Jim monte aux haubans pour se protéger. 7. Long John Silver s'échappe du bateau.	L'assaut de Port Royal par les pirates. Jack se cachant / Barbossa évoquant son rêve d'une barrique de pommes. Jack est victime de deux mutineries. Épisodes de « pourparlers » répétés. Nombreux épisodes avec des barques. Il y a de nombreux combats en mer et sur terre et Jack « s'envole » souvent à l'aide de cordes et de poulies. Jack échappe à la potence et retrouve le *Black Pearl*.

Activité 3

Les élèves préféreront sans doute le charme, l'humour, l'insolence, l'habileté et le mystère de Jack Sparrow. Le pirate relève à la fois du truand, du dandy et du séducteur. On ne sait jamais s'il s'apprête à détrousser ou séduire une femme. On ne connaît que peu ses désirs, si ce n'est celui de retrouver le *Black Pearl*. Lâche et redoutable lors des combats, aimant plus son navire que l'or, capable de sacrifice comme de trahison, c'est un personnage à la fois attachant et énigmatique.

Certains évoqueront peut-être la dureté et le machiavélisme de Long John Silver, ou la tendresse paternelle qu'il éprouve pour Jim (cf. *supra*)

Activité 4

1. Il est difficile de dire qui domine le duel. Will est une fine lame et ne manque pas de courage. Jack est un pirate fourbe et farouche. Il semble reculer sous les assauts du jeune forgeron, mais une traîtrise n'est pas à exclure de sa part.
2. Les personnages sont cadrés en pied : on parle de plan moyen. On les voit entièrement, mais on ne voit qu'eux. On peut donc saisir avec précision toutes les phases du combat, et sans être déboussolé (ce que ne permettraient pas des gros plans). On peut admirer leur adresse au sabre. Ils ont l'air d'être de terribles combattants, bien qu'élégants dans le même temps.
3. Ils combattent dans la forge du père de Will. Cela explique à la fois les multiples éléments de la scène, la charrette (qui sert à transporter les objets lourds en métal), les instruments, ainsi que la luminosité rouge-orange. Cela accentue l'impression de danger de la scène. Le feu des combattants rejoint celui de la forge. Des objets les menacent sans cesse… ou pourraient leur permettre une ruse ou une fourberie. Enfin, le sable de la forge transforme la scène en arène.

Activité 5

1. Élisabeth semble fière et courageuse sur cette image. Elle ne manifeste aucune peur et semble défier les pirates qui la menacent. On peut à la fois ressentir de l'angoisse (elle se prépare à subir le supplice de la planche) et de l'admiration pour son intrépidité.
2. L'image est prise en contre-plongée. Elle met en valeur Élisabeth, qui semble plus majestueuse, et qui, dirait-on, domine le pirate qui la menace.
3. La luminosité est forte et vient de l'horizon. Elle illumine Élisabeth mais le pirate, contre toute logique, ne semble pas en profiter, et reste sombre. La lumière fait ressortir les couleurs froides de la scène (le ciel, l'océan, la robe bleue d'Élisabeth) et les couleurs chaudes (ses bras, son visage, ses cheveux). Élisabeth est ainsi mise en valeur : elle est à la fois un élément céleste et marin, bleu et lumineux, et le seul élément humain mis en valeur.

Ce que vous avez appris… p. 120

Bilan du chapitre

1. Les récits d'aventures peuvent se situer dans toutes les périodes de l'Histoire : préhistoire (*La Guerre du Feu*) ; XVIIIe siècle (*Le Dernier des Mohicans*), XIXe siècle (*Vingt mille lieues sous les mers, Construire un feu*) ; XXe siècle (*Premier de cordée*).
Par exemple, dans *La Guerre du Feu*, les personnages dessinaient sur les parois des cavernes, rencontraient des mammouths et luttaient pour retrouver le feu.

2. Les événements déclenchant l'aventure sont souvent des catastrophes ou des situations périlleuses (le feu est perdu, des Indiens approchent, une tempête va éclater en montagne, etc.) mais souvent, le goût du risque et du danger poussent les personnages à se rendre dans des lieux écartés, terrifiants… et exaltants. L'homme de *Construire un feu* parcourt le Klondike pour trouver de l'or, Warfield veut gravir de hautes montagnes, etc.

3. Les dangers peuvent être humains (une tribu ennemie) ou naturels (un orage, une tempête, un poulpe monstrueux). Certains sont l'occasion d'un combat. D'autres, non moins terribles, sont l'occasion d'un combat contre soi et mettent à l'épreuve le courage et l'habileté des héros, qui doivent résister à la peur, construire un feu, redescendre dans les vallées sans se précipiter, etc.

4. Les héros disposent de qualités physiques (force, habileté, minutie), intellectuelles (ruse, astuce, esprit de débrouillardise) et morales (patience, courage, dévouement et sens du sacrifice).

5. Les héros doivent pouvoir commander aux autres personnages, mais aussi se sacrifier pour eux. Jean Servettaz donne des ordres à Warfield, mais le protège. Nemo se jette dans la bataille pour sauver ses marins. Les pionniers savent protéger les fillettes contre les Indiens.

6. Les aventures se déroulent sur tous les continents (Amérique pour *Construire un feu* et *Le Dernier des Mohicans* ; les Alpes pour *Premier de cordée*), et dans tous les milieux : océan, montagne, plaines et prairies, et même sous terre dans *Voyage au centre de la Terre*.

7. Les animaux peuvent à la fois être des adjuvants (les mammouths aident les hommes de la préhistoire, l'homme de *Construire un feu* a un chien fidèle) et de terribles adversaires, ainsi les poulpes monstrueux qui attaquent le Nautilus.

8. La nature est souvent hostile : un froid terrible menace le héros, la montagne est prête à les engloutir, l'océan déferle dans le navire… Mais elle est aussi pleine de ressources pour qui sait s'en servir pour construire un feu ou une cabane.

Exprimer son opinion sur un roman d'aventures

Exemple de correction :

J'ai surtout aimé *Vingt mille lieues sous les mers* parce qu'une scène à bord d'un sous-marin me semble exaltante. Elle se passe dans une grotte sous-marine en 1866. Nemo est le héros, il a de nombreuses qualités comme son courage, sa force, sa détermination.

Son plus grand exploit est de tuer de nombreux poulpes.

On est pris par l'action dans le passage où les poulpes enlèvent le marin.

Je me souviens de l'expression : « Nous roulions pêle-mêle au milieu de ces tronçons de serpents qui tressautaient sur la plate-forme dans des flots de sang et d'encre noire. »

3. Des récits et des poèmes pour célébrer le monde

Présentation du chapitre

Esprit et intentions de l'étude

Les objets d'étude et la visée du chapitre

Les programmes rapprochent, autour de la thématique de la création, des textes de genres différents autour de deux pôles : « différents récits de création provenant de cultures différentes » (parmi lesquels « un extrait long de la Genèse »), et « des poèmes célébrant le monde ». L'étude a pour visée d'interroger, dans les textes des deux types, les conceptions du monde et de la nature dont ils sont porteurs, et de rendre manifestes les questions fondamentales auxquelles ils apportent des éléments de réponse.
Si les élèves ont été confrontés, dans les années de CM, à des récits étiologiques, ils n'ont pas abordé la notion de mythe. L'étude des textes permettra une approche de ce type de récits et une réflexion sur leur diversité et leurs significations. On abordera ainsi les notions de monothéisme et de polythéisme, les visions que se font différentes cultures de l'origine du monde, l'image de la divinité et de l'humanité que les textes proposent.
Ces questions fondamentales peuvent être posées avec de jeunes élèves grâce à la dimension narrative et à la puissance d'évocation des textes.
C'est cette puissance d'évocation qui est également à l'œuvre dans les poèmes consacrés à la nature et à la recréation qu'en propose la parole poétique.

L'organisation du chapitre et les œuvres étudiées

Nous avons choisi d'organiser le chapitre en trois temps.
– La première étape regroupe des récits de création du monde issus de mythologies diverses : la création du monde dans la Genèse, la naissance des dieux dans la mythologie grecque, la création du cosmos à partir du modelage de la matière dans un mythe scandinave. Le dernier texte fait découvrir une légende iroquoise expliquant l'apparition de la conscience et des légendes chez les humains.
– La seconde étape est un parcours de lecture dans la Genèse. On poursuit l'étude du livre commencée dans le texte 1, en proposant trois épisodes : Adam et Ève chassés du Paradis, le déluge et l'arche de Noé (dans la Bible et le Coran), le mythe de Babel.

– La troisième étape est consacrée à la poésie et montre en quoi elle est une double célébration du monde et du langage. Nous avons choisi des textes courts, d'accès aisé, et de provenances variées : un poème de la Renaissance, un texte de l'époque romantique, des haïkus, une prière africaine, un calligramme d'Apollinaire et deux poésies de la deuxième moitié du XXe siècle. L'étude des textes poétiques est constamment envisagée dans la double perspective d'un entraînement oral visant à développer les capacités d'expression et d'interprétation, et d'un travail d'écriture créatrice.
À la fin du chapitre, une double page intitulée *Ce que vous avez appris* propose des activités d'évaluation finale et des prolongements qui exploitent les éléments acquis : réaliser une affiche sur les mythes fondateurs et les différentes religions, préparer un récital de poésie.

Le travail d'expression orale et écrite

Il est réalisé dans les études de textes, qui comportent toujours ces deux moments. Par ailleurs, comme dans les autres chapitres, des doubles pages d'activités sont consacrées à l'expression orale et écrite.
Pour la poésie, on accorde une attention particulière à la diction dans une série d'exercices ludiques oraux.

L'incitation à la lecture

Au-delà des textes dont l'étude structure le chapitre, elle s'organise autour de deux propositions : la première est centrée sur la lecture cursive de l'épopée de Gilgamesh, la seconde suggère des activités autour de trois ouvrages proposant des récits de création et de deux recueils de poèmes. Les travaux proposés aux élèves sont divers : exposition, réalisation d'affiches.

L'histoire des arts

À l'étude des textes est souvent associée une étude d'image qui sert d'appui à une activité orale ou écrite. Deux moments y sont plus particulièrement consacrés dans l'étape 2 du chapitre : une page fait découvrir le mythe de Babel et propose l'étude d'une œuvre de Bruegel (avec une initiation à l'analyse de l'image), une autre permet d'étudier des représentations picturales du mythe du déluge dans des civilisations et à des époques différentes.

Ce que vous savez déjà... p. 124

Stratégies pédagogiques

Les élèves ont lu des contes étiologiques au cours des années de CM, début du cycle 3. Ils ont donc déjà vu la notion de récit explicatif. Rappeler ces connaissances permettra de les faire entrer plus aisément dans l'étude des mythes cosmogoniques, récits plus complexes mais dont la densité et la charge poétique sont ressenties fortement par les jeunes lecteurs.

Corrigé des questions

Rassemblez vos connaissances

– *Pourquoi l'eau de la mer est salée* est le titre d'un conte chinois. Un frère aîné riche refuse d'aider son frère, très pauvre. Ce dernier trouve sur son chemin une meule qui moud du sel quand on la fait bouger. Le cadet trouve aussi le moyen de l'arrêter en la retournant. Le sel produit par la meule lui sert de monnaie d'échange et il s'enrichit. Son frère aîné demande à avoir la meule à son tour. Mais s'il trouve comment la mettre en route, il ne sait comment l'arrêter et le sel envahit tout. Le frère aîné finit par la jeter à la mer, où elle continue à tourner et à saler l'eau.
– Un conte malgache attribue l'origine du riz au don d'une divinité qui envoie un oiseau nommé Foly le distribuer aux humains. En récompense, l'oiseau reçoit un magnifique plumage.
– « Pourquoi le lièvre saute quand il se déplace » est le titre d'un conte rapporté par Mamadou Diallo dans ses *Contes de l'Afrique de l'Ouest*, et ce récit est souvent lu à l'école élémentaire. Les animaux décident, sous l'impulsion de l'éléphant alors roi des animaux, et pour éviter que les uns ne mangent les autres, de devenir agriculteurs. Chacun doit délimiter son champ en faisant dix pas. Le lièvre ruse en avançant par bonds afin d'obtenir un grand champ. Les autres animaux acceptent sa ruse mais il est depuis obligé de toujours sauter, faute de quoi il sera puni par eux.
– L'origine de la trompe de l'éléphant est racontée par R. Kipling dans *Histoires comme ça*.

Retrouvez l'univers des récits explicatifs

1. Ce sont le Ciel, la Terre et la Lune, éléments de la nature, qui se comportent comme des humains : ils sont amis puis se disputent. Ils ont des traits de caractère humains : la Terre est coléreuse.
2. Ce récit explique l'origine des montagnes et celle de la pluie, des océans et des fleuves. Les montagnes sont créées par la Terre, pour essayer d'atteindre le Ciel. La pluie, puis les fleuves et la mer viennent des larmes des habitants du Ciel et de la Terre. Quand il pleut c'est que le Ciel essaye encore de faire fondre les montagnes.
3. Pourquoi il y a des montagnes, de la pluie qui tombe, des fleuves qui coulent et des mers.
Ou : L'origine des montagnes et de l'eau qui tombe du ciel et coule sur la terre.
4. Ce texte est un récit explicatif parce qu'il rend compte de l'origine de faits naturels au moyen d'une histoire avec des personnages.
5. Il se situe aux origines du monde : « au commencement du monde » (l. 1).

Découvrez le chapitre

2. Les expressions : « création du monde », « naissance des dieux », « modelage du cosmos » indiquent qu'il s'agit de récits explicatifs sur l'origine du monde.

Partie 1 : Des récits pour expliquer la création du monde

TEXTE 1	*La parole créatrice*	p. 126

« La création du monde dans la Bible », Genèse, Bible.

Stratégies pédagogiques

Ce texte est évidemment fondamental. Cela explique le questionnement approfondi qui l'accompagne.
Si l'on souhaite ne pas y passer trop de temps, on peut demander des réponses uniquement aux questions 1, 3, 6, 8 et 9.

Corrigé des questions

Si vous avez fini de lire

Les trois expressions sont : « Dieu dit » ; « Que… soit » ; « Et … fut ».
Ces formules sont importantes parce que ce sont elles qui créent : le Dieu de la Bible crée par la parole. C'est une parole performative.

Comprendre le texte

L'organisation et le peuplement du monde

1. Premier jour : la lumière, la séparation de la lumière et des ténèbres.
Deuxième jour : le firmament (espace céleste, voûte du ciel), la séparation des eaux

d'en haut et des eaux d'en bas.
Troisième jour : le rassemblement des eaux d'en bas pour faire émerger la terre ferme ; la création de la mer et de la terre ; la création des végétaux.
Quatrième jour : les astres, soleil, lune et étoiles ; la distinction du jour et de la nuit.
Cinquième jour : les animaux qui vivent dans les airs et dans la mer : oiseaux et poissons.
Sixième jour : les animaux qui vivent sur la terre ; les humains : homme et femme ; l'homme est fait à l'image de Dieu et il sera le maître de la nature.
Septième jour : Dieu se repose et bénit le septième jour.
2. – « Et Dieu dit : «Que les eaux foisonnent d'une profusion d'être vivants.» » (l. 36).
– « Dieu les bénit par ces paroles : «Soyez féconds et multipliez-vous, remplissez les mers, que les oiseaux se multiplient sur la terre.» » (l. 43-44).
– « Et Dieu dit : «Que la terre produise des êtres vivants selon leur espèce.» » (l. 46)
– « Dieu les bénit et leur dit : «Soyez féconds et multipliez-vous.» » (l. 57).
C'est important pour expliquer la profusion d'êtres vivants sur la terre.
3. Le passage commence à : « Dieu dit : «Faisons l'homme à notre image...» » (l. 52) et finit à : « telle sera votre nourriture » (l. 63).
4. Le texte explique la semaine de sept jours avec un jour de repos le septième jour.

Une création par la séparation et par la parole

5. Le deuxième jour, la lumière est séparée des ténèbres et le troisième, les eaux d'en haut sont séparées des eaux d'en bas. Cela permet l'émergence de la lumière et de la terre ferme.
6. C'est la parole de Dieu, à la forme injonctive, qui crée : « Dieu dit : «Que la lumière soit». Et la lumière fut. » (l. 4)
« Dieu dit : «Que la terre produise l'herbe, la plante qui porte sa semence, et que, sur la terre, l'arbre à fruit donne, selon son espèce, le fruit qui porte sa semence.» Et ce fut ainsi. » (l. 18-20)
7. Dieu s'adresse à l'homme et à la femme et leur dit d'être « féconds » (l. 57). Il fait d'eux les maîtres de la nature et leur attribue les végétaux comme nourriture. (l. 61-63)
8. Les humains sont les maîtres du monde, qui les nourrit grâce aux plantes, et sur lequel ils ont le pouvoir.

Bilan

9. La parole est l'outil de la création. Il suffit à Dieu de nommer un élément, puis d'employer le verbe « être » à la forme injonctive pour que cet élément existe.
Le créateur juge bonne sa création puisqu'à chaque étape le texte répète : « Et Dieu vit que cela était bon. »

Activités

Langue (IV.1)

– Qu'il fasse beau tout l'été !
– Que tout le monde soit heureux !
– Qu'il n'y ait plus de guerre !

Oral Lire un texte à deux voix (II.2)

La partie du texte choisie ne doit pas dépasser quinze lignes, dix est une bonne longueur. L'un peut lire les éléments de récit, et l'autre, les paroles prononcées par Dieu. L'un peut lire ce qui change et l'autre, les formules répétées.
On travaillera une diction solennelle ou forte des paroles de création comme : « Que la lumière soit. »

Oral Réflexion orale (I.8)

a) Dieu est toujours écrit au singulier, la majuscule le distingue de tous les autres êtres nommés. On peut citer le début : « Au commencement, Dieu créa le ciel et la terre. La terre était informe et vide, les ténèbres étaient au-dessus de l'abîme et le souffle de Dieu planait au-dessus des eaux. » (l. 1)
On voit que Dieu est seul, et qu'il préexiste à tout.
b) *Sur l'image intitulée *La création du monde* (p.127), on voit :
– dans la première image, la lumière (au centre) séparée des ténèbres (autour) ;
– dans la deuxième (en allant vers le bas), les eaux d'en bas (en jaune avec des vagues) et les eaux d'en haut (séparée par deux bandes, l'une noire et l'autre bleue : le firmament).
– dans la troisième, on voit la terre ferme émerger.
– dans la quatrième, on voit les étoiles dans le ciel.
– dans la cinquième, on voit les oiseaux voler.
– dans la sixième, on distingue une silhouette humaine sur la terre.
Le système est une suite d'images dont chacune correspond à un jour de la création qui se lit un peu comme une bande dessinée.
* Sur l'image intitulée *Naissance d'Ève à partir de la côte d'Adam* (p. 128) on voit l'homme endormi et la femme tournée vers Dieu, qui est représenté comme un humain, et pourvu d'une auréole : cela correspond au sixième jour. Les animaux oiseaux et mammifères, sont un peu plus à l'extérieur du cercle. On a ensuite un fleuve, séparé du monde des êtres vivants et où l'on distingue les astres.
Dieu est au cœur d'un ensemble de cercles concentriques qui représentent différentes étapes de la création. La place de Dieu, au centre, est une façon de montrer que tout procède de lui et de le glorifier.

TEXTE 2	*La mise en ordre du monde*	p. 130

« L'engendrement des dieux dans la mythologie grecque »

Stratégies pédagogiques

Ce texte, qui adapte le début de la Théogonie d'Hésiode, permet de présenter aux élèves une conception polythéiste de la création dans laquelle les dieux sont engendrés et naissent. La présentation des trois générations de divinités est une première approche de l'histoire des Olympiens. Le récit du combat entre les générations présente la conception violente et agonistique des relations entre les dieux qui était celle des Grecs de l'antiquité.

Corrigé des questions

Comprendre le texte

1. On peut faire justifier les choix de termes par la reformulation ou la lecture de passages du texte.
2. Ouranos n'aime pas ses enfants et les cache. Cronos a peur d'eux et les avale.
3. La succession se passe par le détrônement du père par le fils. Il en est ainsi parce que les dieux sont immortels et que, pour que le pouvoir change de mains, il faut un événement violent.
4. Le foyer, le mariage et l'amour sont les trois domaines féminins répartis entre Hestia, Héra et Aphrodite.

Activités

Langue (IV.2)

Il sait que, comme son père, il sera détrôné par un de ses enfants, c'est pourquoi, dès que l'un d'eux naît, il l'avale.

Oral Réflexion orale (II.2)

Cronos est violent, cannibale, assassin.
Zeus oblige son père à recracher ses frères et sœurs. Il combat les Titans, ses oncles.

Il partage le pouvoir. Il est le dieu souverain.
Les dieux grecs se comportent comme des humains ; violents, ils ne cessent de se faire la guerre.
Ils ne peuvent pas être des exemples pour les humains.
C'est une vision particulière des dieux : terribles et violents mais non exemplaires.

TEXTE 3 | *Le modelage du cosmos* | p. 132

« La création de la terre et du ciel chez les Vikings », Les plus Belles légendes des Vikings, 1979.

Stratégies pédagogiques

La version viking de l'organisation de la terre et du ciel est fascinante par sa dimension très visuelle. Le texte est une version pour la jeunesse des mythes vikings. Ces mythes ont été racontés au XIIIe siècle en vieil islandais par Snorri Sturluson dans l'*Edda* (que l'on peut lire en français dans la traduction de Régis Boyer dans la collection l'Aube des peuples, chez Gallimard). C'est essentiellement dans cette mythologie scandinave que Tolkien a puisé son inspiration pour la conception des ses créatures imaginaires.

Si vous avez fini de lire

Plusieurs dieux sont nommés :
– dans la présentation : Bor est le père d'Odin et de ses frères Vili et Vé : trois divinités et un géant sont nommés.
– dans le texte : « Odin et ses deux frères se querellèrent avec le vieux géant Ymir » (l. 1) ; « Odin, Vili et Vé traînèrent la dépouille d'Ymir » (l. 10).

Comprendre le texte

Une idée spectaculaire de la création

1. Pour les Vikings, le monde est le corps d'un géant mort.
– Le sang d'Ymir constitue les mers, les lacs et les cours d'eau (l. 12-14).
– Ses os hachés constituent les rochers et les montagnes (l. 23-24).
– Ses cheveux constituent les arbres et les buissons (l. 24-25).
– Son crâne constitue la voûte céleste (l. 28-29).

– Les lambeaux de son cerveau constituent les nuages (l. 43).
2. Deux passages sont particulièrement « visuels » : celui où les trois dieux soulèvent le crâne d'Ymir pour créer la voûte céleste (l. 28-29), et celui, à la fin du texte (l. 38-41), où ils postent un aigle qui bat des ailes pour créer le vent puis jettent les lambeaux du cerveau d'Ymir, donnant ainsi naissance aux nuages.
4. On trouve des géants : Ymir et Bergelmir, des nains, nés spontanément de la chair du géant mort, et des dieux.

Une création par la destruction et le travail de la matière

5. – À la ligne 2, les dieux tuent le géant : « au terme d'un combat farouche, le tuèrent ».
– Les fils de Bor s'en prirent alors au corps du vieil Ymir (l. 10). Ils versèrent le sang d'Ymir (l. 20), ils hachèrent ses os (l. 23).
Le géant est l'objet de cette destruction, faite par trois dieux.
6. « Ils pétrirent le monstrueux cadavre comme s'il ne s'était agi que de terre glaise » (l. 16).
7. « Ils hachèrent ses os en menus morceaux » (l. 23).

Bilan

8. Ce récit est un mythe parce que des dieux interviennent, ainsi que des géants, qui sont proches d'eux : le géant de glace Bor est le père d'Odin, Vili et Vé, divinités créatrices.
Ce récit explique l'origine du monde tel que nous le connaissons : les fleuves et les mers, les végétaux, les montagnes, la voûte céleste, le vent et les nuages. Ce sont des dieux qui sont à l'origine de la nature.
Ce récit vient de la civilisation des anciens Scandinaves, avant qu'ils ne se convertissent au christianisme.

Activités

Langue (IV.4)

– In : préfixe ; tari : radical ; ssable : suffixe.
– Heureuse : radical ; ment : suffixe

Écriture Écrire un récit de création (III.2)

Avant d'écrire

– Odin peut vouloir animer une terre sans mouvement ni vie. Il veut peut-être aussi (ce que l'on trouve dans certaines mythologies) créer des êtres qui honoreront les dieux.
– Il peut utiliser de la terre et de l'eau pour faire de petites statues qu'il animera ensuite. Il pourrait inventer le feu pour les faire cuire et leur donner une âme.
Il peut également utiliser de petits rochers (anciennement bouts d'os du géant) pour constituer les os des humains, l'eau issue du sang d'Ymir pour faire leur sang. Il refait

à l'envers pour les hommes ce qu'il a fait pour le géant.
– Il peut détruire des rochers pour avoir des bouts assez petits.
– Odin ne crée pas, dans le texte, par la parole magique. Mais comme c'est un dieu magicien (il est même le dieu de la magie, dans la mythologie viking), on peut imaginer qu'il décide de faire parler les hommes en leur parlant lui-même.
– S'il est content, il dotera l'homme de pouvoirs d'intelligence qui le rendent supérieur à ceux des autres espèces, comme il l'est effectivement. S'il est mécontent, il peut décider de rendre les hommes faibles et mortels, ce qu'ils sont.

Quand vous avez fini d'écrire, relisez-vous

Il s'agit avant tout de vérifier que le texte joue bien son rôle de mythe explicatif : la condition humaine doit être entièrement expliquée.
La répétition du verbe « être » est facile à repérer et le vocabulaire proposé permet de la réduire.

Proposition d'activité supplémentaire

Oral Réflexion orale

Consigne : *Relisez le texte 1, extrait de la Genèse. Comparez-le et opposez-le à celui de la tradition viking en répondant aux questions suivantes :*
– Quelle religion est polythéiste, quelle religion est monothéiste ?
– Quelle image de la divinité est donnée dans chacun des textes (rôle, ressemblance avec un humain, pouvoirs) ?
– Quels sont les actes du créateur (travail, parole, destruction, volonté) ?
Éléments de réponse :
– La religion viking est polythéiste ; celle de la Bible, monothéiste.
– Les dieux vikings ressemblent à des humains par leurs actes : ils se battent, ils travaillent la matière comme des artisans. De plus, ils sont nés d'un père et sont frères comme dans une famille humaine.
Le Dieu de la Bible préexiste à toute créature. Il a un pouvoir immense puisque sa parole et sa volonté suffisent à faire exister le monde. Il ne ressemble pas du tout à un humain même s'il est dit qu'il crée les hommes à son image.
– Le Dieu de la Bible agit par la séparation des éléments (la lumière des ténèbres, la mer de la terre) et par la parole. Ses outils sont sa volonté et sa parole.
Les dieux vikings créent sur un mode plus semblable à celui d'humains : par la destruction puis par des actes d'artisans (un potier ou un cuisinier).

Chapitre 3

TEXTE 4 | *La création de la conscience et des légendes* | p. 135

« L'origine de la vie en société chez les Iroquois », *Mille ans de contes. Indiens d'Amérique du Nord*, *Ka-Be-Mub-Be, William Camus*, 2008.

Stratégies pédagogiques

William Camus est né aux États-Unis, d'une mère française et d'un père iroquois. Son enfance parmi les Indiens a été fondatrice de son œuvre et de sa vie. Militant de la cause indienne, il a raconté sa vie dans une autobiographie intitulée *Mémoires d'un sauvage*, écrit de nombreux ouvrages pour la jeunesse et rassemblé des légendes indiennes dans le recueil d'où est extrait ce texte.
Ces légendes sont parfois déconcertantes. Ainsi les trois Braves du début du texte, et surtout Ka-na-ga, sont des humains mais aussi des êtres très puissants qui se distinguent des autres hommes par leur sagesse. Ka-na-ga, à la fin du récit, dispose de pouvoirs qui en font à l'évidence un chaman. De même, il transforme ses deux compagnons en génies alors qu'ils étaient semblables à lui au début.
Un dieu est nommé : le Grand-Esprit, mais il n'est pas précisément présenté.
Ce récit est particulièrement riche d'enseignements pour les élèves : il permet une véritable réflexion sur ce qui définit l'humanité. C'est une approche des notions de valeurs et de conscience que le récit rend parfaitement compréhensibles par un jeune public.

Corrigé des questions

Si vous avez fini de lire

Il explique les neiges éternelles : là où l'aigle s'est posé, la glace recouvre le sol.

Comprendre le texte

Les humains, seuls êtres imparfaits

1. La nature est magnifique et très riche, elle abonde en éléments utiles à la vie des humains : il y a des arbres, des rivières et du gibier.

2. L'aigle et la belette peuvent parler. L'aigle est assez fort pour porter trois hommes et il est en réalité une sorte de magicien, le père des orages.
La belette est prudente et sage. Elle fuit les hommes mais ne les condamne pas. L'aigle et la belette sont plus sages que les humains.
3. Lignes 34 à 37 : « Jusqu'ici personne n'a jamais pris la peine de leur expliquer ce qu'est le bien et le mal. Ils ne possèdent aucune légende à laquelle se référer afin d'apprendre à vivre en communauté. » Non, les hommes ne sont pas responsables de leur état : ils manquent simplement de connaissances et de conscience.
4. Ils n'ont pas eu de divinité ou de chaman pour leur apprendre la différence entre le bien et le mal. Il leur manque des légendes dont le sens leur apprendrait la sagesse. Les humains sont ainsi définis par la conscience du bien et du mal et le fait qu'ils aient des mythes, des récits de référence.

La création de la conscience et des légendes

5. Il en fait un bon et un mauvais génie. Cela permettra de laisser les humains libres de choisir entre le bien, auquel les incite le bon génie et le mal, que propose le mauvais.
6. L'aigle sera le messager du Grand-Esprit (une divinité) auprès des hommes pour leur enseigner à se conduire bien et sagement en suivant des règles.
7. Il saisit un rayon de soleil et en fait un objet magique. En le touchant, il pourra se métamorphoser. De même, il transforme ses deux compagnons (voir réponse 5). Il devient un puissant intermédiaire entre les humains et la divinité, un sorcier, un chaman (en particulier par sa capacité à devenir un animal).
8. Ce texte est un mythe parce qu'il définit des valeurs de la société iroquoise : avoir conscience du bien et du mal et faire le bien, agir selon des règles morales.

Bilan

9. Les mauvais comportements sont ceux que décrit la belette aux lignes 11 à 13 : se disputer, se battre, s'entretuer. Ils sont également mauvais avec les animaux, puisqu'elle a peur d'eux.
Les bons comportements consistent à profiter des dons de la nature (lignes 9 à 11) en se baignant dans les rivières et en chassant. Entre les humains doit régner l'entente. Ils doivent avoir des légendes qui soudent leurs communautés. Ils doivent distinguer le bien du mal et agir selon le bien.

Activités

Langue (IV.2)

– Tu survoleras, tu enseigneras, tu seras.
– Toi, l'aigle, survole constamment cette terre et enseigne aux hommes de sages règles de conduite. Sois l'image vivante du Grand-Esprit !
Le futur sert ici à donner des ordres.

Oral Réflexion orale (I.7)

À quoi servent les récits d'origine traditionnelle?

On peut dire que les contes ne servent à rien sinon à distraire et à faire plaisir.

Mais on a vu qu'ils donnent des enseignements sur la morale et les interdits et que les contes initiatiques transposent dans un monde imaginaire le trajet d'une jeune fille ou d'un jeune homme vers l'âge adulte.

Les légendes expliquent souvent des éléments de la réalité : le nom d'un lieu, une coutume. Elles ont donc un rôle explicatif.

Les mythes ont été, pour les cultures qui les ont inventés, une religion. Ils rendent compte de l'origine du monde, de ce que sont les dieux, les humains. Ils répondent aux questions fondamentales comme le devenir des humains après la mort.

De nos jours, ces mythes peuvent être réinterprétés : ainsi *l'Odyssée* sera parfois lue comme un roman d'aventures, parfois comme un voyage initiatique.

Écriture Écrire la suite d'un texte (III.1)

– On raconte d'abord le retour de Ka-na-ga et on montre comment il semble juger les résultats de sa mission selon l'expression de son visage et ses premiers mots.

Il peut arriver épuisé mais content ou au contraire déçu et coléreux.

– Les élèves peuvent montrer les hommes comme des êtres contradictoires. Leur attitude envers la nature sera probablement dépeinte comme destructrice malgré des efforts. La persistance de maux comme les guerres et la violence en général sera forcément mentionnée. Cependant Ka-na-ga pourra avoir vu des êtres sages et bons et parler de ceux-là. Il pourra aussi parler de petits gestes apaisants et généreux faits par tout le monde.

La belette posera trois ou quatre questions : quelle est l'impression générale de Ka-na-ga ? Comment les humains se comportent-ils entre nations et peuples ? Dans leur entourage proche ? Envers la nature et les animaux ?

DES OUTILS POUR REDIGER	*Écrire un récit de création*	p. 138

Corrigé des questions

Vocabulaire de la création

1. Des mots pour décrire l'état du monde d'avant la création

a. Espace infini, gouffre infini, matière informe, espace vide.

b. Oui, on peut le nommer ainsi.

2. Des verbes pour décrire l'acte de création
– Création matérielle : fabriquer, créer, dessiner, modeler, former, produire, forger, sculpter.
– Création conceptuelle : créer, produire, composer.

3. L'emploi dans des phrases des verbes qui désignent l'acte de création
1. Les dieux sculpteurs prirent un peu d'argile, et ils *sculptèrent* le premier homme et la première femme.
2. Un dieu chauffa et frappa le fer jusqu'à le ramollir et *forgea* une figurine étrange. Il *l'anima* en actionnant le soufflet devant l'ouverture du visage qu'il appela la bouche.
3. Les dieux, trouvant fatigant le travail de la terre, ils *conçurent* une créature pour le faire à leur place : l'être humain.
4. Ce fut le dieu boulanger qui reçut l'ordre *d'inventer* une créature nouvelle. Il *pétrit* de la pâte à pain et lui donna une forme pareille à la sienne.
5. Finalement, ce fut un dieu artiste qui dut *imaginer* les nouvelles créatures. Il prit un bâton et *dessina* sur le sable les contours du nouvel être.
Orthographe
1. Les déesses sculptrices, ...et elles modelèrent.
2. Une déesse chauffa. Elle l'anima.
3. Les déesses ... elles.
4. Ce fut la déesse boulangère... Elle...
5. La déesse artiste ...elle.

Chapitre 3

4. Des verbes pour mettre de l'ordre dans le monde
La grande déesse *appela* « mer » l'eau salée et *expliqua* aux fleuves qu'ils devaient couler vers la mer. Elle *sépara* le soleil de la lune car elle avait les yeux très fatigués par un excès de lumière. Mais elle savait que le soleil et la lune s'aimaient et elle dut donc leur *interdire* de se rencontrer. Pour consoler la lune, elle lui *attribua* le pouvoir d'influencer les marées et lui *donna* les étoiles pour amies et compagnes. Quant au soleil, elle *fit* de lui un dieu dans de nombreuses religions.

5. Des verbes pour exprimer l'apparition d'un élément de la nature
La terre émerge, des êtres ou des eaux peuvent surgir, tout élément peut apparaître (les végétaux, par exemple), les reliefs ou les êtres peuvent prendre forme, les êtres vivants prennent vie, les êtres qui se meuvent s'animent, tout peut naître.

6. Des mots pour décrire les quatre éléments
– Terre : volcan (également lié au feu), solide, rocher, argile, montagne, sableux, minéral, rugueux, colline, boue (également liée à l'eau).
– Eau : liquide, s'écouler, nuage (également lié à l'air), couler, flot, coule, rivière, boue.
– Air : nuée, souffle, nuage, ciel, vent.
– Feu : brûler, volcan (également lié à la terre), ardent, flamme, embrasé, soleil.

7. Employer les tournures de l'ordre dans la parole créatrice

1. Vents, soufflez sur les nuages.
2. Eau, coule vers la mer.
3. Fruits, mûrissez en été.
4. Nuages, filez dans le ciel.
5. Pluies, tombez pour faire pousser l'herbe.

Grammaire pour écrire un récit de création

8. Des expressions de temps pour relier deux actions entre elles

Lorsque le créateur eut modelé la surface de la Terre, il la regarda et la trouva terne. *Alors* il demanda à la pluie de tomber, puis au soleil de briller. *Dès que* la pluie et la chaleur eurent amolli la terre, les premières plantes se mirent à pousser. *Bientôt* les herbes et les fleurs donnèrent beauté et parfum au monde, et le créateur s'en réjouit.

9. Des expressions de temps pour marquer les étapes de la création

Au commencement du monde il n'y avait rien d'autre qu'un immense œuf, flottant dans le vide infini. *Un jour* cet œuf se fendilla et le jaune tout rond sortit et s'éleva dans le ciel. Le soleil était né. *Puis* le blanc coula et la mer fut créée. *Enfin* la coquille et ses débris formèrent la terre et les rochers.

Vers l'écriture en groupe d'un récit de création

À chaque étape, le groupe, après avoir réfléchi et noté, puis commencé à écrire doit se concerter et harmoniser ses propositions pour pouvoir constituer un seul texte.
Les élèves sont conduits à se poser toutes les questions liées à la cohérence et à la logique du récit : enchaînement des éléments, étapes claires ; et, sur le plan de l'expression : clarté des mots de reprise, homogénéité du système des temps (récit au présent ou récit au passé).
Des réécritures sont nécessaires et ce travail permet de faire accéder les élèves à cette démarche, qui ne va nullement de soi.
À l'étape 2, on a également une phase de conception à quatre. Cela induit des démarches de prise de notes et de confrontation des écrits, avant l'harmonisation en vue de l'écriture qui sera faite à l'étape 3.

Partie 2 : La Bible, aux origines de la condition humaine

TEXTE 1	*Pourquoi la vie humaine est-elle difficile ?*	p. 140

« Adam et Ève chassés du paradis », La Bible, Genèse.

Corrigé des questions

Comprendre le texte

La perte de l'innocence

1. Dieu dit à Adam et Ève qu'ils mourront s'ils mangent le fruit de l'arbre défendu.

2. Lignes 10-11 : Le serpent dit à la femme qu'ils seront comme des dieux parce qu'ils seront conscients du bien et du mal.

3. Ève se laisse tenter par gourmandise et parce qu'elle a envie d'acquérir l'intelligence. Elle partage le fruit avec Adam.

4. Adam et Ève se rendent compte qu'ils sont nus et en ont honte. Ils se fabriquent un vêtement avec des feuilles. Dieu en les voyant ainsi comprend qu'ils ont désobéi et qu'ils ont perdu leur innocence.

Le châtiment

5. Ève enfantera dans la douleur (l. 39) et sera soumise à son mari (l. 40). Deux éléments de la condition féminine sont ainsi expliqués : c'est la femme qui donne naissance aux enfants, et l'accouchement est un moment de souffrance physique. Dans les sociétés traditionnelles, les femmes sont soumises à leur mari.

6. L'homme est condamné à travailler pour vivre. Le récit donne une explication mythique à la condition humaine : les hommes travaillent la terre pour se nourrir ; c'est une tâche pénible. De plus, l'homme est destiné à mourir (l. 47-49) car il n'a pas pu

manger de fruit de l'arbre de vie (l. 56-57), le deuxième arbre du jardin d'Éden.
7. Adam et Ève sont chassés du Paradis.
8. Le mythe explique l'aspect du serpent qui est un reptile (étymologiquement : qui rampe) sans pattes.

Bilan

9. Cet extrait de la Genèse explique des éléments éternels de la condition humaine : les hommes sont mortels, ils doivent travailler ; les femmes souffrent en mettant les enfants au monde. La condition humaine est attribuée à une première rupture avec Dieu : l'homme en désobéissant perd son immortalité et une vie d'insouciance et de bonheur dans un « paradis perdu ».

Activités

Écriture Décrire un lieu merveilleux (III.1)

On fait d'abord observer le tableau de Cranach. La question fait l'objet d'un échange oral.
L'étude du tableau de Cranach, en suscitant l'imagination, fournit des éléments pour l'écriture.
a) On y voit les différentes étapes du récit figurées.
– En haut à droite, c'est le moment de la tentation.
– En haut à gauche : Adam et Ève sont chassés du paradis par un ange.
– Au premier plan : Dieu parle à Adam et Ève.
b) Les animaux sont confiants et tranquilles.
c) Le jardin est luxuriant (fruits et fleurs). « Éden » signifie en hébreu « délices ». Le jardin d'Éden est un lieu de bonheur absolu.
d) On peut reprendre arbres et animaux, ajouter eau et fontaines comme dans les représentations du paradis à l'époque médiévale. On rappellera aussi le sens de « Paradis » en Hébreu : « jardin clos » ; le paradis est un lieu protégé.

LECTURE D'IMAGE

p. 143

« *Peindre un mythe* »,
La Tour de Babel, *Pieter Bruegel l'Ancien*, 1568.

Stratégies pédagogiques

La séance confronte l'extrait de la Genèse rapportant le mythe de Babel et l'un des tableaux de Bruegel l'Ancien représentant le mythe.

Script : La Tour de Babel, Bible, Genèse.

Toute la terre avait alors la même langue et les mêmes mots. Au cours de leurs déplacements du côté de l'orient, les hommes découvrirent une plaine en Mésopotamie, et s'y établirent.
Ils se dirent l'un à l'autre : « Allons ! fabriquons des briques et mettons-les à cuire ! » Les briques leur servaient de pierres, et le bitume, de mortier. Ils dirent : « Allons ! bâtissons-nous une ville, avec une tour dont le sommet soit dans les cieux. Faisons-nous un nom, pour ne pas être disséminés sur toute la surface de la terre. » Le Seigneur descendit pour voir la ville et la tour que les hommes avaient bâties. Et le Seigneur dit : « Ils sont un seul peuple, ils ont tous la même langue : s'ils commencent ainsi, rien ne les empêchera désormais de faire tout ce qu'ils décideront. Allons ! descendons, et là, embrouillons leur langue : qu'ils ne se comprennent plus les uns les autres. » De là, le Seigneur les dispersa sur toute la surface de la terre. Ils cessèrent donc de bâtir la ville. C'est pourquoi on l'appela Babel, car c'est là que le Seigneur embrouilla la langue des habitants de toute la terre ; et c'est de là qu'il les dispersa sur toute la surface de la terre.

Corrigé des questions

1. Le mythe de la tour de Babel explique le fait que l'humanité s'est répandue sur toute la terre et qu'elle parle une multitude de langues.
2. On observe que c'est un assez grand tableau peint à l'huile sur un panneau de bois. C'est l'occasion d'évoquer l'autre support des huiles, la toile qui supplante le bois en Italie puis en Hollande à partir de Rubens et permet de réaliser de plus grands formats.

3. La tour doit donner une impression de gigantisme : le ciel qui occupe la moitié supérieure du tableau est sur toute sa hauteur empli par la tour qui dépasse les nuages. Elle couvre de même pratiquement toute la surface du sol représenté. Les bateaux semblent minuscules, les gens ne sont que des points.
4. Plus bas que le sommet de la tour, le nuage est sombre ; le sommet de la tour est rouge, tandis que le bas est de couleur sombre. L'ensemble du tableau donne une impression d'inquiétude.

Proposition de questions supplémentaires

1. Relevez la phrase qui montre l'orgueil des hommes dans leur entreprise.
« Bâtissons une tour dont le sommet soit dans les cieux » et « faisons-nous un nom ».
2. Relevez les éléments qui montrent que la tour est en construction. Qu'a voulu montrer le peintre ?
Le sommet de la tour n'est pas terminé, on voit des matériaux de construction, des pierres s'écroulent sur la droite du bâtiment. Le peintre veut montrer un travail inachevé mais une entreprise colossale.
3. Trouvez-vous que le tableau de Bruegel corresponde bien au texte ? Justifiez votre réponse à l'aide de vos observations précédentes et de remarques personnelles
Le mythe biblique ne décrit pas la tour, mais l'orgueil humain, les craintes de Dieu, et la punition divine. Bruegel représente la construction de la tour en cherchant à rendre l'orgueil humain par le gigantisme de la tour.

Proposition d'activité supplémentaire

Écriture

Consigne : *En reprenant les éléments de vos réponses, rédigez deux paragraphes.*
Le premier présentera les informations historiques et techniques sur le tableau. Le second commentera l'œuvre elle-même : éléments représentés – taille – couleurs. Vous mettrez cette description en relation avec le sens du texte.
Ce travail peut être réalisé en équipe de deux, chaque élève se chargeant d'un seul des deux paragraphes.

TEXTE 2	*Punir les hommes*	p. 144

« Le Déluge », La Bible, Genèse.

Corrigé des questions

Si vous avez fini de lire

Dieu décide de détruire l'humanité parce qu'elle est devenue mauvaise. Il décide de sauver Noé parce qu'il est resté un homme pieux et juste.

Comprendre le texte

La description impressionnante d'un cataclysme

1. On relève aux lignes 14-15 : « grossirent », « soulevèrent », « montèrent », « beaucoup » ; le verbe « monter » est utilisé à trois reprises ; cela souligne le caractère inexorable de la montée des eaux et leur menace.

2. Tout est noyé, l'eau dépasse le sommet des plus hautes montagnes (l. 18). La description est hyperbolique, et souligne l'ampleur du cataclysme.

3. Lignes 19 à 25 : le mot « tout », répété 6 fois, souligne l'ampleur du châtiment. Toute vie disparaît sur la terre. La répétition de « tout » se retrouve aux lignes 49 et 54 pour montrer alors l'intensité de la reprise de la vie.

Noé et l'arche

4. Noé a 600 ans. Noé a une vie d'une longévité exceptionnelle et fabuleuse comme tous les patriarches de la Bible : Mathusalem meurt à 969 ans, l'année du Déluge ; Adam vit 930 ans… Ces données contribuent au merveilleux du récit. Dieu a décidé de sauver Noé parce qu'il est le seul homme à être resté juste et pieux.

5. Il entre dans l'arche quatre couples formés par Noé et sa famille et un couple d'animaux de chaque espèce. Ainsi se trouve assuré l'avenir de la création : les hommes et les animaux pourront à nouveau se multiplier sur terre après la fin du cataclysme. Dieu a l'intention de punir les hommes mauvais mais d'assurer la survie de l'humanité. Noé est ainsi l'ancêtre de tous les hommes.

6. Dieu ordonne à Noé de sortir de l'arche avec sa famille et les animaux et de repeupler la terre. Les paroles de Dieu sont le signe d'une nouvelle alliance entre Dieu et les hommes, qu'il considère de nouveau avec bienveillance.

7. La colombe est un symbole positif que l'on rencontre ailleurs dans la Bible, un symbole de paix dans le Nouveau Testament (l'Esprit saint dans les Évangiles). Quand la colombe ne revient pas, Noé devine qu'elle a pu se poser et construire son nid, donc que le déluge est terminé.

8. Noé attend trois jours à chaque fois. On pourra faire un rapprochement avec la durée de la création, 7 jours. Les nombres dans la Bible n'ont pas une signification quantitative précise mais ont une portée symbolique.

Bilan

9. Le Dieu de Noé est un dieu qui punit mais qui est juste et qui veut sauver l'humanité.

Activités

Écriture Décrire un orage (III.1)

On peut faire précéder l'écriture d'un moment d'échange oral où les élèves racontent leurs expériences de l'orage. Ils pourront utiliser pour écrire ce moment remémoré.

Critères	Remarques	Notes
Le moment qui précède l'orage est décrit.		/4
Le passage de l'orage est décrit.		/4
Le moment qui succède à l'orage est décrit.		/4
Les couleurs et les sons sont décrits.		/4
Vos réactions et vos sentiments sont évoqués.		/4
Total		**/20**

Si vous avez fini d'écrire

Pour mettre en œuvre cette activité ludique, on pourra réserver en début de séance une ou deux tables au fond de la classe.

Proposition d'activité supplémentaire

Oral : Faire une lecture expressive

Consigne : *Répartissez-vous le texte à l'intérieur d'équipes de trois. Prenez en charge un tiers de la lecture. Préparez une lecture expressive où vous ferez sentir le caractère dramatique et oratoire du texte. Lisez à voix haute et comparez vos lectures.*
L'objectif est de développer les capacités de lecture orale et expressive des élèves. En cas de difficultés importantes, on pourra se concentrer sur des passages plus courts, faits d'une phrase seulement.

TEXTE 3 | *La puissance de Noé* | p. 147

« Le Déluge dans le Coran »

Corrigé des questions

Comprendre le texte

Ce bref extrait est destiné à faire comprendre que les trois religions monothéistes que sont le christianisme, le judaïsme et la religion musulmane reconnaissent les mêmes sources.

1. Le Coran raconte un moment du déluge qui n'est pas raconté par la Bible ; Noé veut sauver son fils mais celui-ci ne l'écoute pas et se noie.

2. Le texte ne raconte pas la montée des eaux et la disparition de toute vie sur terre.

3. Dans le Coran, Noé possède un pouvoir important, puisque c'est lui qui ordonne aux eaux de décroître.

HISTOIRE DES ARTS | *Le Déluge* | p. 148

Stratégies pédagogiques

La séance *d'Histoire des arts* prolonge la lecture des extraits de la Bible et du Coran qui racontent le déluge.

L'épisode du Déluge et de l'Arche de Noé ont suscité de multiples représentations dans les trois civilisations juive, musulmane et chrétienne. Les documents proposés sont empruntés à chaque civilisation. Le travail permet d'analyser les images puis de les comparer. Il est organisé en quatre temps :

– En classe entière on identifie rapidement chaque document (activité 1).

– Les élèves travaillent ensuite en groupe sur un document particulier et en font l'analyse en suivant un questionnaire qui les guide (activité 2).

– Ce moment est suivi d'un retour devant la classe entière (activité 2 « pour le retour devant la classe »).

– Enfin en classe entière on compare les documents et on établit des rapprochements avant de conclure (activité 3).

Corrigé des questions

Activité 1

1. Tradition juive : document 4 : Chagall.
Civilisation musulmane : document 2.
Civilisation chrétienne : documents 1 et 3.
2. Les documents 1 et 2 sont des enluminures chrétiennes et musulmanes, c'est-à-dire des peintures qui ornent les manuscrits. Le document 3 est une gravure sur bois réalisée par Gustave Doré. Les documents 1, 2, 3, sont dans des livres, conservés dans des bibliothèques. Le document 4 est un tableau conservé dans un musée.
3. Image 1 : XVe siècle. France
(Provenance : Saint Augustin, *La Cité de Dieu*. Trad. Raoul de Presles. Miniature du Maître de L'Échevinage. Rouen, troisième tiers du XVe siècle. Manuscrit sur vélin, avec miniatures et lettres ornées (47 x 34,5 cm))
Image 2 : XVIe siècle, monde musulman, illustration du Coran.
Image 3 : XIXe siècle, France, illustration de la Bible.
Image 4 : XXe siècle, France, peinture à l'huile.

Activité 2

Après avoir formé les groupes, on demandera aux élèves de noter – avant de répondre aux questions – la nature du document, la technique employée, la date et la provenance, afin de préparer le retour en classe.

Document 1 : L'arche de Noé

Manuscrit de la fin du Moyen Âge, chrétien.
On aide à l'identification du document en apportant au groupe ces précisions : Augustin, évêque d'Hippone, est un chrétien qui a vécu au IVe siècle et fut un philosophe et théologien. Il a écrit des ouvrages de spiritualité qui nous ont été transmis.

A.
1. Noé a embarqué sur l'arche, il est à l'abri de l'inondation qui submerge le monde. Le fond représente la nature et les villes englouties, et les hommes et les femmes en train de se noyer.
2. Tout est représenté sur un même plan, il n'y a pas de perspective. L'arche est au bas de l'image donc devant pour l'œil ; c'est la différence de taille dans la représentation (taille des bâtiments par rapport à l'arche) qui donne une idée d'éloignement.
3. On souligne l'harmonie et la précision d'emploi des couleurs (bleu, rouge, vert, blanc) ainsi que le raffinement du dessin.
B.
1. L'arche ressemble aux bateaux de la fin du Moyen Âge ; sa forme rappelle la caravelle, elle est en bois. On voit Noé et ses enfants. Noé est devant, en prière, les mains

jointes dans une posture chrétienne. Dans l'arche on aperçoit les animaux réels (cheval, âne, cygne…) et fantastiques (licorne…).
2. Le paysage représente la terre submergée. La représentation est à la fois naïve et raffinée. Émergent le sommet des églises et des tours, et le haut des montagnes. On voit des objets qui évoquent la civilisation : un berceau, une roue de moulin. Les humains nagent ou flottent, déjà noyés. Ils portent comme la famille de Noé des costumes de la fin du Moyen Âge contemporains de la représentation.

Document 2 : Le prophète Noé et son arche

Manuscrit de la civilisation musulmane, texte du Coran.

A.

1. Noé vogue sur la mer dans l'arche. On ne voit pas de morts.
2. Pas de perspective. La représentation est soignée, les traits simples.
3. Les couleurs sont vives : l'illustration d'un manuscrit est destinée à l'embellir. L'enluminure est ce qui apporte au texte de la lumière.

B.

1. On voit l'arche, l'eau bleue où les vagues sont dessinées, et le ciel où sont figurés les nuages.
2. L'arche est un bateau à voiles, on voit le gouvernail que Noé tient dans sa main. Dans l'arche, les animaux sont représentés par couples conformément à la tradition (éléphants, chevaux, ours…).
3. Noé porte un costume oriental : turban et robe, à la manière des musulmans du Moyen Âge. La flamme qui entoure sa tête a une signification mystique : Noé est l'élu de Dieu, il communique avec lui.

Document 3 : Gustave Doré. Gravure : l'*Arche et la colombe*

Les élèves prépareront la présentation devant la classe en utilisant les informations qui précèdent les questions.

A.

1. Gustave Doré représente l'arche au moment où Noé lâche la colombe. On voit les flots déchaînés et les morts dans la mer et sur les rochers.
2. On distingue plusieurs plans.
3. Les couleurs sont : des bleus, jaunes, noirs et le blanc. La technique de la gravure ne permet pas l'emploi d'autant de couleurs que la peinture.

B.

1. La représentation en contre-plongée donne sa force à l'évocation. On distingue quatre plans successifs : les morts sur les rochers, l'eau, l'arche, le ciel.
2. L'arche est au sommet de l'image : énorme et vue du dessous, elle donne une impression de force et d'espoir. Les ouvertures peu nombreuses en font une forteresse protectrice.
3. L'utilisation de la lumière concourt à cette impression : au devant, les rochers sont dans l'ombre ; au quatrième plan, le soleil surgit derrière l'arche, et l'entoure d'un halo lumineux qui symbolise la protection divine et annonce la fin du déluge. La

colombe blanche s'envole entre les rochers noirs à la recherche d'un lieu où se poser. Le blanc représente l'espoir, l'humanité sera sauvée.

Document 4 : Chagall : *l'Arche de Noé*

Les élèves prépareront la présentation devant la classe en utilisant les informations qui précèdent les questions.

A.

1. Le tableau représente le moment où Noé lâche la colombe. Il n'y a pas de morts.
2. Il n'y a pas de perspective ni de plans. Noé est représenté au premier plan, plus grand que les autres personnages.
3. La couleur dominante est le bleu ; quelques taches de couleur illuminent le tableau (jaune, rouge)

B.

1. Tous les plans sont confondus, la toile baigne dans une lumière bleue. On voit des animaux, des hommes, des femmes et des enfants ; au premier plan, Noé.
2. On a l'impression d'être à l'intérieur de l'arche ; à gauche, une échelle en permet l'accès. Noé est représenté sous les traits d'un vieil homme barbu ; il lâche la colombe (on rappelle le déroulement dans la Bible de cet épisode qui annonce la fin du déluge).
3. Le bleu de l'eau envahit toute la toile ; on ne distingue pas clairement les lieux représentés. Les couleurs et les taches jaunes et rouges font penser à un vitrail. Au centre, une vive lumière blanche illumine l'arche comme le ferait l'écume des vagues ou la lumière divine. Les formes sont souples, arrondies, et créent une impression de douceur qui correspond au geste bienveillant de Noé qu'on voit dans le bas du tableau caressant de la main gauche la tête d'une vache.
4. À droite sont représentés des couples avec leurs enfants ; tous sont tendres et aimants ; les bras sont arrondis dans des gestes d'affection. La lumière, les couleurs, renvoient à l'espoir de l'humanité nouvelle mais en haut un enfant, les bras en croix, fait penser au Christ qui représente pour Chagall le peuple juif lui-même, si souvent pourchassé.

C. Retour devant la classe

Organisation : un des groupes présente ses analyses ; les groupes qui ont travaillé sur la même image complètent les réponses de leurs camarades, ces réponses sont commentées.

Activité 3

On fait établir des rapprochements et des oppositions.

La comparaison des enluminures

On comparera les documents 1 et 2 : tous deux sont des enluminures de manuscrits ; ils proviennent de cultures pratiquant des religions différentes. Pour le document 1, on peut attirer l'attention sur la décoration des marges, la lettrine, la présence du texte manuscrit... De même pour le document 2 : on voit sur la page la présence du texte sacré du Coran écrit en caractères arabes, et en marge les gloses qui l'accompagnent (comme on en trouve très souvent aussi dans les manuscrits chrétiens et juifs). Les deux images se rapprochent également par le soin et la naïveté de la représentation, la vivacité des couleurs ; on rapproche les mots « enluminure » et « illuminer ».

La représentation des hommes

On rapproche les documents 1 et 3 qui tous deux représentent la souffrance et la mort de l'humanité noyée ; on compare la représentation naïve du doc 1 à celle plus réaliste de la gravure de Doré qui montre les corps nus et malmenés par la tempête. On se demande ce qui, dans chaque représentation, fait percevoir la souffrance.
On oppose ces représentations de l'humanité au document 4 qui exprime un espoir.

L'utilisation des plans et de la perspective

Seule la gravure de Doré utilise des plans différents pour créer un effet dramatique. Chagall, en n'usant pas de la perspective, obtient un effet d'à plat qui rapproche cette peinture des documents 1 et 2 et l'apparente aussi au vitrail.

L' utilisation de la lumière

Chagall comme Doré recherchent par des effets de lumière à exprimer l'espoir et le dénouement heureux de l'épisode.

Partie 3 : Des poèmes pour célébrer la beauté du monde

Stratégies pédagogiques

La célébration est une des actions essentielles de la parole poétique, qu'elle soit sacrée ou profane. La nature, parfois témoin de la sagesse et de la bonté d'une divinité, parfois spectacle offert aux humains, parfois être sensible, est un sujet universel. Nous avons tenté de rendre compte de la diversité de ce chant inspiré par la nature dans un choix de textes venus de plusieurs cultures et d'époques diverses.

TEXTE 1	*Saluer le monde*	p. 152

« Hymne à la terre », La Semaine, ou création du monde, Guillaume de Salluste du Bartas, 1578.

Stratégies pédagogiques

La Semaine ou la création du monde, de Guillaume du Bartas (1544-1590), est un poème épique et encyclopédique qui raconte la création du monde. Le poète y défend une vision géocentrique du monde contre les théories de Copernic, qu'il juge fausses, et célèbre la puissance et la sagesse divines. Le poème est une sorte de résumé des connaissances de l'époque. Il connut un grand succès et fut traduit en plusieurs langues.

Corrigé des questions

Comprendre le texte

La terre, un beau personnage

1. « Je te salue » ; « mère » ; « vêtue d'un manteau » ; « chaste épouse » ; « ô sœur, mère, nourrice, hôtesse », « ô grande princesse ».
Il s'agit d'un personnage féminin : la terre est souvent considérée comme une mère fertile qui nourrit ses enfants, les humains.
2. La terre est richement vêtue (vers 5 et 6).

Un poème en vers et en images

3. Immobile/ fertile, fleurs/couleurs, hôtesse/princesse.
Oui, les rimes se suivent ; elles sont dites « suivies ».
4. Chaque vers a douze syllabes. La conteuse prononce Vêtu-e.
5. Elles sont comparées à un vêtement riche et brodé.

Bilan

6. Ce poème est un hymne parce qu'il célèbre la nature, la montre dans toute sa splendeur.

Chapitre 3

Activités

Langue (IV.4)

Patiente : calme ; diverse : variée ; odorante : parfumée ; fertile : féconde.

Écriture Écrire un poème pour célébrer la neige (III.10)

Avant d'écrire.

On peut demander aux élèves de fermer les yeux et de laisser venir les sensations-souvenirs.
Les différentes étapes sont destinées à fournir un matériau le plus abondant possible.

Conseils d'écriture

On peut avoir : Je te célèbre, neige ; je t'adore, neige ; etc.

Critères	Remarques	Notes
Le poème évoque la neige.		/4
Le poème montre plusieurs aspects de la neige.		/4
Le poème fait naître des images.		/4
Les phrases sont courtes et bien délimitées.		/4
La disposition du texte est celle d'un poème.		/4
Total		**/20**

TEXTE 1 — *Invoquer l'astre des nuits* p. 154

« Prière à la nouvelle lune », Le Chant des Bushmen /Xam.

Stratégies pédagogiques

Les textes issus de la culture des Bushmen/Xam ont été recueillis au milieu du XIXe siècle par deux linguistes allemands, qui se rendaient compte que les /Xam étaient condamnés à disparaître. Les conditions dans lesquelles les trois conteurs bushmen (dont au moins un était un sorcier) ont parlé étaient très artificielles pour eux : ces textes auraient dû être dits dans des circonstances de culte collectif et non à deux individus tout à fait étrangers à la communauté. Néanmoins cette énorme collecte (12 000 pages) a permis la transmission, même très imparfaite, de textes /Xam.

Corrigé des questions

Comprendre le texte

La lune, une divinité

1. La lune a un visage : « Rends-moi le jeune visage, le tien ».

2. La lune peut renaître de la mort. La lune grandit et croît jusqu'à être pleine avant de décroître jusqu'à devenir invisible. Puis elle recommence à grandir. On peut donc avoir le sentiment qu'elle meurt et renaît.
3. La lune enseigne que tout ce qui meurt doit renaître.

Le poème, une prière

4. L'homme demande à la lune de pouvoir comme elle avoir un nouveau visage, une nouvelle vie après la mort.
5. L'homme demande à la lune que sa mort à elle lui permette de renaître.
6. « Donne-moi le visage, ... la mort ». Ces mots sont une demande de vie après la mort.

Bilan

7. La lune est célébrée comme ayant le pouvoir de renaître après sa mort, de redevenir jeune. L'homme lui demande aussi d'exaucer son vœu de vivre après la mort, à l'image de la lune.

Activités

Langue (IV.2)

– Je me lève, tu te lèves, il/elle se lève, nous nous levons, vous vous levez, ils/elles se lèvent.
– Je reviens, tu reviens, elle/il revient, nous revenons, vous revenez, ils reviennent.
– Je prends, tu prends, il/elle prend, nous prenons, vous prenez, ils prennent.
– Je rends, tu rends, il/elle rend, nous rendons, vous rendez, ils/elles rendent.

Oral Faire une lecture à plusieurs voix (II.1)

Les strophes doivent être bien connues donc relues plusieurs fois et prononcées vers par vers : il y a des vers qui se ressemblent et il faut avant tout éviter de buter sur les mots et les expressions très similaires.
On peut donner une expression de supplication au refrain.

TEXTE 3 | *Visions d'un poète* | p. 156

« Oh ! regardez le ciel », *Soleils couchants*, *Victor Hugo*, 1831.

Stratégies pédagogiques

Après la lecture et avant d'aborder l'explication, on évoquera le jeu auquel tous les enfants se livrent (cf *Si vous avez fini de lire / Écoute*) ou on regardera par la fenêtre… si l'on est dans une situation propice.

Corrigé des questions

Comprendre le texte

Un ciel en mouvement

1. « Cent nuages mouvants », « le ciel balayé », « l'air tremble et tout fuit ». On fera observer la variété des constructions grammaticales, porteuse elle-même d'une impression de changement : groupe nominal avec adjectif, avec participe passé, groupe verbal.

2. Le poème décrit le ciel, le soir, par temps d'orage. On renvoie au titre.

3. « Puis », répété trois fois, ouvre de plus les strophes 2 et 3. L'adverbe de temps ponctue les changements et introduit les visions : crocodile, palais, et bouleversement final.

La vision du poète

4. Les formes successives sont celles d'animaux et d'édifices, puis de montagnes à l'envers.

5. Le géant du vers 5 renvoie à l'univers des contes.

6. On note les couleurs sombres et chaudes correspondant à un ciel d'orage (noir, doré, vermeil qui renvoie au rouge et au doré).

7. Les phrases exclamatives servent à montrer l'émerveillement du poète.

Bilan

8. On souligne que les notations sont uniquement visuelles dans tout le poème. Il s'agit d'un tableau. La description se fait à travers des visions (animaux, édifices,

montagnes) qui animent la description.
On pourra lire en écho deux poèmes sur les nuages : celui de Ronsard ci-dessous extrait des *Folatries*, ou *l'Étranger* de Baudelaire.

Il est jour, que dit l'alouette,
Non et non ! dit la fillette :
Hà là là là là là là là,
Je vois deçà, je vois delà,
Je vois mille bêtes cornues,
Mille marmots dedans les nues ;
De l'une sort un grand taureau,
Sur l'autre sautille un chevreau ;
L'une a les cornes d'un Satyre,
Et du ventre de l'autre tire
Un crocodile mille tours.
Je vois des villes et des tours,
J'en vois de rouges et de vertes,
Vois-les-là ! je les vois couvertes
De sucres et de pois confits ;
J'en vois de morts, j'en vois de vifs,
J'en vois, voyez-les donc ! qui semblent
Aux blés qui sous la bise tremblent.
Pierre de Ronsard, *Le Livret de Folatries*, 1553.

Chapitre 3

Activités

Écriture Décrire la nature en mouvement (III.11)

On lira les conseils d'écriture et on éclaircira le sens des mots du corpus proposé. On cherchera ensemble les comparaisons possibles.

Le Soleil, *Nicolas de Stael*, 1952. San Benedetto, en regardant vers Fusina, *William Turner*, 1843.

Stratégies pédagogiques

On invite les élèves à comparer deux œuvres que rapproche leur sujet. La toile de Turner représente une vue de Venise. Le ciel y est traité avec maestria et envahit toute la toile en se reflétant dans la mer. La peinture de Nicolas de Staël traite du même sujet de façon moins figurative. Le peintre s'intéresse à la matière traitée en grandes touches épaisses. Le questionnaire permet aux élèves de situer les œuvres et les artistes et de comparer les représentations pour acquérir les notions de figuratif et non figuratif.

Corrigé des questions

1. Le sujet commun est la représentation du soleil sur la mer.
2. Toile de Turner : début du XIXe siècle. Quelques compléments biographiques à « raconter » aux élèves :
Joseph Mallord William Turner (Nom d'artiste : J.M.W. Turner) est né à Londres en 1775. Son père était barbier (origine modeste). À 14 ans, il travaille comme assistant chez un architecte et décide de devenir artiste. À 15 ans, en 1790, il présente ses premières aquarelles. À 24 ans, il est élu comme membre associé de la Royal Academy of Arts, au plus jeune âge d'admission. Dans sa vie, il voyage beaucoup pour étudier les œuvres d'autres peintres comme Rembrandt ; il est reconnu et célèbre pour ses peintures de paysages.
Toile de Nicolas de Staël : milieu du XXe siècle. La peinture date de 1952, moment où de Staël peint ses paysages de Sicile et de Provence.
Compléments biographiques :
Nicolas de Staël, est un peintre français d'origine russe né en 1914. Sa famille appartenait à la noblesse et quitta la Russie à la révolution. Il s'installe à Paris, dans les années 1930 et voyage en Europe et au Maroc. Il meurt en 1946.
Dans les questions 3 et 4, on fait repérer en deux temps ce qui rapproche les deux représentations et ce qui les différencie.

3. Ce qui les rapproche :
– le sujet : le soleil sur la mer ; la place centrale du soleil ;
– la communauté de couleurs : chez Turner, le jaune envahit la mer. Chez de Staël, le soleil est à sa lumière maximale, le blanc domine.
4. Ce qui distingue les deux tableaux : figuration plus précise des éléments du paysage dans une scène de genre chez Turner. Chez de Staël, la mer et la grève sont suggérées par les couleurs et les formes moins précises.
Le tableau de Turner est plus figuratif : on fera relever les éléments reconnaissables : gens sur les quais, gondoles, bateaux de transport… Mais la peinture de Turner elle aussi laisse une grande place au rêve et à l'imaginaire : le traitement du ciel et de l'eau en font une vision comme chez les Romantiques. Pour Turner, la peinture de paysage n'est pas une reproduction fidèle de la réalité, il y a une part d'observation (les apparences) et une part d'imagination. Il dit : «… il est nécessaire de distinguer la vérité première de la vérité secondaire, à savoir l'idée plus vaste et libérale de la nature de ce qui est comparativement étroit et confiné ; à savoir distinguer ce qui s'adresse à l'imagination de ce qui s'adresse à l'œil…». On fait observer le flou dans la représentation, la brume et les contours imprécis des personnages et des objets.
Le tableau de de Staël est moins figuratif, c'est-à-dire qu'il y a moins de représentations de l'objet. On rendra cependant perceptibles les éléments non figuratifs mais que l'on peut faire associer dans l'imaginaire à la réalité. On demandera ce que peut figurer l'emploi des couleurs : l'eau (les bleus), les grèves (les roses), des gens ou des bateaux (les noirs).
Entre la réalisation de ces deux tableaux, il y a eu l'apparition de la photo qui change le regard des peintres sur le monde et la mission du peintre.
5. On cherchera à faire émerger les émotions. Quel tableau suscite chez certains rêverie, sentiment de beauté, admiration pour l'art de peindre… ?

TEXTE 4	*Saisir l'instant*	p. 159

Anthologie de haïkus sur les saisons

Stratégies pédagogiques

L'anthologie permet un regroupement thématique qui donne du sens à l'ensemble et aide également à la lecture de chacun de ces courts textes. Cela permet également de faire écrire par les élèves leur propre anthologie.
Le thème des saisons est parfaitement fidèle à l'esprit des haïkus, qui inscrivent la vision d'un instant donnée par le haïku dans l'écoulement du temps cyclique de l'année.

Corrigé des questions

Comprendre le texte

Travail écrit et oral individuel

4. Cet oral est le résultat des réponses 1 à 3. Les élèves citeront l'image et le texte qui leur restent et pourront montrer leur dessin s'ils le souhaitent.

Travail oral collectif

5. Chaque texte contient trois vers et une seule phrase. Le premier vers donne le thème du texte, les autres le développent.
6. Il n'y a pas de ponctuation. Les trois vers sont de longueurs inégales. Souvent, celui du milieu est plus court.
7. Le poème n°4 (le second consacré à l'été) est à la forme interrogative. Le poème 2 est à la forme exclamative.

Bilan

8. Les textes ont tous trois vers, ils évoquent la nature. Ils sont consacrés soit à un paysage (clair de lune d'hiver), soit à un objet (un parapluie et un manteau de paille). Les sentiments sont particulièrement sensibles dans les poèmes consacrés à l'automne (tristesse, colère de la nature) et dans le premier consacré à l'hiver (joie, légèreté).

Activités

Langue (IV.3)

« Blême » est l'épithète ; « d'un canard sauvage » est le complément du nom « cri ».

Oral Réflexion orale (I.7)

On mettra les élèves en équipes et on leur demandera de s'exprimer tour à tour.
On peut aussi faire de cette activité un travail écrit et obtenir un texte à deux mains, qui peut être lu oralement à la fin et servir de base à l'activité d'écriture individuelle qui suit.

Écriture Écrire un haïku (III.10)

Il s'agira pour chaque élève de choisir l'élément qui est le plus fortement présent visuellement et sensoriellement dans sa mémoire. On rappellera la règle des trois vers et de la phrase unique du haïku.

Critères	Remarques	Notes
Le haïku évoque un élément de la saison choisie.		/4
L'image poétique est aussi précise qu'un dessin.		/4
La forme du haïku est respectée.		/4
Le texte est bien orthographié.		/4
Le haïku est recopié proprement et sans rature.		/4
Total		**/20**

TEXTE 5 — *Dessiner le monde, dessiner les mots*

p. 162

« Le ciel, la nuit, l'été », *Calligrammes*,

Guillaume Apollinaire, 1918.

Chapitre 3

Corrigé des questions

Comprendre le texte

Un poème dessiné

1. On fait reconstituer par écrit le texte du poème : « La douce nuit lunaire et pleine d'étoiles, C'est ton visage que je ne vois plus ».

2. Les mots sont écrits en formant des amas ; ils se succèdent de gauche à droite dans l'ordre de la phrase sur trois lignes.

3. Les mots sont dispersés dans la page de façon à évoquer les constellations du ciel, amas, lignes.

4. La phrase est en deux parties. La seconde, « C'est ton visage… », est repérable par une majuscule.

5. Le poète rêve à la femme qu'il aime. L'adjectif « douce » peut s'appliquer à des sentiments.

Bilan

La disposition du texte sur la page ménage un grand espace qui représente le ciel. Dans cet espace, les lettres sont regroupées pour donner une image des constellations.

Activités

Écriture Écrire des calligrammes (III.10)

Pour lancer l'activité d'écriture, on pourra montrer aux élèves d'autres calligrammes ou poèmes dessins d'Apollinaire.

Critères	Remarques	Notes
Le calligramme traite un des sujets indiqués.		/4
Le texte ne contient pas le nom de ce qui est représenté.		/4
Le calligramme est lisible.		/4
Le dessin permet de deviner ce dont parle le texte.		/4
Le calligramme est recopié proprement et sans rature.		/4
Total		**/20**

TEXTE 6 *Écouter le monde* p. 164

« Destin d'une eau », *Battre la campagne*, Raymond Queneau, 1968.

Corrigé des questions

Comprendre le texte

Le destin d'une eau

1. Le destin du ru est plutôt tragique (le dévorant océan va probablement l'engloutir). Les humains vont ainsi de la naissance à la mort en suivant le cours de la vie. C'est une image traditionnelle dans la poésie occidentale (*Le pont Mirabeau* d'Apollinaire, par exemple est une des « sources » de Queneau).

2. Première strophe : jeunesse de l'eau. Deuxième strophe : maturité insouciante de l'eau qui va vers la mort.

3. Les vers sont de plus en plus longs, comme le ruisseau qui devient rivière puis fleuve.

Un jeu sur les sons

4. On trouve le « r » dans « cours » et le « u » dans « tu ». Cela fait l'effet d'une fatrasie : suite de mots sans signification.

5. [Ou] : cours, coules, courant, souples, doute.

[è] : ficelle, étincelle, fougères, légères (à la rime, dans les deux strophes pour « fougère » et « légères »).

[an] : abandonnant, courant, ignorant, sans, t'attend, dévorant océan. Ce son est de plus en plus présent et il renvoie à la menace de plus en plus présente de l'océan.

6. Le « L » : le caractère « liquide » de l'eau.

Bilan

7. Le jeu sur les sons est parfois gratuit comme dans la répétition des deux premiers vers, presque incompréhensibles oralement.

Les sons peuvent aussi « imiter » ce qu'ils nomment (les « L » du vers 5).

Ils peuvent soutenir le sens comme dans l'abondance grandissante du son [an] qui annonce l'océan et la mort de l'eau vive.

8. Ce poème est pessimiste : il montre la mort inévitable de l'eau qui coule et passe comme passe le temps de la vie humaine.

Activités

Langue (IV.2)

où courez-vous rus ?
où courez-vous rus
du fond des bois
vous vous précipitez à la mort
vous perdrez vos eaux vivaces

Oral Lire un poème à plusieurs voix (II.2)

Cette lecture est avant tout un exercice destiné à mettre en valeur la compréhension du sens et des diverses tonalités liées à ce sens.

Écriture Écrire un poème composé de questions (III.6)

– On peut interroger les éléments de la nature sur le lieu où ils commencent ou finissent :

Où t'en vas-tu, pluie,
Quand tu as fini
De pleurer ?

– Sur le pourquoi de tel ou tel aspect de cet élément :

Pourquoi pleures-tu, pluie
Jour après jour, nuit après nuit ?

– Sur le comment de leur apparition ou de leur mode de vie :

Comment fais-tu pluie,
Pour vivre toujours sans soleil ?

TEXTE 7	*Donner une voix à la nature*	p. 166

« La forêt », *Motifs*, Eugène Guillevic, 1981-1984.

Corrigé des questions

Comprendre le texte

Après la lecture, toute la classe échangera ses premières impressions.

La forêt qui parle

1. C'est la forêt qui parle : « je ne suis pas », « je suis ». La forêt se définit dans sa relation avec les animaux et les hommes.

2. Ce travail en équipe se fera en deux temps : la recherche de titres sera suivie d'une mise en commun pour établir le thème dominant. On élira et on notera au tableau le titre qui est trouvé le meilleur.

– 1re partie : une voix de la forêt, le chat huant. La forêt dit ce qu'elle n'est pas.

– 2e partie : la forêt est silence.

– 3e partie : la forêt et les amoureux. La forêt est immuable ; elle renvoie aux origines du monde. Ainsi est-elle un endroit propice aux amoureux qui cherchent des choses fondamentales.

– 4e partie : la forêt et les animaux. La forêt parle des liens qui l'unissent aux animaux à qui elle est indispensable.

3. Les strophes, sauf la dernière, sont faites de deux vers libres. La longueur des vers change. Le vocabulaire est très simple, de même que la syntaxe. Le poète recherche la simplicité voire le dépouillement pour mieux dire l'essentiel. Pas de fioritures, pas de coquetterie de langue. Pour faire sentir cette recherche du simple dans la syntaxe mais aussi dans le ton, on peut lire quelques vers de Lamartine où se manifeste au contraire une emphase romantique ; on fait sentir ces deux manières de dire et leur charme respectif (par exemple, on parlera du type de phrase ou on fera lire les exclamations).

Salut ! bois couronnés d'un reste de verdure !
Feuillages jaunissants sur les gazons épars !
Salut, derniers beaux jours ! Le deuil de la nature
Convient à la douleur et plaît à mes regards !

Alphonse de Lamartine, *L'Automne*, 1819.

4. Le poème évoque aux strophes 4 et 5 le silence. Le bruit est un cri d'animal nocturne : la voix de la chouette, qui fait ressortir le silence. On se réfère à l'expérience des élèves pour établir les bruits de la forêt et on analyse l'impression de silence qui y règne : en forêt, on tend l'oreille et on entend les bruits de la nature, les cris d'animaux, le bruit des feuilles, le vent…

La forêt qui protège

5. Les arbres peuvent vivre plusieurs milliers d'années. On pourra proposer une petite recherche Internet sur les arbres millénaires comme le chêne de Guillotin en Vendée (1 000 ans) ou l'olivier de Kavousi en Crète (3 000 ans).
Les vers qui évoquent à la fois vieillesse et jeunesse :
« Je suis comme j'étais / il y a des millénaires » : la forêt est immuable, éternelle.
« En moi…/ Ils s'aiment dans l'origine » : la forêt est associée aux amoureux et donc à la jeunesse.
6. La strophe présente le sentiment amoureux comme un sentiment essentiel. Celui qui aime est à la recherche d'authenticité et de sincérité. L'amour est présenté comme un sentiment fondamental et fondateur. On fera réfléchir aux sens de « original, originel, origine ».
7. La forêt parle comme une mère protectrice : on note l'emploi de l'adjectif possessif « mes » devant « bêtes » ; la dernière strophe exprime l'inquiétude de la mère qui voit ses enfants privés d'elle.

Chapitre 3

Activités

Écriture Faire parler un élément de la nature (III.10)

L'activité « avant d'écrire » est amorcée dans un échange oral en classe entière. Ensuite chacun se consacrera à un travail individuel. À la fin de l'activité, on échangera les textes et on en fera une lecture commune.

Critères	Remarques	Notes
C'est un élément de la nature qui parle.		/4
Le poème donne à cet élément une personnalité bien définie.		/4
Le poème est écrit à la première personne du singulier.		/4
Le texte est bien ponctué.		/4
Il n'y a pas d'erreurs d'orthographe.		/4
Total		**/20**

DU PLAISIR DES MOTS AU PLAISIR D'ECRIRE	*Jeux poétiques*	p. 168

Corrigé des questions

Activité 1 : Un poème collage

Plus les morceaux du collage sont courts tout en gardant un sens, plus la rencontre des expressions sera riche et permettra l'invention.
On peut jouer avec la diversité des tonalités des textes.

Activité 2 : Un poème fantaisiste

On commence par associer un GN à un verbe. Puis on ajoute l'élément de la liste C pour amener le plus de fantaisie possible.
On peut faire des phrases ainsi constituées des titres de récits à écrire.

Activité 3 : Des rimes volées

Pour cette activité, on peut utiliser Internet. Si les élèves cherchent dans un moteur de recherche des rimes en… ils trouveront de nombreux mots, dont ils pourront, pour certains, chercher le sens.
– Ficelle/étincelle/ombrelle/grêle (on autorise une autre orthographe) ;
– Fleurs/couleurs/sœur ;
– Fuit/détruit/bruit ;
– Mouvants/vents/rêvant ;
– Air/éclair/vert (orthographe différente autorisée).

Activité 4 : Un haïku jivaro

– Pour Victor Hugo :
Dans le nuage rouge
le crocodile
s'étire
– Pour Guillevic
Silence de la forêt
les animaux
froissent à peine les feuilles

Activité 5 : Un poème-abécédaire de la nature

On pourra avoir des abécédaires d'une quinzaine de lettres.

Activité 7 : Jeux de mots et d'animaux

Le z de zébu peut donner :
un zébu qui zézaye
est un zozo bien triste
Il mange des pizzas
En écoutant du jazz

Tarentule, tu stridules
Tu piques et tu hulules
Tu manges les minuscules
Moucherons et libellules

L'élégant éléphant
Sonne de l'oliphant
Lorsqu'il s'en va boire
Il lève pour qu'on les voie
Ses défenses d'ivoire
Coquettement polies
L'élégant éléphant
Sonne de l'oliphant

Le rhinocéros a une rhinite terrible
Il ne peut guère se moucher
À cause de cette corne mal placée
ça le met de mauvaise humeur
Il est comme on dit mal embouché
Qui guérira la rhinite du rhinocéros ?

Activité 9 : Les mots aimés

Il faut insister sur le fait que c'est avant tout l'impression que laisse le mot en raison de sa sonorité et des associations d'idées qu'il suscite qui doit déterminer le choix. On peut aimer un mot qui désigne une réalité ordinaire. Par exemple : « orage » qui contient « or » et fait penser à « nuage », peut-être aimé pour ces associations, même s'il désigne une réalité peu appréciée.

Activité 10 : Poème d'eau

La liste avec anaphore est intéressante en ce qu'elle met en valeur les variations : on peut obtenir des textes qui montrent une évolution ou des contrastes. La phrase finale peut être conclusive.

ORAL	*Dire la poésie*	p. 172

Après une première activité qui vise à développer les capacités d'écoute, les activités suivantes sont centrées sur un apprentissage progressif de la diction.

Activité I : Savoir écouter, savoir faire appel à sa mémoire

Script : Guillaume Apollinaire, « Automne malade », *Alcools*, 1913.

Automne malade et adoré
Tu mourras quand l'ouragan soufflera dans les roseraies
Quand il aura neigé
Dans les vergers

Pauvre automne
Meurs en blancheur et en richesse
De neige et de fruits mûrs
Au fond du ciel
Des éperviers planent
Sur les nixes nicettes aux cheveux verts et naines
Qui n'ont jamais aimé

Aux lisières lointaines
Les cerfs ont bramé

Et que j'aime ô saison que j'aime tes rumeurs
Les fruits tombant sans qu'on les cueille
Le vent et la forêt qui pleurent
Toutes leurs larmes en automne feuille à feuille
Les feuilles
Qu'on foule
Un train
Qui roule
La vie
S'écoule

Guillaume Apollinaire, « Automne malade », *Alcools*, 1913.

Corrigé des questions

a. On peut faire des équipes de 2 ; on progresse ainsi. On fait entendre une première fois « Automne malade » dit par la conteuse. On en établit le thème : l'évocation d'une saison particulière. On fait ensuite lire les questions de « a ». On fait entendre le poème à nouveau. Chaque équipe travaille à apporter des réponses. On met enfin en commun les réponses dans un échange oral en classe entière.

b. Chacun se murmure d'abord les vers ; on demande des volontaires pour les dire ; on commente les effets sonores et rythmiques produits pour évoquer un train.

Le jeu sur les sonorités contribue à créer l'émotion poétique ; il participe à la musicalité du texte en créant des échos, tout en ayant une valeur expressive qui soutient le sens. Souvent le son répété est présent dans un mot essentiel du vers, dont le sens est en quelque sorte prolongé par ces effets sonores : allitérations en « l » créant un effet de douceur, en « f » pour faire entendre le bruit des pas dans les feuilles, en « r » pour imiter le roulement du train, assonance en « ou » qui traverse les vers, diphtongue qui renvoie au mot « douceur ».

Enfin, le rythme régulier du train est évoqué par l'organisation rythmique des vers : 2/2/2/2/2/2/ qu'on peut regrouper en 3 fois 4.

Proposition d'activité supplémentaire.

Consigne : *Mémoire en relais : écoutez de nouveau le poème deux fois. Cherchez en équipe à retrouver le texte poétique en vous relayant. Vous formerez des équipes de cinq, un élève par équipe aura le texte en main. Il jouera, s'il le faut, le rôle du souffleur.*

À la suite de cette activité de groupe, on pourra donner le poème à apprendre entièrement à la maison.

Activité 2 : Bien prononcer le « e » final

Cette activité propose un travail de diction sur la prononciation du « e », muet ou non, selon les nécessités de la métrique. On a choisi uniquement des alexandrins pour rendre l'exercice simple.

Activité 3 : Bien prononcer les syllabes

Un travail pour rendre sensible aux diérèses et aux synérèses sans prononcer ces termes techniques.

a. diérèse sur « déli-ci-eux ».

b. diérèse sur « in-qui-ète ».

Activité 4 : Sentir le compte des syllabes

On donnera la solution du poète mais on acceptera toutes les propositions qui conviennent pour le sens et pour le nombre de syllabes. Par exemple pour a), on peut accepter « d'avril » en dépit de la rime intérieure.

a. Par les soirs bleus *d'*été, j'irai par les *sentiers*
Picoré par les *blés* , fouler *l'herbe* menue :
Rêveur, je sentirai la *fraîcheur* à mes pieds.
Je laisserai le vent *baigner* ma tête *nue*
Arthur Rimbaud, « Sensation », *Poésies*, 1870.

b. La croisée est *ouverte* : il pleut
Comme minutieusement
A petit *bruit* et peu à *peu*
Sur le jardin frais et *charmant*

Henri de Régnier, « Le jardin mouillé », *Les médailles d'argile*, 1900.

Activité 5 : Travailler l'articulation

Un poème inventaire à dire de plus en plus vite mais en articulant pour créer un effet d'enthousiasme et d'éloge, puis on ralentit sur les deux derniers vers pour exprimer l'émotion liée à l'image contenue dans le dernier vers.

Proposition d'activité supplémentaire

Écouter la musique des mots
Lisez à voix haute ; écoutez les sons qui se répètent. Identifiez-les dans chaque vers. Dites quels mots résonnent ensemble, se font écho. Discutez entre vous pour dire ce que veut faire entendre le poète.
a. Le sinistre océan jette son noir sanglot. (Hugo)
b. Sur la bruyère, infiniment,
Voici le vent hurlant,
Voici le vent cornant Novembre. (Verhaeren)
c. Voilà l'errante hirondelle
Qui rase du bout de l'aile
L'eau dormante des marais (Lamartine)

Là encore, sans prononcer les termes techniques, on fera entendre le jeu sur les sons.
a. Répétition du son « s » comme « sinistre ».
b. Répétition du son « v » correspondant au mot « vent » et évoquant son bruit ; répétition du son [an] pour le même effet.
c. Mise en relation des mots « hirondelle » et « aile », et écho sonore de ce même son « l » dans « l'errante » et « l'eau » ; écho sonore du son [an] dans « errante » et « dormante ».

Partie 4 : Gilgamesh, une épopée fondatrice

LECTURE	*Une épopée de Mésopotamie*	p. 174

Le Premier Roi du monde,

Jacques Cassabois, 2004.

Le système des vitesses différentes est destiné à permettre à tous les élèves de prendre la parole et de réaliser un travail, même si tous n'ont pas fini le livre à la date de l'exploitation en classe. C'est un moyen d'appliquer une pédagogie différenciée même s'il est évident que toute la classe doit lire le récit en entier.

La vitesse du flâneur (Chapitres 1 à 7)

Il s'agit pour les élèves d'apprendre à s'exprimer de façon disciplinée dans un débat. On pourra à cette occasion expliquer comment la prise de parole doit être réglementée pour faire avancer la discussion. Les opinions adoptées à la fin peuvent être exprimées de façon argumentée par écrit ou à l'oral.

Gilgamesh a des qualités évidentes : roi puissant, guerrier invincible, d'origine divine (fils de la déesse du gros bétail, Ninsoun), mais il a aussi des défauts majeurs : il se montre tyrannique et cruel avec son peuple, y compris envers les faibles.
Enkidou est un être de la nature, également fort, courageux, rapide mais il est ignorant et naïf.

La vitesse du marcheur (chapitres 8 à 11)

Première performance orale

Il s'agit d'un passage d'action intense et les élèves devront avoir travaillé soigneusement la lecture. Ils liront debout, la feuille placée devant le visage pour que leur voix passe par dessus et aille vers le haut.

Deuxième performance.

Les élèves travailleront le texte en amont pour l'adapter à une représentation scénique. Cela constitue un excellent exercice de réécriture et de réflexion sur le récit et le dialogue. Ils devront connaître parfaitement leurs répliques et l'ordre des prises de parole.

La confrontation des deux performances peut amener la classe à réfléchir sur la différence entre lecture orale et jeu théâtral.

La vitesse du coureur de fond (chapitres 11 à 19)

– Fin du chapitre 11 : Gilgamesh va chercher l'immortalité.

– Chapitre 13 : il rencontre des bêtes sauvages, puis les Hommes-Scorpions.

– Chapitre 14 : il affronte successivement tous les ennemis qu'il a vaincus : le Taureau céleste, Houmbaba, les cèdres de la forêt et reçoit à son tour tous les coups qu'il leur a portés. Il s'affronte lui-même.

– Chapitre 15 : Gilgamesh tue les Êtres de pierre qui lui auraient permis de franchir la Passe de la Mort pour rejoindre l'immortel Outa-napishti. Cela lui retire toute chance de conquérir l'immortalité. Le passeur Our-snanabi va l'aider.

– Chapitre 16 : Outa-napishti explique à Gilgamesh qu'il ne doit pas rechercher l'immortalité du corps. Mais il doit accomplir son destin d'humain et de roi de façon qu'on parle de lui dans les siècles à venir. Telle est la nature de l'immortalité de Gilgamesh.

– Chapitre 17 : Les points communs avec l'histoire de Noé sont les suivants :

Un dieu décide d'anéantir les humains. Il prévient un seul d'entre eux de ce qui va arriver afin qu'il survive, lui et sa famille. L'homme construit une arche, un bateau dans lequel il fait monter sa famille et ses troupeaux ainsi qu'un couple d'animaux de chaque espèce. Le déluge arrive. Les eaux noient tout et tous. L'homme envoie trois oiseaux en éclaireurs, parmi lesquels une colombe. Puis il descend de l'arche. L'humanité et les espèces animales sont sauvées.

– Chapitre 18 : l'herbe de Jouvence permet à celui qui est sur le point de mourir de recommencer une nouvelle existence. Elle pousse dans un gouffre au bord de l'océan. On la trouve si on se laisse porter vers elle. Gilgamesh la perd en se baignant dans une rivière, où un serpent noir l'avale.

– Chapitre 19 : Gilgamesh est immortel parce que nous connaissons encore son histoire.

Ce que vous avez appris... p. 178

Bilan du chapitre

1. Un récit de création explique les origines d'un élément du monde. Il peut raconter le moment où la nature est créée (La Genèse, le mythe viking), la naissance des hommes et des dieux (le mythe grec), les causes de la fondation d'une loi, d'une coutume, d'une croyance (le récit iroquois).
2. Un mythe est un récit qui fait intervenir des dieux, des héros et des humains, dans un rapport avec le sacré. Les mythes servent à expliquer le monde tel qu'il est, ainsi que ses origines. Toutes les civilisations humaines ont créé des mythes.
3. Les religions issues de la Bible, judaïsme, christianisme et islam, sont monothéistes. La religion des Grecs et des Scandinaves de l'antiquité était polythéiste. L'hindouisme est aujourd'hui polythéiste.
4. Dans le récit tiré de la Genèse, Dieu crée par la parole. On peut dire également que Ka-na-ga, dans le récit iroquois, crée par la parole puisqu'il transforme ses deux compagnons et donne des missions aux personnages par le pouvoir magique de sa parole.
Odin, Vili et Vé (dans le mythe viking) fabriquent les éléments qui constituent la nature en modelant les éléments du corps du géant Ymir.
5. La Genèse est le premier livre de la Bible. Ce livre commence par la création du monde, avant de raconter l'histoire d'Adam et Ève, les premiers humains, qui, ayant désobéi à Dieu, sont chassés du jardin d'Eden.
Le judaïsme, le christianisme et l'islam reconnaissent à ce texte une vérité.
6. Un haïku est un poème de la tradition littéraire japonaise. Il est composé de trois vers de 5, 7 et 5 syllabes. Il évoque un détail de la nature, souvent lié à une saison.
8. Les poèmes de du Bartas, Victor Hugo et Raymond Queneau sont en vers. On voit qu'il s'agit de vers, pour les trois textes, par la présence de rimes. et pour les deux premiers poèmes, par le fait que tous les vers ont le même nombre de syllabes.

Projet final : présenter un récital de poésie

En prévoyant une période de trois semaines pour mener à bien cette activité, on permet aux élèves de prendre le temps nécessaire à la mémorisation et au travail de la diction. Durant cette période, des moments pris dans des cours pourront être consacrés à en évaluer l'avancement, à en montrer des réalisations partielles, ce qui permettra de guider constamment l'entraînement des élèves tout en leur donnant le plaisir d'une récitation.

Étape 1
Pour le texte librement choisi on peut accepter un poème appris à l'école élémentaire.

Étape 2
– Le travail de mémorisation est, bien sûr, à faire à la maison. On prévoit, pendant la période que les élèves consacrent à ce travail, une réflexion sur la façon dont chacun procède. Quelles sont les diverses méthodes pour apprendre par cœur : vers par vers, deux vers par deux vers, puis strophe par strophe, en recopiant le texte, en récitant à voix haute, immobile, ou en marchant ? On demande quels passages ont été difficiles à retenir et quels moyens sont venus à bout de cette difficulté. On suscite une réflexion sur le fait que la forme poétique, par le retour des sons et la régularité des vers, rend les poèmes plus faciles à mémoriser que des textes en prose. On interroge aussi les élèves sur le plaisir ou le déplaisir que suscite le fait d'apprendre par cœur et de réciter des poèmes.
– Pour le travail sur la diction, on incite les élèves à une pratique en plusieurs étapes à la maison, afin qu'ils prennent le temps de s'exercer. Deux directions peuvent être données pour cet entraînement : s'obliger à dire très lentement le texte et s'appuyer sur la ponctuation pour faire des pauses que l'on exagérera.
Mais on consacre aussi des moments, qui peuvent être situés en fin de cours, à faire réciter un ou deux élèves volontaires et à susciter des remarques sur les éléments à mettre en valeur, sur les améliorations à apporter à la diction.
On donne des principes de présentation de soi : debout, dans une position confortable, les pieds bien appuyés sur le sol. Si les mains inoccupées sont une source de gêne, on propose aux élèves de tenir quelque chose à la main : feuille, livre. On peut proposer, pour rendre la diction naturelle, une récitation qui soit celle d'une histoire racontée à quelqu'un, commençant par exemple par : « Tu sais… »

Étape 3
L'intention du récitant est formulée de façon subjective : « j'ai récité ce texte parce que je le trouve… ou parce qu'il parle de… ou parce que je connais d'autres textes de… »
La classe d'auditeurs peut être une autre 6e ou une 5e. Si l'on en a la possibilité, le fait de donner ce récital dans un CM2 du secteur constitue un moyen de créer une passerelle entre les deux niveaux.

4. Des ruses pour tromper les puissants

Présentation du chapitre

Esprit et intentions de l'étude

Puissants et rusés

L'objet d'étude s'organise autour d'une problématique plutôt que d'un genre. Il s'agit de voir comment des personnages, qui semblaient faibles de prime abord, parviennent à échapper aux puissants en les trompant et en les dupant.

Les élèves pourront étudier divers genres afin de répondre à ce problème : des fabliaux du Moyen Âge, notamment *Estula*, des extraits du *Roman de Renart*, des fables de La Fontaine, une comédie de Molière, *Le Médecin malgré lui*, ainsi qu'un film d'animation, *Fantastic Mr Fox*. La disparate de ce corpus n'est qu'apparente : des ennemis riches et sournois, cruels parfois, menacent le héros. Sa bonté ou sa simple raison ne peuvent le prémunir contre les loups ou les bourgeois arrogants qui le menacent. Il doit se montrer malin et sournois pour les duper, parfois même pour se venger.

Les élèves pourront brièvement étudier la société du Moyen Âge ou du XVIIe siècle afin de répondre à cette problématique, et voir tout ce que recouvre la puissance : l'autorité du roi, des grands nobles, des riches financiers, du mari parfois, contre laquelle le tendre biquet ou le pauvre Sganarelle ne peuvent opposer que leur malice.

Les rubriques « À retenir » se centreront sur les notions clés de la littérature du XVIIe siècle : plaire et instruire, le merveilleux, les vers et la prose, les textes à clés, le vocabulaire de la comédie, la notion de médecine au XVIIe siècle, les différents types de comiques.

Plaire et instruire

Les élèves étudieront notamment la double, voire la triple mission de la littérature du XVIIe siècle : plaire, instruire, émouvoir. Chaque fable est accompagnée de sa morale, Molière corrige les mœurs par le rire, *Estula* venge les pauvres des riches imbéciles, Mr Fox nous prévient des risques liés à la gourmandise et aux mensonges.

Le professeur sera ainsi particulièrement attentif aux effets des textes étudiés sur ses élèves, aux émotions et aux réactions qu'ils provoqueront : le sourire devant un loup trompé, l'horreur et la pitié lorsque l'agneau se fait dévorer, les éclats de rire devant des coups de bâton, le scandale lorsqu'un mari bat sa femme.

Le travail d'expression orale et écrite

Comme dans les autres chapitres, le travail d'expression orale et écrite est constant, dans les questionnaires sur le sens des textes, comme dans des rubriques spécifiques intervenant à la fin de l'étude de chaque texte, appelées *Activités* et dans les doubles pages consacrées à l'expression orale et écrite (*Oral*, *Des outils pour rédiger*, *Du plaisir des mots au plaisir de jouer*).
Il s'agira d'écrire des fables et des scènes de théâtre, ou de transformer un fabliau en scène, mais aussi de les proférer, les mimer, les jouer, d'improviser des saynètes et de songer à un travail plus ambitieux de mise en scène et de création d'un décor.

La structure du chapitre

L'ouverture

L'ouverture, intitulée *Ce que vous savez déjà...*, est destinée à rafraîchir les connaissances que les élèves ont déjà sur les *Fables* de La Fontaine. En effet, en CM1 et CM2, ils en ont étudié quelques-unes, notamment tirées du livre I, ainsi que leurs réécritures par Queneau, Gudule ou Pierre Perret.

L'étude des textes

– Elle comprend trois parties : un groupement de fables, un parcours de lecture du *Médecin malgré lui*, et une lecture cursive du *Roman de Renart*.
– À l'occasion de l'étude de chaque texte, la question intitulée « Bilan » fait le point sur ce que l'étude du texte a apporté à l'exploration du genre.
– La rubrique *Des outils pour rédiger* propose des exercices variés et ludiques pour écrire des fables.
– La page d'*Oral* permettra aux élèves de mettre en voix puis de jouer des fables.
– La page *Cinéma*, en écho au *Roman de Renart*, est consacrée à *Fantastic Mr Fox*.
– La rubrique d'expression écrite *Du plaisir des mots au plaisir de jouer* propose de nombreux exercices de diction, de mime et d'improvisation permettant aux élèves de devenir acteurs et metteurs en scène.

Ce que vous savez déjà... p. 182

Corrigé des questions

Rassemblez vos connaissances

1. Les élèves entrant en classe de sixième ont pu étudier et apprendre de nombreuses fables (notamment tirées du livre I) : « Le Corbeau et le Renard », « La Grenouille qui voulait se faire aussi grosse que le bœuf »... ou « La Cigale et la Fourmi » que nous proposons en ouverture.
2. Il s'agit la plupart du temps d'animaux, familiers à un Français du XVIIe siècle, comme le loup, le renard, le chat, la souris, ou plus exotiques, comme le lion, l'éléphant. Il existe aussi des fables mettant en scène des hommes ou des dieux.
3. Deux réponses sont envisageables : les fables sont de petites histoires amusantes et divertissantes ; les fables avertissent, éduquent le lecteur, lui proposent une morale. Nous retrouvons là le *docere et placere* cher aux auteurs classiques.
4. Plusieurs réponses sont possibles : suivant des critères purement formels, une fable relève de la poésie, puisqu'elle présente une langue soutenue et noble, qu'elle se coule dans des vers, qu'elle dispose de rimes.
La pratique de la récitation la range également parmi les textes poétiques (les élèves de CM ont rarement récité des textes en prose).
Si l'on définit la poésie par le lyrisme, en revanche, La Fontaine semble peu poétique.

Retrouvez l'univers des fables

1. « La Cigale et la Fourmi » présente tous les aspects de la fable précédemment vus : une petite histoire met en scène des animaux ; une forme de morale (implicite et amère, ici) conclut le récit ; la fable est écrite en vers et les vers sont rimés.
2. On peut préférer la fourmi, sérieuse, laborieuse, prévoyante. On peut difficilement apprécier son avarice ou son égoïsme. Les élèves pourront toutefois s'amuser de la touche d'humour noir finale.
Les élèves préfèreront sans doute la cigale : dilettante et insouciante, mais artiste, elle ne peut que leur plaire. Par ailleurs, ils éprouveront sans doute de l'empathie pour sa souffrance, et se reconnaîtront dans des promesses qui n'engagent que ceux qui les écoutent.

Nul doute que le fabuliste, pour sa part, préférait... la cigale, et la morale si implicite ne l'engage que peu.

Découvrez le chapitre

Cette rubrique permettra aux élèves d'émettre des hypothèses sur le caractère des animaux, l'intrigue des fables et leurs morales éventuelles.
Certaines oppositions apparaîtront clairement : le loup et l'agneau, le lion et le rat, le loup et la chèvre.
Les élèves pourront imaginer des histoires optimistes, où des animaux différents fraterniseront ou échapperont à de grands dangers. Ils pourront également envisager des histoires amères ou tristes, où périt le plus faible et triomphe le fort. Les premières ruses et les premières stratégies de survie pourront apparaître.
Des morales, pleines de noirceur ou plus heureuses, en découleront.
La classe pourra comparer et confronter ces canevas aux *Fables* de La Fontaine et voir qui, du fabuliste ou de la classe, est le plus pessimiste !

Partie 1 : Faibles et puissants dans les *Fables* de La Fontaine

TEXTE 1	*Le triomphe du plus fort*	p. 184

« Le Loup et l'Agneau », Fables, *Jean de La Fontaine*, 1668.

Stratégies pédagogiques

Imaginer pour mieux lire

Le professeur pourrait ne pas lire tout de suite la fable aux élèves, mais leur donner seulement le titre et le premier vers : « La raison du plus fort est toujours la meilleure ». Les élèves, seuls ou par groupes de deux, seraient ainsi amenés à expliquer le sens de cette phrase et à imaginer une fable, en prose, qui contiendrait ce vers, qu'ils pourraient situer où ils le voudraient dans leur récit.

Les élèves pourraient ensuite lire leur fable à la classe.

Une fois quelques fables lues, on pourrait procéder à la lecture de la fable de La Fontaine. Une question telle que « Quelle fable illustre le mieux la morale ? » lancerait la lecture analytique. Des élèves auront sans doute imaginé des fables cruelles, un loup particulièrement fort. Ils auront pu situer la morale à la fin (c'est ce que les incitait à faire la rubrique *Ce que vous savez déjà… sur les fables*).

Cette question permettrait d'étudier la force et la cruauté du loup face à la pureté de l'agneau, mais aussi la suite de raisons ineptes qu'avance le loup, les réponses rigoureuses que lui oppose l'agneau, aussitôt écartées, et la fin cruelle. On pourrait enfin voir comment la morale, délivrée dès le premier vers, condamne l'agneau.

Corrigé des questions

Si vous avez fini de lire

Les élèves devront notamment situer l'agneau en aval du loup. Il ne peut, situé ainsi, troubler son « breuvage ».

Comprendre le texte

La victime et son bourreau

1. Le lecteur ne peut qu'éprouver de la tendresse, dans un premier temps, pour l'agneau : innocent, aussi « pur » que l'eau qu'il boit, tout juste sevré de sa mère, c'est un symbole de la douceur et de l'innocence. Cette tendresse peut devenir de la pitié lorsque le lecteur comprend que l'agneau a peu de chance face au loup.
2. Les expressions « Un loup », « cet animal plein de rage », « votre Majesté » et plus bas « cette bête cruelle » désignent le loup. De manière plus indirecte, « le plus fort » le désigne aussi. Le loup apparaît ainsi féroce et puissant. On ne peut que le redouter.

Un procès injuste

3. Le loup accuse d'abord l'agneau de troubler son « breuvage », c'est-à-dire l'eau de la rivière. Il l'accuse ensuite d'avoir « médi[t] », dit du mal de lui l'année précédente. Il accuse également le frère de l'agneau. Il l'accuse enfin de ne pas l'« épargner », c'est-à-dire de le persécuter.
4. L'agneau ne peut troubler le breuvage du loup, qui est en amont de lui. Il ne peut avoir médit de lui l'an passé, il n'était pas né à cette époque-là. N'ayant pas de frère, le troisième reproche du loup est également infondé. Enfin, le dernier reproche du loup relève du délire : ce ne sont ni les moutons ni les bergers ni les chiens qui persécutent les loups, mais les loups qui attaquent les troupeaux. Surtout, les bergers et les chiens n'appartiennent pas aux moutons et la répétition de « vous » et de « vos » au vers 25 n'a aucun sens.
5. Le loup a pu venir près de la rivière pour boire… ou pour trouver un agneau et le dévorer. L'agneau n'avait aucune chance de s'en tirer : dès qu'il l'a vu, le loup a décidé de le manger.

Une morale pessimiste

6. Les vers 1 et 2 constituent la morale de la fable.
7. La morale est située avant le récit. Le récit n'est donc qu'une illustration de la morale, qu'un exemple parmi d'autres. L'agneau n'avait donc aucune chance face au loup : ses faibles raisons, bien que logiques, ne peuvent rien contre la « raison du plus fort ». Si elle n'était pas placée au début, on aurait pu espérer que l'agneau s'en sorte.

Bilan

8. L'agneau a opposé un propos logique au loup. Il a répondu à la violence par des arguments. Cela n'est pas suffisant pour survivre face au plus fort.

Activités

Oral Mettre en voix une fable (II.2)

Une coévaluation permettrait d'évaluer cette activité.

	Groupe 1			Groupe 2		
	Fabuliste :	Loup :	Agneau :	Fabuliste :	Loup :	Agneau :
L'élève parle fort et lentement.	/5	/5	/5	/5	/5	/5
Les vers sont récités sans erreur.	/5	/5	/5	/5	/5	/5
L'élève met le ton.	/5	/5	/5	/5	/5	/5
La mise en scène est cohérente et originale.	/5	/5	/5	/5	/5	/5
Total	**/20**	**/20**	**/20**	**/20**	**/20**	**/20**

TEXTE 2 *La patience ou la force* p. 186

« Le Lion et le Rat », *Fables*, Jean de La Fontaine, 1668.

Chapitre 4

Stratégies pédagogiques

Établir un horizon d'attente

Le professeur, avant de lire le texte, peut revenir avec ses élèves sur le *brainstorming* organisé lors d'une séance précédente, notamment à l'aide de la rubrique « Découvrez le chapitre » (cf. *Ce que vous savez déjà sur… les fables*).

Quelques élèves auront sans doute choisi la fable « Le Lion et le Rat », ils auront pu avancer quelques hypothèses, notamment sur le caractère féroce du lion, sur son orgueil peut-être, sur la faiblesse et la lâcheté, ou sur la ruse du rat. Ils auront pu ima-

giner une fable ou une morale, peut-être cruelle et acide. Ils auront peut-être trouvé les fables pessimistes, surtout si l'étude de « Le Loup et l'Agneau » précède celle de « Le Lion et le Rat ».
Après la lecture de la fable, le professeur peut demander aux élèves de comparer leurs hypothèses et la fable de La Fontaine, de lister les points communs et les différences. Il peut également leur demander quelle version ils préfèrent. Il peut enfin leur poser la question suivante : « Cette fable vous semble-t-elle optimiste ou pessimiste ? ».
Répondre à cette question amènera les élèves à étudier le caractère des deux animaux, à relever l'orgueil et la générosité du lion, l'étourderie et la gratitude du rat, à étudier la double-morale qui encadre le texte, l'optimisme (certes prudent et raisonné) dont fait preuve le fabuliste (cf. *infra*).
La Fontaine imagine une société harmonieuse, non pas juste ou égalitaire, nous sommes au XVIIe siècle, mais raisonnable, où les grands et les petits entretiennent des rapports de complémentarité et de respect, et non de violence.

Corrigé des questions

Si vous avez fini de lire

Les élèves peuvent de prime abord s'identifier au lion : c'est le roi des animaux, il allie la puissance à la majesté – et, dans cette fable, la générosité. Toutefois, le rat, plus petit, montre des qualités de patience et de minutie qui manquent au lion. Il semble, en cette fin de fable, impuissant et arrogant.

Comprendre le texte

Faible et fort

1. Le roi épargne la vie du rat : il aurait pu le dévorer et s'en abstient.
2. L'expression « Le Roi des animaux » désigne le lion. Les expressions « un plus petit que soi » et « Sire Rat » désignent le rat. Cette dernière expression peut nous surprendre. Il n'y a rien de royal dans un rat. Cela montre le renversement des valeurs qu'orchestre cette fable : le plus modeste des rongeurs devient l'égal du « roi des animaux ».
3. Si l'on ne pense qu'à la force physique, le lion est indéniablement le plus fort. Toutefois, la patience du rat le rend plus fort que le lion, devenu impuissant dans ses rets. Cette fable est une leçon d'humilité pour tous les lions arrogants.

Un bienfait n'est jamais perdu

4. Les deux premiers vers présentent la première morale de la fable et les deux derniers vers la seconde morale. La première morale insiste sur la générosité, la deuxième sur la patience qu'il faut montrer. Elles encadrent le récit. Ainsi, le récit illustre

la première morale et la seconde morale lui sert de conclusion. Deux qualités morales complémentaires sont ainsi proposées au lecteur.
5. Le lion se montre d'abord généreux en sauvant la vie du rat. Le rat se montre patient (cf. *supra*). Il se montre également reconnaissant : il « accour[t] » pour sauver son bienfaiteur.
6. Cette morale est optimiste : le plus faible et le plus fort sont ici complémentaires. Chacun aide et sauve l'autre, et le plus faible n'est pas la proie du plus fort, à la différence de la fable précédente. Le plus fort apprend l'humilité, le plus faible se montre reconnaissant.

Bilan

7. Cette fable insiste sur la vanité des forts, qui pensent être les « rois des animaux ». Il n'est pas exclu, par ailleurs, que le lion épargne le rat par orgueil : ce n'est pas là une proie digne de lui. Cette arrogance peut même les pousser à tomber dans les premiers rets venus, et à croire que les rugissements peuvent les en sortir. Les puissants doivent « montrer ce qu'ils [sont] » : apprendre l'humilité et devenir bons et bienveillants.

Activités

Langue (IV.3)

Les Rois des animaux, en cette occasion,
Montrèrent ce qu'ils étaient, et lui donnèrent la vie.

Écriture Écrire une fable (III.1)

Critères	Remarques	Notes
Le récit est cohérent et respecte le plan donné.		/6
Le récit illustre la morale.		/2
Des expressions différentes décrivent les deux animaux.		/4
Les phrases sont courtes et correctes.		/4
Les verbes au présent sont bien conjugués.		/4
Total		**/20**

TEXTE 3	*Ruse contre ruse*	p. 188

« Le Loup, la Chèvre et le Chevreau », Fables, *Jean de La Fontaine*, 1668.

Stratégies pédagogiques

Comparer deux textes

Après une première lecture du texte, on pourrait proposer aux élèves de comparer, seuls ou en groupes, « Le Loup et l'Agneau » et « Le Loup, la Chèvre et le Chevreau ». Une classe particulièrement calme et autonome pourra se contenter d'une simple question : Quels points communs et quelles différences y a-t-il entre ces deux fables ? Des élèves au niveau plus modeste, une classe moins autonome pourraient remplir le tableau suivant :

	Le Loup et l'Agneau	Le Loup, la Chèvre et le Chevreau
Qu'est-ce qui rend le loup dangereux ?		
Quelles sont les qualités des autres personnages ?		
Comment lui résiste-t-on ?		
La morale est-elle optimiste ?		
Quelle fable préférez-vous ? Pourquoi ?		

Les deux loups se ressemblent fortement : ils sont affamés, brutaux, puissants, rusés (le premier va près de la rivière pour trouver un agneau, le deuxième retient un mot de passe pour mieux tromper le biquet). Le premier agneau est pur, honnête. Il sait par ailleurs faire usage de la raison. Le biquet, quant à lui, se contente d'être observateur et prudent. Or, on ne peut résister au loup par l'honnêteté et la raison. Seule la prudence permet de se sauver de sa gueule. La première morale est ainsi amère (cf. *supra*) quand la deuxième est raisonnablement, modestement optimiste (cf. *infra*). Les élèves pourront préférer la première fable, plus cynique, mais peut-être plus proche de la réalité. Leur goût pour les ruses, leur empathie pour les agneaux et les chevreaux les conduiront sans doute à préférer la deuxième fable, moins dure et cruelle.

Un bilan écrit récapitulera toutes ces données et insistera sur le rôle de la ruse et de la prudence, seule manière de résister aux puissants (cf. *infra*).

Corrigé des questions

Si vous avez fini de lire

Deux schémas sont envisageables :
– La bique est près de la porte et le biquet est à l'intérieur. Un loup est situé non loin.
– La bique est loin. La porte sépare le biquet du loup.

Comprendre le texte

D'une ruse à l'autre

1. La bique peut sembler rusée ou prudente. Elle donne un mot de passe à son biquet pour que personne ne se fasse passer pour elle. Sa prudence ne suffit pas, semble-t-il, puisque le loup entend le mot de passe. Elle peut aussi sembler pleine d'humour : elle se moque du loup dans le mot de passe.

2. Le loup est rusé puisqu'en entendant les mots, il décide de s'en souvenir. Par ailleurs, en disant le mot de passe, il imite la voix de la bique. C'est un prédateur rusé et dangereux.

3. Le biquet a vu « par la fente » le loup et a pu deviner son pelage noir. Il lui demande de « montrer patte blanche » pour être sûr qu'il s'agit de sa mère. Or, si les chèvres sont blanches, le loup est noir et ne peut montrer « patte blanche ».

4. Le biquet est sans doute le plus rusé. La protection de la mère est déjouée par le loup. La ruse de ce dernier ne fonctionne pas. Seule la prudente ruse du biquet lui permet de rester en vie. Par ailleurs, le biquet est le seul personnage prévoyant et attentif : la bique ne regarde pas aux alentours et le loup n'a pas compris qu'on pouvait le voir par la fente.

Résister aux puissants

5. Le loup saisit les occasions qui lui sont offertes : il profite de sa chance pour se souvenir du mot et tenter de croquer le biquet. Par ailleurs, il imite la voix de la bique : il se montre astucieux et manipulateur.

7. L'agneau est innocent. Il ne répond aux propos agressifs du loup que par la logique, la vérité et la douceur. Il est perdu face à un puissant loup affamé.
Le biquet connaît les dangers du monde. Il préfère se montrer précautionneux et attentif. Ce n'est pas la logique qui le sauve, mais la ruse.

Bilan

8. Selon La Fontaine, nous ne sommes pas sur un pied d'égalité avec les puissants. Nous ne pouvons discuter avec eux, toutes les belles raisons sont inutiles, ils nous dévoreraient ou nous détruiraient. Nous devons les éviter et, lorsque nous les rencontrons, nous devons user de toutes les ruses pour leur échapper.

Chapitre 4

Activités

Langue (IV.2)

Le loup de fortune passa ;
Il les recueillit à propos,
Et les garda en sa mémoire.

Écriture Écrire la suite d'un récit (III.7)

Critères	Remarques	Notes
Le récit est cohérent. Les deux ruses sont originales.		/6
Le texte respecte ce que nous savons des personnages.		/2
Le vocabulaire de la ruse est utilisé correctement.		/4
Les accords sont faits.		/4
Les phrases sont courtes et correctes.		/4
Total		**/20**

TEXTE 4 — *Duper le puissant* p. 190

« Le Lion amoureux », Fables, *Jean de La Fontaine*, 1668.

Stratégies pédagogiques

On pourra commencer la séance par proposer aux élèves le titre de la fable « Le Lion amoureux », ainsi que sa morale « Amour, amour, quand tu nous tiens, / On peut bien dire : Adieu prudence. » Ils auraient alors, par groupes, à inventer une fable, en prose ou en vers, qui respecterait à la fois le titre et la morale. Ils pourraient ensuite lire leur travail à la classe, et leurs camarades pourraient faire des remarques, et voir notamment si la consigne a été respectée.
Dans un deuxième temps, les élèves pourraient comparer les fables inventées et celle de La Fontaine. Une question telle que « Quels points communs et quelles différences y a-t-il entre les fables ? » ou « Quel lion vous semble le plus imprudent ? » les guidera. Comme il ne s'agira sans doute pas de la première fable étudiée, on pourra même

essayer : « Quelle fable vous semble la plus efficace pour avertir le lecteur ? » Les élèves étudieraient alors toute la sottise et la folie du lion, son imprudence, la ruse du père et la manière dont ce puissant animal a été la dupe de simples humains.

Corrigé des questions

Si vous avez fini de lire

On voit les serviteurs du père rogner les griffes et limer les dents du lion.

Comprendre le texte

Une étrange alliance

1. Il s'agit d'un projet insensé. Un lion ne peut se marier avec une humaine. Si l'on admet que le lion désigne métaphoriquement un haut personnage, le projet est pareillement insensé : un prince ne peut épouser une bergère.

2. Donner une jeune fille à un lion est une chose terrible pour elle, et cruel : il pourrait la manger. Refuser de donner sa fille à un haut personnage est également risqué : il pourrait se venger.

Rogner et limer

3. Il demande au lion de rogner ses griffes et de limer ses dents. Il s'agit de protéger la jeune fille, mais aussi de procurer plus de plaisir au lion : comme elle se sentira en sécurité, elle pourra d'autant mieux l'aimer.

4. Le lion accepte car il est amoureux, « aveugl[é] », mais aussi parce que les raisons avancées par le père semblent logiques.

5. On lâche « quelques chiens » sur le lion. Il ne dispose plus de ses griffes ou de ses dents, il est impuissant et contraint de fuir, et le mariage ne peut avoir lieu.

Sourire et penser

6. Le vers « Du temps que les bêtes parlaient » renvoie à un temps mythique, le temps où les animaux et les humains vivaient en société et pouvaient se comprendre. Ce temps n'a jamais existé, il s'agit d'introduire le lecteur dans un univers merveilleux.

7. Le fabuliste justifie le projet en évoquant « l'intelligence » et « la belle hure » du lion. La jeune fille aime également les amoureux « fiers » et à « longue crinière ». Il mêle les qualités humaines et animales. Il s'agit bien sûr d'humour de sa part.

8. La crinière est la masse de poils qui entoure la tête du lion, il s'agit aussi d'une métaphore désignant les cheveux des jeunes gens. Les cheveux longs sont un signe de beauté et de richesse (surtout s'il s'agit d'une belle perruque). Par ailleurs, le verbe « se coiffe » appartient aussi au champ lexical des cheveux. Le fabuliste multiplie les traits d'humour.

9. Le lion est rendu sot et « aveugl[e] » par la passion qu'il porte à la jeune fille. La morale est, à la différence des fables précédemment étudiées, légère et amusante. Elle indique simplement que l'amour rend étourdis les jeunes gens.

Bilan

10. À la différence des fables précédemment étudiées, il ne s'agit plus seulement d'éviter les puissants, de ruser pour ne pas être mangé, et de tenter, vaille que vaille, de survivre. Dans cette pièce, le puissant est dupé, manipulé et ridiculisé. La raison, la ruse et l'astuce permettent de se protéger des puissants et de s'en venger.

Activités

Oral Mimer la fable (l.3)

Les élèves pourront se co-évaluer :

	Le lion	La bergère	Le père	Les chiens
Les élèves ne parlent pas mais marmonnent ou chantonnent.	/5	/5	/5	/5
Leurs gestes sont clairs et amusants.	/10	/10	/10	/10
Leurs mimiques sont expressives.	/5	/5	/5	/5
Total	/20	/20	/20	/20

ORAL	*Lire et dire un texte en vers*	p. 192

Activité I

Script : Jean de La Fontaine « La Colombe et la Fourmi », *Fables*, 1668.

Le long d'un clair ruisseau buvait une Colombe,
Quand sur l'eau se penchant une Fourmi y tombe.
Et dans cet océan l'on eût vu la Fourmi
S'efforcer, mais en vain, de regagner la rive.

La Colombe aussitôt usa de charité :
Un brin d'herbe dans l'eau par elle étant jeté,
Ce fut un promontoire où la Fourmi arrive.
Elle se sauve ; et là-dessus
Passe un certain Croquant qui marchait les pieds nus.
Ce Croquant, par hasard, avait une arbalète.
Dès qu'il voit l'Oiseau de Vénus
Il le croit en son pot, et déjà lui fait fête.
Tandis qu'à le tuer mon Villageois s'apprête,
La Fourmi le pique au talon.
Le Vilain retourne la tête :
La Colombe l'entend, part, et tire de long.
Le soupé du Croquant avec elle s'envole :
Point de Pigeon pour une obole.

Jean de La Fontaine, « La Colombe et la Fourmi », *Fables*, livre II, 1668.

Corrigé des questions

1. Les personnages sont la fourmi, la colombe et le villageois.
2. La colombe est aussi désignée par les expressions « l'oiseau de Vénus » et « le pigeon ».
Le villageois est aussi désigné par « le vilain » et « le croquant ».
3. a. Faux : Elle tombe dans un ruisseau, qui pour elle est comme un océan.
b. Vrai.
c. Faux. Une fourmi peut le piquer au talon sans problème.
d. Vrai.
e. Faux. La colombe l'a sauvée de la noyade, en remerciement, la fourmi sauve la colombe du villageois.
4. La « charité » est la générosité.
L'« arbalète » est une petite arme en bois permettant de tirer des flèches.
5. La colombe et la fourmi semblent également sympathiques : la première parce qu'elle aide par pure charité la fourmi. La deuxième, parce qu'elle se montre pleine de gratitude.
6. On peut lire aux élèves les morales du début de la fable : « Il faut, autant qu'on peut, obliger tout le monde » ou « On a souvent besoin d'un plus petit que soi ». On pourrait ajouter « Un bienfait n'est jamais perdu » ou « Il faut à la fois être charitable et montrer sa gratitude ».

Activité 2

Les élèves pourront se co-évaluer :

	Élève 1 :	Élève 2 :	Élève 3 :	Élève 4 :
Les élèves lisent sans erreur.	/5	/5	/5	/5
Les élèves lisent fort et lentement.	/5	/5	/5	/5
Les vers sont respectés.	/2	/2	/2	/2
Les élèves utilisent un ton approprié.	/5	/5	/5	/5
Les gestes permettent de comprendre la fable.	/3	/3	/3	/3
Total	/20	/20	/20	/20

Partie 2 : Un fabliau pour rire des puissants

OEUVRE INTEGRALE	*Se moquer des riches*	p. 194

Estula, Fabliaux et contes du Moyen Âge

Stratégies pédagogiques

Organiser un concours de lecture

La longueur du texte serait particulièrement propice à l'organisation d'un concours de lecture.

On pourrait demander aux élèves de lire le texte à la maison, au préalable, et de poser, chacun, une question permettant de vérifier la lecture de leurs camarades.

Cette question pourrait porter :

– sur un élément précis et ponctuel du texte : Qui le fils du riche va-t-il chercher ?

– sur un élément plus global : Quelle image des riches l'auteur du fabliau donne-t-il ?

– sur un élément implicite : Pourquoi le bourgeois croit-il que son chien parle ?

– sur une interprétation littéraire : Approuvez-vous l'attitude des deux frères ?

En classe, les élèves se regrouperaient par quatre ou cinq.

Ils disposeraient d'une quinzaine de minutes pour choisir les questions les plus à même de tester la lecture de leurs camarades. Ils vérifieraient la correction des questions. C'est là le travail central : amener les élèves à comprendre ce qui est le plus significatif d'un texte, les inciter à trouver les lignes de force, ce qui est implicite, les sous-entendus, etc.

À tour de rôle, chaque groupe interroge la classe. Le groupe gagne un point si sa question est bien posée. Chaque équipe n'a droit qu'à une réponse et ses membres doivent ainsi se concerter. Le groupe interroge en priorité le groupe dont le score est le plus faible.

Le concours s'arrête lorsqu'une équipe arrive à cinq points.

Suite à ce concours, la classe pourra écrire un bilan sur ce texte. Ce bilan mentionnera notamment : la ruse des pauvres et la bêtise des bourgeois ; la suite de malentendus ; l'humour du texte ; la vengeance drolatique que constitue le texte.

Corrigé des questions

Si vous avez fini de lire

Les élèves devront montrer la proximité entre la maison des frères, la maison des riches, leur jardin et leur étable. Le presbytère sera situé plus loin.

Écoute

Il y a un jeu de mot : « é-tu-la » est à la fois le nom du chien et la question « es-tu là ? ».

Comprendre le texte

Pauvres et bourgeois

1. Le lecteur peut éprouver de la pitié pour les frères. Ils sont orphelins, isolés, pauvres, ils éprouvent à la fois la faim et la soif.

2. Le mot « pauvreté » est écrit trois fois. On lit à la fois le nom « souffrance » et le verbe « souffrir ». « Compagnie » est également répété. Le texte insiste sur la situation terrible des frères, isolés et démunis pour intéresser le lecteur à leur sort… et justifier leur vol.

3. C'est d'abord la « faim » et la « souffrance » qui poussent les frères à voler. Mais la bêtise du riche, le fait qu'il soit « sot », pousse les frères à tenter leur chance…

Couper les choux, couper les cous

4. Le fils du bourgeois revient de la maison en « tremblant de peur » car il a appelé son chien Estula, le pauvre a pensé que son frère lui demandait « Es-tu là ? » et le fils du bourgeois a pensé que le chien lui a parlé. Il est particulièrement crédule.

5. Le père décide d'aller vérifier les « merveilles ». Le frère lui répond également et le riche conclut que son chien parle. Il est également naïf et il décide d'appeler le curé pour qu'il vérifie ce miracle.

6. L'arrivée du prêtre est également l'occasion d'un quiproquo : le fils du bourgeois revient avec le prêtre et son étole blanche sur le dos ; le voisin croit que son frère revient avec un agneau sur les épaules, et lui propose de lui trancher la gorge. Le prêtre pense qu'on l'a attiré dans un piège et qu'on va lui couper le cou, il décide alors de fuir.

7. L'auteur présente les puissants comme des êtres naïfs et crédules, prêts à croire toutes les merveilles, mêmes sottes et impossibles. Ils semblent également lâches : le prêtre s'enfuit à la première occasion.

Rire et penser

8. Les élèves peuvent proposer plusieurs réponses :
– Ils peuvent penser que rien n'excuse le vol, même la faim ou la pauvreté.
– Ils peuvent également dire que l'inégale distribution des richesses, la coexistence de l'extrême pauvreté et de la richesse, la faim, la soif et la pauvreté justifient le vol. Il ne serait ainsi qu'une forme de justice. D'ailleurs la bêtise des riches montre que leur richesse ne relève aucunement de leur mérite.
– Ils peuvent enfin proposer une morale plus cynique : la ruse offre tous les droits. Le professeur peut accepter, ou pas, cette réponse.

9. Les quiproquos peuvent faire (sou)rire le lecteur. C'est surtout le caractère des personnages qui présente une dimension comique : la crédulité et la sottise des riches, la lâcheté du prêtre.
On peut sourire, à la fin, de voir les frères enfin manger à leur faim. Il ne s'agit plus d'un sourire de moquerie, mais de complicité. Les élèves ne riront pas nécessairement aux éclats. Ils souriront plus certainement.

Bilan

10. Les auteurs de fabliaux n'étaient pas des révolutionnaires : on peut jouer des tours aux riches idiots pour s'amuser. Mais une révolte sérieuse (et non comique) n'est pas envisageable. Par ailleurs, les fabliaux étaient souvent lus et joués dans des auberges, sur des places de village ou lors de pèlerinages. Il s'agissait pour les spectateurs d'oublier, pour un temps et par le rire, leur condition misérable, et non de fomenter des troubles.

Réécouter le fabliau

11. De nombreux textes du Moyen Âge présentent des variantes. Les fabliaux relèvent d'une tradition orale, ils n'ont pas été fixés par écrit de manière systématique (ou fort tard). Chaque troubadour pouvait ajouter, modifier des éléments, en oublier selon ses goûts ou les réactions de son auditoire. Il en oubliait parfois des parties. Notre conteuse… a fait de même !

Activités

Langue (IV.2)

Quand les prêtres entendirent cela, ils crurent qu'on les avait attirés dans un piège, et, sautant des épaules du garçon, ils prirent leurs jambes à leur cou, tout affolés.

Oral Transformer un fabliau en courte pièce de théâtre (III.5)

Une coévaluation permettrait d'évaluer cette activité.

Nom de l'élève qui note :

	Groupe 1 :	Groupe 2 :	Groupe 3 :	Groupe 4 :	Groupe 5 :
Les élèves respectent l'histoire du fabliau.	/4	/4	/4	/4	/4
Il s'agit d'une pièce de théâtre.	/4	/4	/4	/4	/4
Le texte est joué avec le ton.	/4	/4	/4	/4	/4
Les déplacements font rire.	/4	/4	/4	/4	/4
Les gestes et les mimiques font rire.	/4	/4	/4	/4	/4
Total					

DES OUTILS POUR REDIGER	*Écrire un recueil collectif de fables*	p. 198

Corrigé des questions

Vocabulaire de la fable

1. Des cris pour donner à entendre des animaux

Le hibou ulule.
La panthère rugit.
L'âne brait.
Le corbeau croasse.
Le poussin piaille.
La grenouille coasse.

2. Des qualités et des défauts pour caractériser les animaux

a.

Ruse		Bêtise	
Nom	**Adjectif**	**Nom**	**Adjectif**
ruse	rusé	bêtise	bête
sagesse	sage	stupidité	stupide
intelligence	intelligent	idiotie	idiot
astuce	astucieux	simplicité	simple
habileté	habile	sottise	sot
génie	génial	crédulité	crédule

b. Doux / cruel
Modeste / orgueilleux
Raisonnable / fou
Bon / méchant
Compatissant / insensible
Honnête / trompeur
Vertueux / vicieux
Paisible / violent
Tranquille / colérique

3. Des périphrases pour désigner les animaux

a. Le chat → Le fléau des rats
Les grenouilles → La gent marécageuse
Le lion → Le roi des animaux
La chèvre → L'animal grimpant
Le coq → La gent qui porte crête
Le mouton → L'animal bêlant
b. Le crocodile→ Le maître des eaux troubles
Le tigre → Le prince de la jungle
Le chien → Le gardien de la maison
La poule → La dame à plumes
Le zèbre → Le cheval à rayures
La biche → La princesse des bois

4. Des mots pour exprimer les sentiments

a. Fureur > rage > colère > exaspération > agressivité > agitation > impatience.
b. Furieux, enragé, colérique, exaspéré, agressif, agité, impatient.
c. Être en extase > triompher = exulter > jubiler = ne plus se sentir de joie > être heureux > se réjouir > sourire.

d. Le renard est en extase après sa ruse.
Le roi des animaux triomphe après sa victoire.
J'exulte de mon succès.
Je jubile devant sa défaite.
Le corbeau ne se sent plus de joie.
Je suis heureux de cette nouvelle.
Je me réjouis de son retour.
Chacun sourit de sa défaite.

5. Faire vivre les animaux dans leur milieu

Terre	Eau	Air
Le cygne, l'escargot, la laie, la belette, le souriceau, le mulet, la génisse, la tortue, le chevreau.	Le cygne, l'huître, l'écrevisse, le héron, la tortue.	Le geai, le hibou, l'hirondelle, la perdrix, le moineau, le perroquet, le héron, le milan, le rossignol, le pigeon.

Grammaire pour écrire une fable

6. Écrire un récit au présent

Deux ânes *se promènent* sur un chemin poussiéreux. L'un *porte* des éponges, et l'autre *a* sur son dos du sel.

Soudain, tous deux *voient* une rivière. L'âne chargé de sel y *plonge* et s'y *baigne.* Il *ressort* de l'eau plus léger : tout son sel *est* fondu. Le deuxième *fait* de même, il *croit* avoir la même chance. Mais les éponges *se gonflent* d'eau. Les éponges *l'attirent* vers le fond. On le *sauve* et on le *punit.*

7. Ponctuer les dialogues

Elle dit : « Regardez bien ma sœur ! Est-ce assez ? Dites-moi, n'y suis-je point encore ? »
– Non !
– M'y voici donc ?
– Point du tout !
– M'y voilà ?
– Vous n'en approchez point… »
Elle s'enfla si bien qu'elle creva.

Partie 3 : *Le Médecin malgré lui*, entre naïfs et rusés

DECOUVRIR	Le Médecin malgré lui	p. 200

Le Médecin malgré lui,

Molière, 1666.

Corrigé des questions

I. La comédie au XVIIe siècle

1. Les élèves pourront décrire une salle de théâtre à l'italienne ou à la française. Sauf dans les grandes villes, il est tout de même peu fréquent de voir des sièges sur les côtés, voire même en hauteur. Ils se regroupent devant la scène, sur un plan incliné. Le décor de la scène varie selon les pièces.

Ils pourront également décrire les installations électriques, le système audio, vidéo ou les projecteurs.

2. Le théâtre de Versailles diffère sensiblement de ce modèle. Son luxe ostentatoire tranche d'abord avec la simplicité des théâtres modernes. On voit des colonnades, des médaillons, des statues, d'immenses lustres sous de hauts plafonds, des arches et des frontons pour célébrer la gloire du Roi-Soleil. D'immenses draperies sont également visibles.

Par ailleurs, des spectateurs sont situés sur les côtés. Un grand espace sépare l'orchestre (où l'on joue la musique du *Malade imaginaire*) des spectateurs. On devine d'imposants fauteuils où sont assis les membres de la famille royale. Il n'y a plus guère d'orchestre, de nos jours, que dans les opéras. Des hauts parleurs diffusent de la musique lors des pièces de théâtre. On devine les magnifiques habits des acteurs. Remarquons toutefois l'absence ou la simplicité des décors au XVIIe siècle.

2. Le *Médecin malgré lui* dans la carrière de Molière

1. Il n'est pas aisé de répondre à cette question sans connaître la pièce. Les serviteurs semblent noblement habillés, comme les médecins du temps. Toutefois, le titre de la pièce peut fournir un indice aux élèves. L'homme menacé par les bâtons semble bien accepter quelque chose de force.
2. Il semble contraint et contrarié par les bâtons des deux autres personnages. On peut aussi deviner un rictus, un air à la fois fourbe et rusé.
3. On pourra accueillir toutes les remarques des élèves (quelqu'un soigne les malades sans aimer ce métier, quelqu'un a peut-être des dons de guérison insoupçonnés, etc.) avant de leur révéler le vrai sens : on contraint un homme à devenir médecin alors qu'il ne l'est pas du tout.

3. Les personnages du *Médecin malgré lui*

1. On pourra accueillir diverses interprétations avant de faire remarquer que le chapeau noir relève de la panoplie typique des médecins.
2. On peut laisser les élèves élaborer diverses hypothèses (soigner quelqu'un qui ne le mérite pas, soigner quelqu'un de riche, se soigner, soigner quelqu'un de sa famille, etc.). On leur demandera de se montrer attentifs aux expressions du visage (ruse, sottise, fourberie, sympathie, etc.). On accueillera diverses interprétations, mais on soulignera le rôle des serviteurs et des valets, souvent adjuvants dans le théâtre antique et classique. Les élèves auront peut-être l'intuition qu'un riche seigneur ne peut être qu'un opposant. On fera remarquer la sympathie que peuvent inspirer les personnages féminins, surtout modestes, dans le théâtre de Molière.
3. Ce résumé devra donner un sens clair à la pièce. Il devra également indiquer qui est le personnage principal, quelle est sa quête, qui pourra l'aider, qui s'opposera à lui.
4. Les élèves pourront évoquer le ton, la tonalité, ou le registre (sans nécessairement utiliser ces mots) de la pièce : elle doit faire rire, sourire. Ils pourront évoquer le physique des acteurs (explication, parmi d'autres, du succès d'une pièce au XVIIe siècle comme de nos jours). Ils pourront avoir l'intuition que la pièce connaîtra de nombreux rebondissements.

EXTRAIT 1 — *La révolte du faible* p. 202

« Scène de ménage », *Le Médecin malgré lui*, Molière, Acte I, scène 1, 1666.

Stratégies pédagogiques

Exploiter ses hypothèses

Après la lecture de la scène, le professeur pourrait demander aux élèves de la comparer aux éléments de présentation de la pièce précédemment lus (*Découvrir Le Médecin malgré lui*).

Il pourrait ainsi leur poser quelques questions :
– Quels éléments de la pièce reconnaissez-vous ?
– Lesquels sont absents ?
– À quelles images de la page *Découvrir Le Médecin malgré lui* cette scène vous fait-elle penser ?
– Pourquoi cette scène a-t-elle eu un grand succès ?

Certes, cet extrait ne propose pas encore de figure de médecin, et tous les personnages ne sont pas en scène. Toutefois, on reconnaît dès à présent le Sganarelle rusé et manipulateur des gravures.

Expliquer le succès de cette scène permet de s'interroger :
– sur le thème de la dispute conjugale, universel et toujours intéressant (lorsqu'on en est le témoin et non acteur) (cf. question 1) ;
– sur le caractère des personnages, mari violent et spirituel, femme courageuse et insolente (cf. question 2) ;
– sur le comique et toutes les marques d'humour de la scène (cf. questions 5, 6, 7, 8).
Des élèves seront peut-être choqués qu'on s'intéresse au spectacle d'une femme battue. Il faudra alors relativiser la violence de la scène : la violence conjugale choquait bien moins en 1668 qu'en 2016 ; les coups sont factices et caricaturaux (cf. question 8) ; surtout… Martine saura bien se venger.

Corrigé des questions

Comprendre le texte

Une dispute entre époux

1. Martine reproche à Sganarelle de dépenser tout l'argent du ménage. Il travaille peu, joue, boit et mange. Il a même vendu les meubles de la maison pour se procurer d'autre argent. Sganarelle ne présente pas des excuses et ne se justifie pas : il provoque Martine, se moque d'elle, s'accuse lui-même et multiplie les jeux de mots.

2. Sganarelle peut sembler provocateur et railleur. Il se montre, dans la suite de la scène, impatient et vaniteux : il ne supporte plus les justes reproches de sa femme. Il se montre enfin menaçant, puis violent, lorsqu'il bat Martine.

Martine se montre colérique, courroucée dans toute la scène. Elle est à la fois insolente et provocatrice et multiplie les attaques contre son mari. Lorsqu'elle devient insultante, Sganarelle la bat. Elle est également courageuse : elle ne recule pas devant les menaces de son mari.

Une discussion qui s'envenime

3. On peut difficilement trouver choquantes les insultes finales : d'abord, ces propos sont dépréciatifs mais non pas vulgaires. Le registre de langue est courant ou soutenu, et non familier. Dire qu'un mari ivrogne est « traître » relèverait presque d'une langue soutenue. Par ailleurs, ces mots sonnent étrangement. Ces expressions sont anciennes, « belître » est un mot rare, même au XVIIe siècle. On ne peut être choqué par des expressions si éloignées de nos propres insultes.

On peut également trouver que Martine a toutes les raisons d'insulter Sganarelle. Il ne s'agit que de rendre justice à un mari dépensier et inconséquent.

Enfin, on peut également imaginer que la scène, jouée avec humour et légèreté, vise à faire sourire le spectateur, et non à l'indigner.

4. Sganarelle a d'abord réagi avec humour aux attaques de sa femme, il l'a raillée, il a tourné en dérision ses critiques et ses reproches. Lorsque les reproches se sont accumulés, il a menacé sa femme. Mais lorsque Martine n'a plus proféré que des insultes, et lui a crié « Traître, insolent, trompeur, lâche, coquin, pendard, gueux, belître, fripon, maraud, voleur… ! » il lui a donné du bâton. Il estimait qu'elle l'offensait trop.

5. Sganarelle est incontestablement le plus fort : les reproches de sa femme ne l'atteignent pas, puisqu'il sait s'en moquer, les ridiculiser. Le public ne peut que rire à ses jeux de mots. Martine est en colère lorsqu'il reste calme, même lorsqu'il la menace. Elle perd donc l'affrontement verbal. Lorsqu'il la bat, il se montre plus fort et vigoureux qu'elle, elle ne peut que crier sa peine. Rappelons par ailleurs qu'au XVIIe siècle, le mari mène le ménage : c'est à lui de prendre les décisions importantes.

Un duo comique

6. Martine utilise une métaphore « J'ai quatre pauvres petits enfants sur les bras ». Cela ne signifie pas qu'elle les porte, mais qu'elle seule s'en occupe. Sganarelle prend au pied de la lettre les propos de Martine. Il oublie le sens réel de l'expression et fait comme si elle les tenait réellement entre ses bras. Dans ce cas-là, en effet, il faudrait les poser…

7. Cette phrase est une menace et non une preuve d'affection. D'abord, « doux objet de mes vœux » est prononcé de manière ironique : l'expression signifie l'inverse de son sens littéral. Il ne la trouve pas douce, lors de cette dispute. Par ailleurs « je vous frotterai les oreilles » est un euphémisme qui atténue la violence de la menace : il faudrait lire « Je vous frapperai ».

8. Sganarelle joue avec les mots tout au long de la scène :

– Lorsqu'il dit « J'en bois une partie » il fait comme s'il s'excusait, alors qu'être un ivrogne est plus grave encore que d'être gourmand.

– L'expression « vivre de ménage » est un jeu de mots. Vivre de ménage signifie à la fois faire des économies et vivre en vendant le mobilier.

– Il fait comme si l'absence de meuble et de lit était une bonne chose.

– Il plaisante en proposant de donner du fouet à des enfants qui ont faim.

– Les expressions « j'ai le bras assez bon », « votre peau vous démange » et « vous voulez me dérober quelque chose » sont des euphémismes signifiant « vous désirez que je vous frappe ».

Bilan

9. La force de Sganarelle se manifeste de nombreuses façons : il reste dans un premier temps imperturbable face à sa femme et fait rire le spectateur à ses dépens. Il manipule les mots, les expressions tandis que Martine ne sait qu'insulter. Enfin, il est tout simplement le plus fort et le plus vigoureux (cf. question 4.)

Il est tout de même impuissant. En effet, il ne fait accepter son autorité que par des coups de bâton. Il ne convainc pas sa femme, qui ne le respecte pas. Elle va vouloir se venger et montrer l'inutilité de ses coups de bâton.

Activités

Langue (IV.4)

Traîtresse, insolente, trompeuse, lâche, coquine, pendarde, gueuse, belître, friponne, maraude, voleuse… !

Oral Mettre en voix une scène de dispute (I.2)

Une autoévaluation permettrait d'évaluer cette activité.

Martine	
Critère	**Note**
Ma posture était correcte.	/2
Ma voix était assez forte.	/5
Je n'ai pas fait d'erreur.	/5
Ma voix était plein de colère.	/4
J'ai prononcé les insultes avec rapidité et violence.	/2
J'ai crié pour montrer la douleur de Martine.	/2
Total	/20

Sganarelle	
Critère	**Note**
Ma posture était correcte.	/2
Ma voix était assez forte.	/5
Je n'ai pas fait d'erreur.	/5
J'ai prononcé les jeux de mots avec ironie et provocation.	/4
Je me suis montré agacé et énervé.	/4
Ma voix était menaçante à la fin.	/2
Total	/20

EXTRAIT 2	*Coups contre coups*	p. 205

« La vengeance de Martine », *Le Médecin malgré lui*, *Molière, Acte I, scène 5*, 1666.

Stratégies pédagogiques

Improviser pour mieux comprendre une scène

Le professeur pourrait ne pas lire le texte, mais seulement son chapeau, aux élèves. Les élèves auraient alors à improviser la rencontre entre Sganarelle, Valère et Lucas. Ils devront imaginer les propos de Lucas et Valère, la réaction de Sganarelle, ainsi que l'enchaînement des répliques jusqu'aux coups.

Ils ne devront pas écrire un dialogue, mais se concerter pour imaginer les répliques, les gestes et les déplacements des personnages et, de manière générale, toutes les actions pour faire rire leurs camarades.

Improviser une scène de comédie
(Remplissez cette feuille à trois mais n'écrivez pas de dialogue)

Par groupes de trois, vous improviserez la rencontre entre Sganarelle, Valère et Lucas

Étape 1 : Imaginer un scénario

Que demanderont Valère et Lucas à Sganarelle ? → ....

Comment réagira-t-il ?

→ ....

Comment le dialogue se poursuivra-t-il ?

→ ....

Que feront Valère et Lucas à la fin du dialogue ?

→ ....

Étape 2 : Mettre en scène

Indiquez, dans le tableau, comment ils feront rire.

	Valère	Lucas	Sganarelle
Faire rire par un geste			
Faire rire par ses déplacements			
Faire rire par une mimique (expression du visage)			
Faire rire par des paroles			

Au bout d'un quart d'heure de préparation, chaque groupe présentera son travail à la classe.
Les élèves prendront ensuite connaissance du texte de Molière et le compareront avec leurs improvisations.
Une question telle que « Pourquoi ces scènes nous ont-elles fait rire ? » permettrait aux élèves d'étudier les différents comiques :
– de situation avec le quiproquo ;
– de gestes avec les coups de bâton ;
– de caractère avec la sottise des valets, l'avarice, la colère puis la lâcheté de Sganarelle ;
– de mots avec le patois ridicule de Lucas.
On pourrait enfin voir pourquoi ce rire est une vengeance : celui qui était si puissant ne peut rien face à la détermination et aux coups de bâton de Valère et Lucas.

Corrigé des questions

Comprendre le texte

Le quiproquo

1. Sganarelle est persuadé que Valère lui parle de ses fagots de bois et qu'il tente de les négocier. Comme il fait de beaux fagots, il ne peut s'y résoudre.
Valère pense que Sganarelle est un grand médecin, mais que sa folie l'empêche de le reconnaître.
2. Valère et Lucas se montrent d'abord respectueux et pleins de déférence. Ils lui donnent du « Monsieur », lui parlent avec toutes les marques de politesse attendues et agissent comme s'il était un « fameux médecin », un « homme si savant ». Ils hésitent longtemps avant d'en venir aux coups de bâton. Ils se montrent ensuite menaçants et brutaux et le frappent. Ils le frapperont encore dans la suite de la scène. On peut également les trouver idiots et crédules : ils ont cru Martine sur parole et sont persuadés que Sganarelle est médecin. Or, cette histoire est invraisemblable et cet homme coupant du bois ne peut être que bûcheron.
3. Les coups de bâton ont été sans doute très douloureux. Sganarelle préfère mentir et admettre qu'il est médecin, même s'il ne l'est pas, pour les éviter.
4. Les deux armes de Sganarelle, les jeux de mots et la force physique, ne marchent pas : d'abord Valère et Lucas sont persuadés qu'il est fou et toutes ses habiletés, tous ses propos ironiques lui sont inutiles. Par ailleurs, même fort, il ne peut rien contre deux valets déterminés, vigoureux et munis de bâtons.

Un trio comique

5. Molière déforme les mots et les phrases de Lucas pour imiter un patois paysan. Il rajoute également des expressions très imagées, comme « tripotage » ou « lantiponez » pour rendre encore plus savoureuse, ou ridicule, cette langue. Il s'agit de faire rire le spectateur. Molière s'adressait surtout à un public urbain : il ne peut que rire devant des paysans qu'il juge arriérés.

6. De multiples éléments peuvent faire rire le spectateur :

– le comique de situation : le quiproquo faisant de Sganarelle un médecin ;

– le comique de caractère : Valère et Lucas semblent naïfs et idiots ;

– le comique de gestes : les coups de bâton sont un moyen efficace de faire rire les spectateurs et les élèves ;

– le comique de mots : la langue ridicule de Lucas peut déclencher les rires.

Le spectateur peut également rire de voir Martine vengée…

7. On peut éprouver de l'empathie pour Sganarelle. Toutefois on peut aussi rire de ses malheurs et de voir Martine vengée. Tout dépendra du jeu des acteurs : sans doute que les cris de Sganarelle ne montreront pas sa souffrance, et que la légèreté de la mise en scène fera rire les spectateurs.

Bilan

8. Martine a retourné les deux armes de Sganarelle contre lui : sa force lui est inutile face à ces deux valets déterminés. De même, son « tripotage » et sa manière de manipuler les mots et les phrases lui sont inutiles : devant ces valets balourds et obtus, ses jeux de mots, ses feintes, ses propos à double sens ne servent à rien. La ruse de Martine l'a emporté face à sa puissance.

Activités

Oral Mimer une scène violente (I.3)

Une coévaluation permettrait d'évaluer cette activité.

Valère et Lucas	
Critère	**Note**
Leurs gestes montrent leur respect.	/4
Ils semblent déçus.	/4
Leurs gestes sont menaçants.	/4
Les coups ne sont pas violents.	/4
Ils ne restent pas immobiles, ils se déplacent.	/4
Vous avez ri ou souri.	Bonus :
Total	/20

Sganarelle	
Critère	**Note**
Ses gestes montrent son incompréhension.	/4
Il est agacé.	/4
Il les trouve fous et inquiétants.	/4
Ses gestes montrent sa douleur.	/4
Il ne reste pas immobile, il se déplace.	/4
Vous avez ri ou souri.	Bonus :
Total	/20

EXTRAIT 3 — *Le pouvoir des mots* — p. 208

« Un drôle de médecin », *Le Médecin malgré lui*, *Molière, Acte II, scène 4*, 1666.

Stratégies pédagogiques

Faire des recherches pour mieux lire un texte

On pourra demander aux élèves, avant de procéder à l'explication du texte, de faire quelques recherches sur la médecine au XVIIe siècle. On pourra les guider par quelques questions :

– Comment devient-on médecin au XVIIe siècle ?
– Un médecin est-il quelqu'un d'important à cette époque ?
– Quels médicaments les médecins prescrivent-ils ?
– La médecine du XVIIe siècle vous semble-t-elle efficace ?

Une discussion, en début d'heure, pourra cerner la figure du médecin au siècle de Molière : on pourra notamment évoquer son érudition et sa connaissance des langues anciennes, sa puissance sociale, les clystères, purges et saignées qu'il administre, et son manque d'efficacité. Le professeur pourra bien sûr nuancer le portrait qu'en trace Molière, évoquer quelques grands noms (Descartes, Harvey) et quelques grands progrès (la découverte de la circulation du sang ou des microbes, la meilleure connaissance de la digestion, etc.).

Après la lecture du texte on pourra demander aux élèves si Sganarelle est représentatif des médecins du XVIIe siècle.

Cette question et les débats qu'elle impliquera permettront d'étudier l'autorité et la prestance des médecins ainsi que leur savoir et la manière dont ils le mettent en scène. Les élèves verront comment Molière utilise des éléments réels, les exagère et les déforme pour se moquer des médecins et faire rire le public à leurs dépens : Sganarelle peut se montrer cynique ou plein d'humour, son latin n'est que charabia, il est un charlatan arrogant, la crédulité de Géronte et Jacqueline est une caricature.

Corrigé des questions

Comprendre le texte

Le médecin et ses patients

1. Sganarelle n'a pas le comportement qu'on attendrait d'un médecin : il prononce d'abord une phrase énigmatique – « Il ne faut pas qu'elle meure sans l'ordonnance du médecin » – qui peut sembler absurde (ce n'est pas le médecin qui permet la mort), pleine d'autorité (un médecin n'a pas ce pouvoir-là) ou d'un humour noir dérangeant, comme si le médecin pouvait permettre de mourir... mais non de guérir !

2. Dans la première scène, Sganarelle aurait sans doute aimé que Martine soit muette et qu'elle lui épargne tous ces reproches et tous ces cris. Il s'agit d'un propos misogyne : Sganarelle fait comme si tout époux était un brave homme sans cesse dérangé par les cris ou les bavardages de sa femme.

3. Géronte se montre d'abord respectueux et répond docilement à toutes les questions de Sganarelle.

Géronte et Jacqueline semblent ensuite particulièrement idiots : ils s'enthousiasment du diagnostic de Sganarelle, qui dit que Lucinde est muette... alors que la chose est évidente et que Géronte le lui a dit quelques répliques avant.

Géronte semble encore naïf, puisqu'il ne voit pas que Sganarelle n'a aucune compétence et qu'il ne prononce que des propos redondants et inutiles : sa fille est muette... « car elle a perdu la parole » ; elle a perdu la parole... à cause d'un problème de « sa langue ». La mention d'Aristote ne sert qu'à montrer la science de Sganarelle, et ne prouve ni n'explique rien.

Géronte est encore plus crédule lorsqu'il s'exclame, plein d'admiration « Ah ! que n'ai-je étudié ! » alors que Sganarelle s'est contenté de lui réciter du charabia, mêlant le latin, le grec et l'hébreux.

4. Lucinde n'est sans doute pas muette. Elle semble d'abord en parfaite santé. Ses cris, « han, hi, hom », ne relèvent d'aucune maladie connue. Surtout, la maladie semble s'être déclarée au moment opportun : elle l'empêche de se marier. Il est bien possible qu'elle refuse de se marier parce qu'elle aime un autre homme que celui qui lui est promis. Cet homme apparaîtra à la fin de l'acte : il s'agira de Léandre.

Une étrange consultation

5. Sganarelle ne l'a pas trouvé du premier coup : il a tout simplement observé que Lucinde ne parle pas, et surtout Géronte le lui a dit.

6. Sganarelle tient des propos redondants et inutiles, et tout le monde pourrait établir un pareil diagnostic (cf. réponse 3).

7. Aristote est un grand philosophe antique. Au XVIIe siècle, les futurs médecins l'étudient au cours de leurs études. Il s'agit de montrer à tous sa science et d'asseoir son autorité. Mais Aristote ne peut en rien expliquer le mutisme de Lucinde…

8. Dans la première réplique, Sganarelle multiplie les termes techniques médicaux jargonneux comme « humeurs peccantes » ou « exhalaisons » ainsi que les termes flous « vapeurs », « influence » (qui est aussi une traduction de « l'influenza » italienne). Par ailleurs, ses explications ne sont pas logiques : Aristote a certes été un grand homme, mais il ne peut lui être d'aucune aide ; définir les « humeurs peccantes » comme des « humeurs peccantes » n'explique rien.
Dans la deuxième réplique, il empile les mots grecs, latins et hébreux. On peut y reconnaître les bribes d'une leçon de grammaire latine.

9. Molière présente les médecins de son époque comme des pédants, des cuistres arrogants faisant étalage d'une science prétentieuse.
Ils apparaissent également incompétents et incapables de soigner.
Il les présente enfin comme des êtres insensibles et autoritaires. Le malade compte moins que leur prestige et leurs ordonnances.

Bilan

10. Dans cette scène, Sganarelle, par son astuce et ses mots, manipule tout le monde : avec de l'assurance et de l'autorité, quelques répliques toutes faites, le nom d'Aristote et quelques mots de latin il passe pour un immense médecin capable de guérir tous les maux.

Activités

Oral Mettre en scène une consultation (I.6)

Une coévaluation permettra d'évaluer cette activité :

	Groupe 1			Groupe 2		
Les répliques sont prononcées sans erreur.	/5	/5	/5	/5	/5	/5
Les élèves parlent fort et lentement.	/5	/5	/5	/5	/5	/5
Les élèves utilisent le bon ton.	/4	/4	/4	/4	/4	/4
Les gestes sont comiques.	/2	/2	/2	/2	/2	/2
Les mimiques sont comiques.	/2	/2	/2	/2	/2	/2
Les déplacements sont comiques.	/2	/2	/2	/2	/2	/2
Vous avez (sou)ri.	Bonus :	Bonus :	Bonus :	Bonus :	Bonus :	Bonus :
Total	**/20**	**/20**	**/20**	**/20**	**/20**	**/20**

EXTRAIT 4	*La force de l'amour*	p. 212

« Ruse et déguisement », *Le Médecin malgré lui*, *Molière, Acte III, scène 6*, 1666.

Stratégies pédagogiques

Comparer deux mises en scène

Après une lecture de la scène, et une explication du sens littéral de ses enjeux, le professeur pourrait en projeter deux mises en scène différentes. On peut aisément se procurer des mises en scène de Colette Roumanoff, de Christian de Chalonge et de Jean Meyer, par exemple.

On pourrait poser aux élèves la question : quelle mise en scène vous semble la plus comique ? Les élèves adopteraient dès lors la posture de spectateurs et de critiques exigeants. Ils expliqueraient avec précision quels gestes, quelles mimiques, quelles intonations de la voix et quels déplacements sont les plus à même de faire rire les spectateurs.

Les metteurs en scène ne mettent jamais en valeur les mêmes éléments d'un texte de théâtre, et les différentes versions permettront aux élèves d'avoir une vue plus complète des enjeux de la scène.

Le professeur pourrait également faire remarquer aux élèves que les spectateurs ont pu rire… et non eux. Ce sera l'occasion d'éclaircir des traits d'esprit peut-être complexes pour des élèves de 6e (notamment les propos à double entente tels que « prise de fuite purgative » et « matrimonium »).

Dans un bilan écrit, on insisterait notamment sur la prise de parole (et de pouvoir) comique de Lucinde, le ridicule de Géronte qui veut retrouver une fille muette, le mot misogyne de Sganarelle, le drolatique charabia médical. On noterait aussi la puissance subversive de cette scène : l'autorité des pères et la noblesse de la médecine ne sont plus rien face à la force de l'amour.

Corrigé des questions

Comprendre le texte

Une guérison comique

1. Lucinde se montre courageuse, résolue et déterminée. Elle tient tête à son père, refuse tout mariage arrangé et montre que les menaces ne changeront rien à son amour. On peut également la juger insolente. Au XVIIe siècle, un père a tout pouvoir sur ses enfants, et envoyer sa fille dans un couvent est à la fois terrible et répandu.

2. Lucinde domine l'échange avec son père : ses répliques sont bien plus longues, elle lui coupe la parole et l'empêche de parler. Surtout, chacune de ses répliques est une preuve d'autorité et de rébellion. La plus violente (ou la plus comique) est « Non. En aucune façon. Point d'affaires. Vous perdez le temps. Je n'en ferai rien. Cela est résolu. ». Son père cède alors le terrain. Le spectateur ne peut qu'éprouver de l'empathie pour Lucinde, et prendre parti pour une jeune fille amoureuse contre son père tyrannique. Il peut bien sûr admirer Lucinde et rire de sa colère et de l'impuissance de son père.

3. Il s'agit d'un trait d'humour. Le but de Géronte était de rendre la parole à sa fille, mais l'afflux de parole lui fait regretter son mutisme. Cela montre la bêtise du personnage. Le spectateur ne peut que rire ou sourire.

4. Une jeune fille a peu de pouvoir dans la société du XVIIe siècle, face à son père : il peut lever la main sur elle, arranger un mariage qui ne lui plaise pas, refuser un mariage d'amour ou l'envoyer dans un couvent.

Un nouveau remède

5. Pour Géronte, une « prise de fuite purgative » est un purgatif, un médicament permettant d'aller aux toilettes. La « fuite » est celle… des aliments. Léandre n'entend que le mot « fuite ». Pour Géronte, les « drachmes de matrimonium » sont un médicament. Il doit être impressionné par cette alliance d'un mot grec et d'un mot latin. Or, en latin, « matrimonium » signifie... « mariage ». Géronte pense qu'on ne parle que de médecine. Mais Léandre doit (et la situation était fréquente au XVIIe siècle) fuir avec Lucinde, se marier avec elle, et revenir une fois le mariage conclu. On ne peut rompre aisément un mariage au XVIIe siècle.

6. Molière, comme au texte précédent, utilise un comique de mots. Le jargon médical fait rire son public.

7. Seul Léandre peut, en épousant Lucinde et en revenant une fois le mariage conclu, dénouer cette situation. Le père ne pourra annuler un mariage entre deux jeunes gens amoureux. C'est en faisant un « petit tour de jardin » qu'ils pourront fuir la maison de Géronte.

Bilan

8. Les jeunes gens s'opposent de deux manières différentes à Géronte : Lucinde se montre audacieuse et déterminée. Cette stratégie est risquée. Son père tyrannique dispose de tous les droits pour la contraindre à se marier. Sganarelle et Léandre choisissent la ruse. C'est une voie moins admirable... mais peut-être plus efficace.

Activités

Langue (IV.4)

Mon Dieu, arrête-toi, laisse-moi médicamenter cette affaire.

Oral Improviser une suite (I.3)

Une fiche pourra aider les élèves à improviser sans écrire de scène de théâtre.

Improviser une fin de comédie
(Remplissez cette feuille à quatre mais n'écrivez pas de dialogue)

Par groupes de quatre, vous improviserez la fin de la comédie.

Étape 1 : Trouver un point de départ

Qu'ont fait Léandre et Lucinde pour se marier ?

→ ....

Quel(s) problème(s) va-t-il y avoir ?

→ ....

Étape 2 : Imaginer un scénario

Comment Géronte va-t-il réagir ?

→ ....

Comment Sganarelle va-t-il réagir ?

→ ....

Que feront alors Léandre et Lucinde ?
→ ....

Étape 3 : Mettre en scène
Indiquez dans le tableau comment ils feront rire.

	Lucinde	Léandre	Géronte	Sganarelle
Faire rire par un geste				
Faire rire par ses déplacements				
Faire rire par une mimique (expression du visage)				
Faire rire par des paroles				

DU PLAISIR DES MOTS AU PLAISIR DE JOUER	*Jeux théâtraux*	p. 216

Corrigé des questions

Activités 1, 2 et 3

Ces activités permettront aux élèves de s'initier à la prise de parole devant un groupe. Ils devront, au terme de ces exercices, être capables de parler clairement sans bafouiller ni manger les syllabes ; d'exprimer une émotion ; de moduler une même phrase en utilisant différents tons. Il s'agira pour eux de se sentir plus à l'aise pour évoluer sur la scène que deviendra la classe.

Activités 4, 5 et 6

Il s'agira pour les élèves de ne plus considérer leur corps avec passivité, mais d'en faire un véritable instrument de jeu et un relai pour les émotions des spectateurs. Pour vérifier la réussite de l'activité, on pourra demander à leurs camarades de deviner ce qu'ils ont mimé.
Ces activités doivent avoir une valeur libératoire. Elles doivent permettre à des pré-adolescents de gagner fluidité et assurance dans leurs gestes.

Activités 7 et 8

Les élèves pourront se co-évaluer en utilisant ce barème.

	Groupe 1			Groupe 2		
La scène est cohérente.	/5	/5	/5	/5	/5	/5
Les élèves parlent fort et lentement.	/5	/5	/5	/5	/5	/5
Les élèves utilisent le bon ton.	/4	/4	/4	/4	/4	/4
Les gestes sont comiques.	/2	/2	/2	/2	/2	/2
Les mimiques sont comiques.	/2	/2	/2	/2	/2	/2
Les déplacements sont comiques.	/2	/2	/2	/2	/2	/2
Vous avez (sou)ri.	Bonus :	Bonus :	Bonus :	Bonus :	Bonus :	Bonus :
Total	**/20**	**/20**	**/20**	**/20**	**/20**	**/20**

Activité 9

Les élèves pourront se co-évaluer en utilisant ce barème.
Les élèves pourront apprendre la scène ou la jouer texte en main.

	Groupe 1			Groupe 2		
Les élèves jouent sans erreur.	/5	/5	/5	/5	/5	/5
Les élèves utilisent le bon ton.	/5	/5	/5	/5	/5	/5
Les gestes sont comiques.	/2	/2	/2	/2	/2	/2
Les mimiques sont comiques.	/2	/2	/2	/2	/2	/2
Les déplacements sont comiques.	/2	/2	/2	/2	/2	/2
L'explication de la maladie est amusante et astucieuse.	/4	/4	/4	/4	/4	/4
Vous avez (sou)ri.	Bonus :	Bonus :	Bonus :	Bonus :	Bonus :	Bonus :
Total	**/20**	**/20**	**/20**	**/20**	**/20**	**/20**

Renart, le malicieux

LECTURE CURSIVE	*Les tours de maître Renart*	p. 220

Le Roman de Renart, XIIIe siècle.

Corrigé des questions

Les élèves pourront utiliser cette grille afin de rendre leur verdict.

Critères	Oui	Pas tout à fait	Non
Réquisitoire contre Renart			
Les arguments contre Renart sont clairs.			
La liste de ses crimes est complète.			
Les élèves parlent naturellement, sans lire ni réciter.			
Les élèves sont convaincants.			
Plaidoirie en faveur de Renart			
Les arguments en faveur de Renart sont clairs.			
La liste des ruses dont il a été la victime est complète.			
Renart a des alibis.			
Les élèves parlent naturellement, sans lire ni réciter.			
Les élèves sont convaincants.			
Renart est donc déclaré	**coupable**		**innocent**

Mr. Fox : héros, bandit ou gaffeur	p. 222

Fantastic Mr. Fox,

Wes Anderson, 2010.

Corrigé des questions

Activité 1

1. Renart et Mr Fox sont avant tout des bandits : rusés, filous, chapardeurs de poules, ils mentent, se faufilent et se dissimulent afin de dévorer d'autres animaux.
Tous deux sont malins… mais ils trouvent parfois plus malins qu'eux, ils peuvent se tromper et se montrent souvent trop confiants.
Il ne s'agit cependant pas de personnages méchants : ils sont toujours prêts à se sacrifier pour sauver leur famille ou leurs amis.
En somme, bandits et gaffeurs, ils savent tous deux susciter la sympathie de leur lecteur ou de leur spectateur.

Activité 2 : arrêt sur image 1

1. Renart est coupé à la taille : il s'agit d'un plan américain. Par ailleurs, Renart est vu aux trois-quarts et semble se retourner pour regarder le spectateur. On ne sait si on le surprend ou s'il nous attend, on voit à la fois son visage et ses bras, il est à la fois blanc, lumineux et roux : ce plan flatteur le met particulièrement en valeur.
2. Il s'agit du bureau confortable de l'avocat de Renart : il y a tous ses dossiers et ses livres de loi, ainsi qu'un portrait de groupe de ses ancêtres. Il y a quelque chose d'humoristique à avoir autant d'ancêtres… présentant tous le même aspect. Ce bureau, signe évident de l'humanité des personnages, les renvoie également à leur animalité. Notons également que les couleurs sombres du bureau rendent plus éclatante encore la chemise de Renart.

Arrêt sur image 2

3. Renart n'est plus un journaliste en élégante chemise mais un voleur avec un bonnet noir. Il n'est plus assuré et arrogant, mais tout penaud devant sa femme. Il n'est plus seul… mais son allié ne lui est guère utile. Par ailleurs, le décor est moins riche. En somme, il n'est plus en position de force.
4. Felicity domine incontestablement la scène. Renart lui a menti, elle le sait et l'accuse. Il répond par de vagues mensonges. Son visage est fermé quand celui de Re-

nart ne montre aucune conviction. Ses mains sur les hanches montrent également sa rigueur, quand Renart lève un doigt sans faire autre chose que bredouiller. Enfin, sa robe jaune tranche par rapport aux tons crème ou bruns de Renart.
5. La lumière met en valeur Felicity. Elle est au-dessus d'elle et semble lui donner de l'autorité. Renart et Kylie sont plus sombres. On voit à peine leurs visages éclairés. La lumière de la vérité les a quittés et illumine Felicity.

Arrêt sur image 3

6. Les personnages semblent extrêmement déterminés. Ils regardent devant eux, les yeux grands ouverts, calmes et convaincus. Les cagoules noires, qui peuvent cacher le visage de certains animaux, sont également un signe de leur détermination.
7. Les personnages sont pris en contre-plongée. Cette prise de vue les valorise et les rend plus grands et imposants qu'ils ne le sont en vérité.
Le spectateur peut être impressionné par leur détermination, exalté par leur quête : celle de sauver Ash et Kristofferson des terribles fermiers.
8. Mr Fox est un héros : puissant et intrépide, il s'apprête à châtier les méchants. Il a par ailleurs réussi à renverser une situation qui semblait désespérée. Il n'est certes pas parfait, mais un héros n'est pas un homme parfait. Un héros apprend de ses erreurs et les répare, quitte à se sacrifier, ce que se prépare à faire Mr Fox.

Activité 3

1.

	Le Roman de Renart	*Fantastic Mr Fox*
Personnages	Renart et Hermeline Les renardeaux Noble, Brun et Tibert Isengrin et Grimbert	Mr Fox et Felicity Ash et Kristofferson Boggis, Bunce et Bean Le rat et l'avocat
Péripéties	Le troubadour s'adresse au public. La pêche à la queue Renart et Chanteclerc le coq Renart et Isengrin dans le puits Le jugement de Renart Le siège de Maupertuis	Un homme joue de la guitare près d'un feu de camp. Mr Fox perd sa queue. Mr Fox vole les poules des fermiers. Mr Fox se bat contre le rat dans les égouts. Les délibérations de Boggis, Bunce et Bean suivies de l'assaut de la ferme de Bean. Le siège de l'arbre

2. Renart semble s'en tirer le mieux. Il a eu très peur, il a même connu l'humiliation, mais il s'en sort indemne. Mr Fox perd deux fois sa queue : lorsque le fermier lui tire dessus et la fait tomber, lorsque le chien enragé la dévore.
Toutefois, à la fin du film d'animation, Mr Fox se réconcilie avec toute la communauté. En s'installant sous le supermarché, il assure à sa famille et à ses amis nourriture et repos. Renart finit marginal, toujours à méditer une nouvelle ruse, incapable de s'intégrer à une communauté harmonieuse.
3. De nombreux éléments peuvent déclencher rires et sourires :
Dans *Le Roman de Renart*, les ruses de Renart (avec le fromage, les andouilles, Ysengrin dans le puits) peuvent faire rire ; les ruses dont il est la victime (avec le chat notamment) également. Les coups de dents donnés, la bêtise de ses adversaires, leurs humiliations sont hautement comiques. Queue coincée dans la glace, paysans dépouillés, roi Noble ridicule, tout peut engendrer le rire.
Fantastic Mr Fox peut également faire rire : les caractères sont stéréotypés (les fermiers sont cruels et gourmands) ; les mimiques se multiplient (Kylie marque l'arrêt et semble absent, Ash crache, le chien enragé a des yeux exorbités) ; les scènes violentes (lorsque les animaux dévorent, lorsque le rat meurt) sont à la fois étonnantes, cruelles et comiques ; enfin, les « flûtain » et « fils de flûte » ne peuvent manquer de faire rire une classe de sixième.

Ce que vous avez appris

Bilan du chapitre

1. Nous avons croisé la riche fourmi ; le loup cruel qui dévore les agneaux et veut croquer les biquets ; le lion noble et orgueilleux qui sauve le rat et veut épouser la jeune fille ; le vilain qui veut manger la colombe ; le riche du fabliau ; le seigneur Géronte.
2. Il y avait la chèvre et son chevreau, le père de la jeune fille, la fourmi piquant le talon du vilain, les deux pauvres d'Estula, Martine et Sganarelle.
3. La raison est impuissante contre les puissants. Seule la ruse permet de se sauver de leurs griffes : la chèvre met en place un mot de passe, le chevreau demande de montrer patte blanche, le père de la jeune fille tend un piège au lion, la fourmi attaque le vilain sur son point faible, les pauvres d'Estula volent et ridiculisent les riches, Sganarelle se fait passer pour un médecin et se joue de toute une famille. L'astuce, les mensonges, le déguisement permettent de se protéger des puissants et, parfois, de se venger d'eux.
4. On peut sourire de voir le loup et le lion dupés par plus faibles qu'eux. On peut également sourire de voir les deux riches du fabliau croire aux chiens qui parlent et

aux coupeurs de cous. On peut surtout rire grâce à Sganarelle : il reçoit et donne des coups, il se moque des idiots, il séduit Jacqueline à la barbe de son mari, il invente des mots drolatiques, il montre tous les ridicules des riches et entraîne le spectateur par son jeu comique.

5. Ils servent aussi à instruire, éduquer et moraliser le lecteur : les fables de la Fontaine sont riches d'avertissements et de conseils. Elles enseignent la prudence, comme dans « Le Loup, la Chèvre et le Chevreau » ou la gratitude, comme dans « La Colombe et la Fourmi ». Elles peuvent recéler une morale amère, comme dans « Le Loup et l'Agneau ». Le théâtre de Molière prétend « corriger les mœurs en faisant rire » et apprend à ne pas se fier aux apparences. Il demande aussi aux pères de se montrer plus souples et humains, et aux enfants… à ne pas toujours écouter leurs parents.

6. Mettre en scène les fables ou les pièces de théâtre permet de mieux les comprendre. Cela permet aussi d'éprouver plus d'empathie pour les personnages, de vivre leurs aventures avec eux, de prendre à cœur leurs problèmes et, parfois, de trembler avec eux. Surtout, voir les farces, les ruses et les stratagèmes sur scène nous fait bien plus rire que de les lire. Les riches, les puissants idiots sont manipulés et ridiculisés devant nos yeux.

7. La France du XVIIe siècle est une société inégalitaire : le roi la domine tout entière ; la force, la puissance, l'argent, les titres de noblesse s'imposent à tous ; les maris ont autorité sur leurs femmes, et les parents sur les enfants.

C'est également une société dans laquelle l'Église et Dieu ont une place très importante. On veut moraliser et éduquer les hommes, corriger leurs vices et leurs erreurs.

Il s'agit aussi d'une société aimant le divertissement : l'humour, le comique, le merveilleux, les histoires que l'on prend plaisir à lire ou à voir permettent d'égayer une vie souvent morose.

8. On laissera toute latitude aux élèves pour répondre à cette question, dans la mesure où le choix est justifié et s'appuie sur des éléments précis des œuvres étudiées.

Exprimer son opinion sur une fable ou une pièce de théâtre

J'ai surtout aimé « Le Lion amoureux » parce qu'on y voit une chose merveilleuse : un lion désirant épouser une jeune fille.

Le héros est, contre toute attente, le père de la jeune fille. Il est rusé car il sait comment manipuler les jeunes gens amoureux et arrogants.

Il doit affronter le lion qui est puissant, fier et terrible.

Il le dupe en lui demandant de rogner ses griffes et limer ses dents.

Il nous a fait rire ou sourire quand il envoie ses chiens sur le lion.

Je me souviens de l'expression « Du temps que les bêtes parlaient ».

Étude de la langue

I La phrase et les mots, notions fondamentales

1. La phrase (phrase simple, phrase complexe), la ponctuation

p. 230

Corrigé des questions

Observons

1. Texte 2.
2. Les signes de ponctuation.
3. Points, virgules, point d'exclamation. Les points et le point d'exclamation marquent la fin des phrases. Les virgules indiquent des pauses à l'intérieur des phrases, entre les groupes de mots.
4. En début de phrase. Au nom propre.
5. 1 / 1 / 3.

Entraînement

Les astérisques indiquent le niveau de difficulté de l'exercice : * facile, ** moyen, *** plus difficile.

Repérer

1* Le zoo de Vincennes
[Créé en 1934 par le Muséum d'Histoire naturelle, le Parc Zoologique de Paris a 80 ans.] [La dégradation de ses structures, liée à son âge, menaçait sa survie.] [À l'exception de la restauration du Grand Rocher, à la fin des années 1990, il n'avait fait l'objet d'aucune rénovation importante.] [La décision fut prise de maintenir ce lieu de patrimoine cher au public et de le rénover.]
Le texte est composé de 4 phrases.

2 * [Le zoo qui rouvre aujourd'hui séduira tous les publics.] [Si le Grand Rocher se dresse toujours au-dessus du parc, il domine désormais des paysages reconstituant

les territoires d'origine des animaux, favorisant une immersion totale des visiteurs.]
[Très bien conçu, le parcours spectaculaire qu'emprunte le visiteur traverse les cinq régions du monde.] [De la Patagonie à la plaine du Soudan, de l'Europe aux milieux tropicaux de Madagascar, les animaux ne sont plus de simples objets de curiosité mais deviennent les ambassadeurs de leur milieu naturel.]
Il y a 4 phrases complexes et aucune phrase simple.

Manipuler

3 * Personne ne retint Georges lorsqu'il s'esquiva après le goûter. Ses souliers souples lui permettaient de marcher et de courir sans bruit et, pour se confondre avec les ombres de la nuit, il avait revêtu un duffel-coat gris foncé. Pour comble de précaution, il s'était noirci la figure. Ainsi déguisé il ressemblait plus à un épouvantail qu'à un détective.

Enid Blyton, *Un exploit du clan des sept*, 2004.

4* a. Il aperçut bientôt sa mère, sa sœur et ses cousins bien-aimés.
b. Plus tard, après la sortie de l'école, il rejoignit ses amis.
c. Dans chaque enveloppe, vous trouverez les consignes utiles à la réalisation de ce travail.
d. Tous les jours, après le repas, il partait à la plage pour ramasser les coquillages, les algues, les os de seiche, abandonnés par l'océan.
e. Après avoir franchi une centaine de pas, les Indiens s'arrêtèrent de nouveau et s'embusquèrent dans un fourré, alarmés par un bruit de pas.
5** Alors, les chevaux s'endormirent aussi dans l'écurie, les chiens dans la cour, les pigeons sur le toit, les mouches sur le mur, le feu lui-même se tut et s'endormit, le rôti cessa de rissoler. Et le vent tomba, et sur les arbres, devant le château, pas une petite feuille ne continua de bouger.

Jacob et Wilhelm Grimm, *La Belle au bois dormant*, 1812.

S'exprimer

6* a. Dans huit jours, nous irons au bord de la mer avec nos amis et nous vous rendrons visite.
b. La visite au zoo avec tes parents, dimanche dernier, était vraiment passionnante.
c. Indigeste, mal préparé, le repas chez Chantal, ne nous a pas plu.
7 a.** La nuit noire venait doucement et les enfants, perdus dans la forêt, commençaient à s'inquiéter.
b. Le soleil, rouge et or, se levait doucement à l'horizon, illuminant le paysage.
c. Confortablement installé sur le coussin, le chat dort paisiblement.
d. Les élèves écoutent attentivement les explications du professeur et participent à la classe.
e. Dans un grand bruit, l'avion atterrit sur la piste.

2. Les types et les formes de phrases | p. 232

Corrigé des questions

Observons

1. Passeras-tu par Omsk ? Un point d'interrogation est employé.
2. « Si tu vois ta mère, tu risques d'être reconnu, il ne faut pas que tu voies ta mère ! » exprime une défense. « Jure-moi que rien ne pourra te faire avouer ni qui tu es ni où tu vas ! » invite à prêter serment. Ce sont des exclamations, l'intonation est ascendante. Elles se terminent par un point d'exclamation.
3. Le czar.
4. Michel Strogoff. C'est le czar qui mène la conversation et qui donne des ordres à Michel Strogoff. Ce dernier obéit.
5. « C'est mon chemin, sire » est une phrase affirmative. « Je ne la verrai pas, dit-il » est une phrase négative.

Entraînement

Repérer

1*

Phrases déclaratives	Phrases interrogatives	Phrases injonctives
a. b. d.	c. g	e. f. h

Phrases exclamatives :
– « Cette chambre est immense ! » exprime l'étonnement.
– « Vas-tu te dépêcher ! », « Qu'il se taise ! », « Ne me parlez plus jamais ainsi », expriment l'exaspération, l'agacement.
2 ** **a.** prière **b.** conseil **c.** conseil **d.** ordre **e.** interdiction.
3 *** **a.** « Chasse-la ! », « Ô toi, qui te satisfais peut-être de ce lambeau d'azur, ce chiffon de ciel borné par les murs de notre étroit jardin, songe qu'il y a, quelque part dans le monde, un lieu envié d'où l'on découvre tout le ciel ! »
b. « À quoi penses-tu, toi, la tête renversée ? »
c. « Elle va se prendre au vernis de ce bourgeon de marronnier ! »

Manipuler

4 * **a.** Ne buvez jamais de vin. **b.** Partons à huit heures précises. **c.** N'oubliez jamais votre portable. **d.** Soulignez dans cette liste tous les déterminants. **e.** Ne lui achetez plus de bonbons.

5 * **a.** Comme tu es un paresseux ! **b.** Que ce sac est lourd ! **c.** Comme le vélo que j'ai acheté est beau ! **d.** Qu'elles sont étourdies ! **e.** Où le trouver ! **f.** Quel bonheur de te voir de retour !

6 * **a.** Est-ce que vous pouvez répondre plus clairement ? Pouvez-vous répondre plus clairement ? **b.** Est-ce que vous n'avez pas acheté cette voiture ? N'avez-vous pas acheté cette voiture ?

c. Est-ce que tu n'as pas vu mon livre ? N'as-tu pas vu mon livre ?

d. Où est-ce que tu vas ? Où vas-tu ?

e. Est-ce que vous avez faim ? Avez-vous faim ?

f. Est-ce que tu sais quel livre tu as oublié ? Quel livre as-tu oublié ?

7 ** **a.** Il ne manque personne. **b.** Il ne manque rien. **c.** Il n'écrit ni (des) romans ni (des) nouvelles. **d.** Vous ne parlez pas beaucoup. **e.** Il n'est plus à la maison. **f.** Tu ne te trompes jamais. **g.** Vous ne le trouverez nulle part. **h.** On n'a cherché nulle part.

3. Les classes de mots

p. 234

Corrigé des questions

Observons

1. Le verbe de la phrase 1 est « détruit » et celui de la phrase 2 est « disparaissent ». On les reconnaît car ils sont conjugués.

2. « Héros » et « monstres » sont des noms masculins.

3. « Le héros détruit des pieuvres affreuses. » L'adjectif est désormais au féminin.

4. le / des.

5. Ils.

6. « Maintenant » peut être déplacé mais ne peut pas changer d'orthographe.

Entraînement

Repérer

1* Noms : fenêtre • bruit • magie • jeunesse • malédiction • navire.
Adjectifs : étrange • peureux • sonore • doux.

2** Noms : ciel • chaussure • tulipe • voiture.
Déterminants : mes • cette • notre.
Verbes : finiront • comprendre • décidaient.

3** Adjectifs : coléreux • difficile • intéressant • fragile • prudent.
Noms : lune • idée • activité • commencement.
Pronoms : elles • lui • nous.

4** Adverbes : aujourd'hui • demain • ici • longuement.
Prépositions : à • dans • pour • sous • sans.

Manipuler

5 ** Tristesse • gaieté • clarté • sagesse • vieillesse • hauteur • fidélité • fraîcheur • profondeur • agilité • solitude • avarice.

6 ****a.** Découverte • compréhension • malédiction • victoire • manipulation • croyance • création • décision • rassemblement • don • connaissance.

b. Un scientifique fait des découvertes importantes.
Il croit qu'il a été victime d'une malédiction, il ne lui arrive que des malheurs.
La fée lui a fait don d'un miroir magique.
La création de nouvelles entreprises va développer l'emploi.
Ils ont fait connaissance au cours d'une fête, depuis ils sont devenus amis.

S'exprimer

8 * Des journées fatigantes. Il a eu des journées fatigantes car il a beaucoup de travail. • notre grand-oncle paternel. Notre grand-oncle paternel est très amusant. • ce désert immense. Beaucoup de gens se sont perdus dans ce désert immense. • vos paroles blessantes. Vos paroles blessantes sont injustes. • cet après-midi ensoleillé. Ils ont finalement décidé d'aller se promener pour profiter de cet après-midi ensoleillé. • des histoires drôles. Il connaît des histoires très drôles. • des découvertes passionnantes. Les chercheurs font des découvertes passionnantes. • l'incroyable aventure. Il nous a raconté l'incroyable aventure qui lui est arrivée pendant son séjour. • une situation désagréable. Il s'est mis dans une situation désagréable. • l'atmosphère sereine. L'atmosphère sereine de cette réunion est très agréable. • ces qualités morales. Il est honnête et généreux : ces qualités morales sont importantes.

9 ** – Territoire : étendue de la surface terrestre sur laquelle vit un groupe humain. C'est un nom. « Ils défendent leur territoire ».
– Affronter : faire front à quelqu'un, à quelque chose de dangereux, de pénible, y faire face avec courage. C'est un verbe. « L'équipe de football française va affronter une équipe bien entraînée ».
– Péripétie : événement imprévu, incident qui intervient dans le déroulement d'une action, marquant un changement. C'est un nom. « Les personnages de ce roman ont vécu de nombreuses péripéties ».
– Vaillance : valeur guerrière, bravoure. C'est un nom. « Elle a fait preuve d'une belle vaillance face aux difficultés ».
– Loyal : qui est fidèle aux engagements pris, qui obéit aux lois de l'honneur. C'est un adjectif. « C'est un ami loyal, il nous a soutenu quand nous avons eu besoin de lui ».
– Épreuve : souffrance, malheur, danger qui éprouve le courage, la résistance. C'est un nom. « Le héros a dû affronter de multiples épreuves ».
– Surmonter : venir à bout de, vaincre, dominer. C'est un verbe. « Il a surmonté sa peur du vide, et a traversé le précipice ».

– Clairvoyant : qui manifeste une compréhension claire des choses, lucide. C'est un adjectif. « Il fait preuve d'un esprit clairvoyant ».
– Avisé : qui agit avec intelligence après avoir réfléchi. C'est un adjectif. « Il lui a donné des conseils avisés pour bien choisir sa nouvelle voiture ».

Réflexion sur la langue

10 * a. L'adjectif est un mot qui s'ajoute à un nom, on dit qu'il le qualifie, c'est-à-dire qu'il indique une caractéristique du nom auquel il est associé.
b. – L'homme est chargé de donner un nom aux animaux.
– L'homme désigne les animaux selon son choix. Il est le seul être vivant à avoir le pouvoir de donner un nom aux animaux.
– Dominer ses peurs. Quelqu'un peut être nommé à un poste important, c'est-à-dire qu'il est choisi pour occuper un poste. Le président nomme son ministre.
– Avoir un vocabulaire étendu permet de désigner précisément les choses. Bien nommer les choses permet de mieux les connaître, ce qui donne un pouvoir sur elles : on agit à bon escient.

II Autour du nom

4. Le nom et les déterminants

p. 236

Corrigé des questions

Observons

1. Rémus. Romulus. Tibre. Amulius. Rome.

2. « Empire » est un nom masculin. « Louve » est un nom féminin. « Ville » est un nom singulier. « Enfants » est un nom pluriel. Les déterminants placés devant les noms aident à trouver le genre et le nombre des noms.

3. Si l'on remplace « une louve » par « la louve » (phrase 3) cela signifie que l'on sait de quelle louve il s'agit.

4. « Cette louve » signifie que l'on a déjà parlé de la louve précédemment.

5. « leur » indique la possession, il s'agit de l'oncle de Rémus et Romulus et « ses » indique que la louve considère que Romulus et Rémus lui appartiennent.

Entraînement

Repérer

1* a. nom **b.** verbe **c.** nom **d.** verbe **e.** nom **f.** verbe **g.** verbe **h.** nom **i.** « Lancelot lance » : verbe, « sa lance » : nom.

2 a.** M. Poubelle : une poubelle est un récipient où l'on jette les déchets. M. Poubelle est son inventeur. C'est un préfet de la Seine du XIXe siècle (il voulut améliorer l'hygiène dans Paris).

b. M. Sandwich : un sandwich est composé de tranches de pain entre lesquelles on peut mettre différents ingrédients. M. Sandwich était un comte du XVIIIe siècle qui aimait manger de la viande entre deux morceaux de pain.

c. M. de Béchamel : la béchamel est une sauce blanche utilisée en cuisine, créée à partir d'un mélange de farine, de beurre et de lait ou de crème. Louis de Béchamel

était le maître d'hôtel de Louis XIV, il a inventé cette sauce.
d. M. Bottin : le bottin est un annuaire regroupant les numéros de téléphone. Il tire son nom de M. Bottin qui a publié un almanach en 1819. C'était un annuaire du commerce et de l'industrie.
e. M. Braille : le braille est un système d'écriture tactile à points saillants permettant aux personnes aveugles ou malvoyantes de lire un texte. Louis Braille a inventé ce système en 1829. Il avait perdu la vue à l'âge de trois ans à la suite d'un accident.
f. M. Diesel : diesel désigne un type de moteur créé en 1897. Il porte le nom de son inventeur, un ingénieur allemand, Rudolf Diesel.
g. M. Jacuzzi : un jacuzzi est une baignoire à remous procurant un effet massant. Il tire son nom de son créateur, Roy Jacuzzi, un américain d'origine italienne, qui a eu l'idée en 1968 d'intégrer un système de pompes à une baignoire.
3* ** Dédale est un personnage de la mythologie grecque qui a inventé un labyrinthe où le Minotaure, un monstre effroyable, était enfermé.
Mégère est dans la mythologie grecque une des Erinyes. C'étaient des divinités qui tourmentaient les hommes qui avaient commis une mauvaise action, en les harcelant pour les rendre fous.
Méduse est une créature de la mythologie grecque. Sa chevelure est entrelacée de serpents et son regard a le pouvoir de pétrifier les mortels.
Écho était une nymphe. Punie par Junon, elle fut condamnée à ne pouvoir que répéter les derniers mots qu'elle entendait. Désespérée par un chagrin d'amour, elle se laissa dépérir et se transforma en roches. Il ne resta d'elle que sa voix.
4* *la : article défini • le : article défini • le : article défini • leurs : déterminant possessif • les : article défini • son : déterminant possessif • un : article indéfini • le : article défini • sa : déterminant possessif • une : article indéfini • une : article indéfini • du : article défini contracté • les : article défini • un : article indéfini • cette : déterminant démonstratif.
5* a. ces. **b.** ses / ses. **c.** ces.

Manipuler

6* La gare est à cinq minutes à pied. Je me gare dans le parking et j'arrive. • Ce livre est passionnant, j'ai hâte de découvrir la fin. Le traiteur livre des repas sur mon lieu de travail. • Le voile de la mariée était magnifique. Un nuage voile le soleil. • La paye des employés a été versée en retard ce mois-ci. Il paye sa voiture en trois versements. • Cet écrit découvert dans un grenier date du XIIe siècle. Il écrit des histoires pleines de magie pour les enfants. • Le clos de vigne de mes grands-parents se situait en Bourgogne. Je clos cette discussion avant qu'elle ne dégénère. • La hausse du niveau de la mer inquiète de nombreux scientifiques. Il hausse les épaules. • La neige fond peu à peu dans les rues. Il neige abondamment aujourd'hui. • Ses joues sont rosies par le froid. Tu joues encore une heure dans le parc puis tu rentres à la maison. • Le marché s'installe tous les mardis sur la place publique. Il place ses pions sur l'échiquier.
7* * *Un* jour, *un* homme traversait *un* bois. Il trouva *un* loup pendu par *un* pied au haut d'*un* chêne. « Homme, dit *le* loup, tire-moi d'ici pour *l'*amour de Dieu. J'étais monté

sur *ce* chêne pour y prendre *un* nid de pie. En descendant, j'ai pris *mon* pied dans *une* branche fendue. Je suis perdu, si tu n'as pas pitié de moi. – Je te tirerais de là avec plaisir, Loup, répondit *l*'homme ; mais j'ai peur que tu ne me manges, quand tu seras dépendu. – Homme, je te jure de ne faire aucun mal, ni à toi, ni aux tiens, ni à tes bêtes. » L'homme dépendit donc *le* loup.

Jean-François Bladé, *10 contes de loup*, 1993.

8** Un tapis / des tapis • une pomme • un fil • un fils / des fils • une souris / des souris • des genoux • des feux • une perdrix / des perdrix • une fourmi • un radis / des radis.

9** votre chanson • une croyance • la persuasion • cette vue • la prise • la sévérité • sa gentillesse • ta rapidité • un ennui • l'incapacité.

Réflexion sur la langue

11* – Nommer : désigner quelque chose ou quelqu'un. « Ce type d'arbre se nomme un chêne. »
– Prénom : nom personnel pour désigner quelqu'un. « Son prénom est Clara. »
– Pronom : classe grammaticale qui remplace un nom. « Un pronom personnel peut être complément ou sujet. »
– Surnom : nom ajouté ou substitué au nom propre d'une personne pour la caractériser (ex. Louis le Pieux). « Ses amis lui ont donné un surnom. »
– Nominal : qui est relatif au nom. « Un groupe nominal peut être constitué d'un nom accompagné d'un déterminant et d'un adjectif. »
– Nomination : désignation par une autorité de quelqu'un à une fonction, un emploi. « La nomination du nouveau ministre de la Justice va être annoncée à 18 heures. »
– Renommée : réputation. « Sa renommée dépassait largement les frontières de la France. »
– Surnommer : action de donner un surnom à quelqu'un. « Les historiens ont surnommé Louis XIV «Le Grand» ».

5. Les fonctions dans le groupe nominal : l'épithète, le complément de nom	p. 238

Corrigé des questions

Observons

1. « Le » : article défini. « Grand » : adjectif qualificatif. « Loup » : nom.
2. « Longues » qualifie les nuits d'hiver et précise qu'elles durent longtemps. « Grand » qualifie le nom « loup » et précise sa taille. « Pâle » qualifie le nom « clarté » et donne une indication sur l'intensité de la lumière. « Âpre » qualifie le nom « bise » et précise que la bise est froide et désagréable.

3. « D' » introduit le nom « hiver » qui complète le nom « nuit ». « De » introduit le nom « lune » qui complète le nom « clarté ».
4. « À » introduit le nom « chien » qui complète le nom « traîneaux ». « En » introduit le nom « rondins » qui complète le nom « chalet ».

Entraînement

Repérer

1* a. des : article indéfini ; cheveux : nom commun ; gris : adjectif qualificatif. **b.** ce : déterminant démonstratif ; teint : nom commun ; pâle : adjectif qualificatif. **c.** un : déterminant indéfini ; énorme : adjectif qualificatif ; globe : nom commun ; terrestre : adjectif qualificatif. **d.** la : article défini ; célèbre : adjectif qualificatif ; Madame de Sévigné : nom propre. **e.** notre : déterminant possessif ; magnifique : adjectif qualificatif ; maison : nom commun.
2* a. sûr : adjectif épithète du nom « ami » ; fidèle : adjectif épithète du nom « ami » ; grande : adjectif épithète du nom « aide ». **b.** entêtante : adjectif épithète du nom « odeur ». **c.** parfumées : adjectif épithète des noms « roses » et « violettes ». **d.** paternels : adjectif épithète du nom « grands-parents » ; maternels : adjectif épithète du nom « grands-parents ».
3* a. de ma sœur : complément du nom « souliers ». **b.** à sous : complément du nom « machine ». **c.** en fer : complément du nom « boîte ». **d.** d'été : complément du nom « vacances ». **e.** pour le Canada : complément du nom « avion ».

Manipuler

4* a) a. Le vieux chien s'endort devant le traîneau abandonné. **b.** Le trappeur fatigué entre dans la maison chauffée. **c.** La neige verglacée s'étend jusqu'à l'horizon lointain. **d.** Dans la vaste cheminée, le feu rougeoyant brûle. **e.** Un maigre fagot est appuyé contre le mur gris.
b) a. Le chien de garde s'endort devant le traîneau du camp. **b.** Le trappeur de la toundra entre dans la maison en bois. **c.** La neige de la vallée s'étend jusqu'à l'horizon des montagnes. **d.** Dans la cheminée du chalet, le feu des bûches brûle. e. Un fagot de branchages est appuyé contre le mur de la cabane.
5* a. Une maison sans jardin. **b.** Un ticket pour Rome. **c.** La permission de courir dehors. **d.** Une machine à fabriquer des barbes à papa. **e.** Un homme de grande intelligence. **f.** Une boisson à l'orange. **g.** Des chaussures pour marcher en montagne. **h.** Un sac de sport. **i.** Un sac pour ranger ses affaires. **j.** Un sac sans poche intérieure.
6** Pour la soirée, ces soirs *paisibles* et *roses* de l'Ukraine, vous devinez : les étoiles se montrant peu à peu pour faire fête à la lune, celle-ci paraissant dans sa *douce* majesté, et, à l'horizon, des bandes *violettes* de couleurs *variées*, jetant leurs *derniers* feux, rayant la steppe *assombrie* et *silencieuse*. La lisière de la forêt devenait *sérieuse*, presque *sévère* ; une *grande* roche, *entourée* de mystère, faisait pendant à une autre roche, se dressant comme un bloc de jais *noir*, *éclairée* d'en haut.

P.J. Stahl, *Maroussia*, 1974.

7* a**.Révolte des habitants de l'île. **b.** Défense absolue de marcher sur la glace. **c.** Annulation du vol pour San-Francisco. **d.** Suspension de la libre circulation des personnes. **e.** Reddition des bandits pendant la nuit. **f.** Libération des prisonniers. **g.** Course de 200 mètres pour les élèves. **h.** Participation massive des habitants du village à la fête. **i.** Réduction considérable des salaires. **j.** Vive inquiétude des parents.

S'exprimer

8 * Nous faisons une promenade nocturne. • Les juments craintives s'enfuyaient à notre approche. • Les loups solitaires erraient dans la forêt. • Enfant, j'avais peur du grenier obscur. • De lointaines légendes racontent qu'il y avait des fées dans cette forêt. • Un vent glacial souffle dans les rues. • Les hommes éperdus couraient dans tous les sens pour échapper aux flammes. • Il avait la voix tremblante d'émotion.

6. Les pronoms personnels	p. 240

Corrigé des questions

Observons

1. « Il » remplace Nathan. « Elle » remplace la correspondante anglaise. Ils sont à la 3e personne.
2. « Je » renvoie à Nathan. Il indique la 1re personne.
3. « Tu » renvoie à la correspondante anglaise. "Hello Suzan" le signale. Il indique la 2e personne.
4. « Nous » renvoie à Nathan et Suzan.

Entraînement

Repérer

1 ** **a.** vous : 2e personne, les alpinistes ; il, 3e personne, le guide. Nous : 1re personne, le guide et les alpinistes. **b.** je : 1re personne, Émile. **c.** il : 3e personne, Émile. **d.** Je : 1re personne, Émile ; l' : 3e personne, mon sac ; il : 3e personne, mon sac. **e.** Il n'y en a pas. **f.** je : 1re personne, Émile. Je : 1re personne, Émile ; il : 3e personne, mon piolet. **g.** nous : 1re personne, les alpinistes et le guide ; Je : 1re personne, le guide. **h.** moi : 1re personne, Émile ; je : 1re personne, Émile. **i.** le : 3e personne, piolet ; Tu : 2e personne, Émile ; l' : 3e personne, piolet. **j.** nous : Les alpinistes, Émile et le guide.
2 ** **a.** les : déterminant. **b.** la : pronom personnel. **c.** Leurs : déterminant ; le : déterminant. **d.** les : pronom personnel. **e.** la : déterminant. **f.** leur : pronom personnel. **g.** l': déterminant. **h.** l' : pronom personnel ; la : déterminant. **i.** le : déterminant ; le : pronom personnel. **j.** le : déterminant ; le : pronom personnel.

Manipuler

3* a. elle ; la. **b.** moi ; vous ; vous. **c.** lui ; leur. **d.** Nous ; nous ; les. **e.** la ; leur. **f.** moi ; nous. **g.** elle ; leur. **h.** lui/elle ; vous ; vous.

S'exprimer

4 * Le héros part chercher un oiseau d'or. Il rencontre un renard pris au piège. Il le délivre. Le renard dit au héros que désormais il sera son allié et que quand ce sera nécessaire, il lui viendra en aide. Le héros le remercie. Il traverse une grande forêt et il se perd. Le héros appelle le renard et lui demande son aide. Aussitôt le renard apparaît, il guide le héros et le mène à la sortie de la forêt.
Les pronoms permettent d'éviter les répétitions.

Réflexion sur la langue

5 * 1-3 /2-2 / 3-1

7. Les pronoms démonstratifs et possessifs p. 242

Corrigé des questions

Observons

1. « Son fils ».
2. « Celles » reprend le mot « couverture ». « Celle » comme « celui-ci » désigne quelque chose dont on a déjà parlé précédemment mais « celles » reprend un mot féminin alors que « celui-ci » reprend un mot masculin.
3. « Ta » introduit le mot « couverture ».
4. « La tienne » reprend les mots « ta couverture ».
5. « Ceci » renvoie à l'histoire qui suit.

Entraînement

Repérer

1 * **a.** Celui-ci : masculin, singulier. **b.** Celle-là : féminin, singulier. **c.** Celui-là : masculin, singulier. **d.** Celle : féminin, singulier. **e.** C' : les candidats à la présidence ; cela : une belle équipe.

2 *

Masculin singulier	**Féminin singulier**	**Masculin pluriel**	**Féminin pluriel**
le mien	la mienne	les miens	les miennes
le tien	la tienne	les tiens	les tiennes
le sien	la sienne	les siens	les siennes
le nôtre	la nôtre	les nôtres	les nôtres
le vôtre	la vôtre	les vôtres	les vôtres
le leur	la leur	les leurs	les leurs

3* **a.** les tiens : ciseaux, masculin pluriel, 2e personne. **b.** la vôtre : maison, féminin singulier, 2e personne. **c.** le tien : bagage, masculin singulier, 2e personne ; le leur : bagage, masculin singulier, 3e personne. **d.** les miennes : sœurs, féminin pluriel, 1re personne ; les vôtres : sœurs, féminin pluriel, 2e personne. **e.** les miens : parents, masculin pluriel, 1re personne. **f.** les tiens : vêtements, masculin pluriel, 2e personne. **g.** le mien : métier, masculin singulier, 1re personne ; du vôtre : métier, masculin singulier, 2e personne.

Manipuler

4* **a.** ça **b.** celui-ci **c.** celle-là **d.** ce **e.** ce ; celui-ci **f.** ceux **g.** cela

5* **a.** mon ami : le mien **b.** mon adresse : la mienne **c.** ta voisine : la tienne **d.** nos préoccupations : les nôtres **e.** ses affaires : les siennes **f.** notre décision : la nôtre **g.** votre père : le vôtre **h.** vos billets : les vôtres **i.** leurs impressions : les leurs **j.** mes qualités : les miennes.

Réflexion sur la langue

7* Le pronom possessif n'exprime pas seulement la possession. Il exprime aussi la relation entre deux éléments.

a. Il a encore fait des siennes : des folies. **b.** Je me sens capable de protéger les miens : les membres de ma famille. **c.** Pour réussir, il faut que tu y mettes du tien : de la volonté. **d.** À la vôtre : à votre santé. **e.** Restez dîner, soyez des nôtres : avec nous.

III Autour du verbe

8. Le sujet

p. 244

Corrigé des questions

Observons

1. Qui est-ce qui amuse les spectateurs ?
2. 1. Le clown 2. ses grimaces. 3. les lions. 4. ils. 5. les clowns. 6. tu. 7. Aller au cirque. Le sujet peut se trouver devant ou derrière le verbe.
3. Les verbes des phrases 2, 3, 4, 5 et 6 sont au pluriel et finissent par -ent ou -ont car les sujets sont à la 3e personne du pluriel. Le verbe de la phrase 1 se termine par un -e car le sujet est à la 3e personne du singulier. Le verbe de la phrase 6 se termine par -es car le sujet est « tu ». Le sujet commande l'accord du verbe.
4. 1. groupe nominal. 2. groupe nominal. 3. groupe nominal. 4. pronom personnel. 5. groupe nominal. 6. pronom personnel. 7. groupe infinitif.

Entraînement

Repérer

1* a. Les galets **b.** ces enfants **c.** de nombreux élèves **d.** le bruit d'un moteur **e.** La grande ombre des arbres.
2*** Phyllis et Jinn relevèrent ensemble leur tête penchée sur le manuscrit et se regardèrent un long moment sans prononcer une parole. « Une belle mystification », dit enfin Jinn, en se forçant un peu pour rire. Phyllis restait rêveuse. Certains passages de l'histoire l'avaient émue et elle leur trouvait l'accent de la vérité. Elle en fit la remarque à son ami… Jinn largua toute la voile, l'offrant tout entière aux rayonnements conjugués des trois soleils. Puis il commença de manœuvrer des leviers de commande, utilisant ses quatre mains agiles. Phyllis, ayant chassé un dernier doute en secouant énergiquement ses oreilles velues, sortait son poudrier et, en vue du re-

tour au port, <u>avivait</u> d'un léger nuage rosé son admirable mufle de chimpanzé femelle.

Pierre Boulle, *La Planète des singes*, 1963.

3** j' : pronom personnel, sujet du verbe « allais » • Le soleil : GN, sujet du verbe « descendait » • Le vent : GN, sujet du verbe « fraîchissait » • l'île : GN, sujet du verbe « devenait » • un gros oiseau : GN, sujet du verbe « passait » • la brume de mer : GN, sujet du verbe « montait » • on : pronom personnel, sujet du verbe « voyait » • un grand flot de lumière douce : GN, sujet du verbe « jaillissait » • Le phare : GN, sujet du verbe « était allumé » • le clair rayon : GN, sujet du verbe « allait » • j' : pronom personnel, sujet du verbe « étais » • le vent : GN, sujet du verbe « fraîchissait » • je : pronom personnel, sujet du verbe « fermais » • j' : pronom personnel, sujet du verbe « assurais » • je : pronom personnel, sujet du verbe « prenais » • j' : pronom personnel, sujet du verbe « arrivais ».

Manipuler

4* Une foule dense et bruyante s'était accumulée. • Ce jeune enfant n'est pas rassuré. • Tu rapporteras ce livre. • Nous ne manquerons pas votre concert. • Ils discutaient avec animation. • On trouve de tout chez ce commerçant. • Courir peut être bon pour la santé. • Être distrait peut coûter cher. • Trois hommes silencieux attendaient devant la mairie.

5* **a.** Parler en public n'est jamais facile.
b. Cette boussole peut toujours être utile.
c. Ce parcours offre de nombreuses difficultés.
d. Mes amis arrivent toujours en retard.
e. Ses idées sont vraiment intéressantes.
f. L'obscurité a toujours effrayé les enfants timides.
g. Les arbres s'étalaient à l'infini.
h. Vous étiez le joueur le plus populaire de l'équipe.
i. Tu as déjà vu ce film.

9. L'attribut du sujet

p. 246

Corrigé des questions

Observons

1. Dans les phrases 1 et 3, il y a une personne. Dans la phrase 2, il y a deux personnes.
2. L'attribut « Américain » se met au féminin « Américaine » et le déterminant « un » devient « une ».
3. Oui, la phrase se modifie : « excellent » se met au féminin « excellente ».

4. On peut le remplacer par « sera » (verbe être).

Entraînement

Repérer

1* a. Sujet : le lion. Verbe : est. Attribut du sujet : l'un des carnivores les plus craints mais aussi un des plus idéalisés.
b. Sujet : le lion. Verbe : est. Attribut du sujet : le plus grand et le plus puissant des carnivores d'Afrique.
c. Sujet : un lion. Verbe : est. Attribut du sujet : un spectacle impressionnant.
d. Sujet : les lions. Verbe : sont. Attribut du sujet : les seuls félins à vivre en groupe.
e. Sujet : les rares solitaires. Verbe : sont. Attribut du sujet : des lions âgés, blessés ou malades.
f. Sujet : les lionnes. Verbe : restent. Pas d'attribut du sujet.
g. Sujet : Elles. Verbes : soignent et élèvent. Pas d'attribut du sujet.
h. Sujet : les lionceaux. Verbe : sont. Attribut du sujet : joueurs et câlins.
i. Sujet : ils. Verbe : deviennent. Attribut du sujet : méfiants et plus agressifs.
j. Sujet : la taille d'une troupe. Verbe : est. Attribut du sujet : très variable.
2* b.** mon meilleur ami **c.** imperturbable **e.** indifférente ; le **g.** aveugle **i.** malade.

Manipuler

3* a. Devant nous, deux jeunes enfants jouent seuls. **b.** Aujourd'hui, la voisine de ma mère est envahissante. **c.** Comme chaque année, tous les habitants de la ville sont heureux. **d.** Au collège, les élèves de troisième restent concentrés jusqu'au brevet. **e.** Depuis plusieurs jours, ma petite sœur paraît agitée. **f.** Pendant les vacances, mes cousins et moi devenons autonomes. **g.** À partir d'aujourd'hui, vous restez sages. **h.** Comme tu me l'as demandé, je deviens responsable. **i.** Après le goûter, les enfants sont rassasiés. **j.** Comme tu en as envie, tu demeureras chef d'équipe.
4* a. Ces personnes semblent épuisées. **b.** Le renard passe pour un animal très rusé. **c.** Les enfants paraissent joueurs et vifs. **d.** Ma sœur a l'air attristé par le départ de ses enfants. **e.** Les oiseaux migrateurs sont des animaux très résistants.
5* a. Mes petites sœurs paraissaient surprises de te voir. **b.** Tous les animaux sont craintifs devant un inconnu. **c.** Ces trios de Schubert ont semblé connus de tout le public. **d.** Ces pièces de théâtre ont été écrites en moins de six mois. **e.** Ils sont partis perdants. **f.** Ils rentreront satisfaits de leur voyage.
6* a.** Il m'a quittée tout triste : « triste », attribut du sujet « il ». / Il a quitté son travail très tard : « son travail » COD de « quitter ».
b. Simon est né prématuré : « prématuré », attribut du sujet Simon. / Simon est né à Orléans : « à Orléans », c.c. lieu de « naître ».
c. Les enfants sont partis contents : « contents », attribut du sujet «enfants ». / Les enfants sont partis à huit heures : « à huit heures », c.c. temps de « partir ».
d. Julie est rentrée enthousiasmée du cinéma : « enthousiasmée », attribut du sujet Julie. / Les élèves sont rentrés dans le collège (cc. lieu) à dix heures (cc temps de « rentrer »).

e. Elle a vécu très heureuse : « heureuse », attribut du sujet « elle » ; Elle a vécu à Marseille (cc lieu) toute sa vie (cc temps de « vivre »).
f. Nous resterons courageux dans cette épreuve : « courageux », attribut du sujet « nous ». / Nous resterons en France (cc lieu de « rester »).

10. Les compléments d'objet direct et indirect, le complément d'objet second	p. 248

Corrigé des questions

Observons

1. Les phrases n'ont plus de sens si on supprime les groupes soulignés.
2. « Des terres nouvelles » suit directement le verbe et « des peuples inconnus » est introduit par la préposition « à ».
3. La préposition « de » introduit le complément.
4. Le complément d'objet direct est « ces richesses ». Le complément qui désigne le bénéficiaire de l'action exprimée par le groupe verbe + CO est « aux rois ». Ils complètent « ont offert ».

Entraînement

Repérer

1* **a.** son itinéraire : GN. **b.** partir tôt : groupe à l'infinitif. **c.** vos valises et votre sac : GN. **d.** ce roman : GN ; le : pronom. **e.** des pommes : GN ; les : pronom personnel. **f.** que : pronom interrogatif. **g.** lire ce livre : groupe infinitif. **h.** dormir : infinitif. **i.** le : pronom personnel. **j.** l': pronom personnel.
2** Les COD sont surlignés. Les COI sont en italiques.
a. Dans toutes les villes on peut circuler aisément. **b.** Il a emprunté la voiture de sa mère ce matin. **c.** Je prendrai tout à l'heure le train pour Cabourg. **d.** Le professeur me regarde avec sévérité. **e.** Il achète chaque jour les provisions nécessaires pour la semaine. **f.** Il ne pense jamais *à son avenir*. **g.** J'ai beaucoup profité *de son aide*. **h.** Vous *lui* plaisez beaucoup. **i.** J'aime beaucoup cela. **j.** Je les inviterai un autre jour. **k.** Pense *à venir tôt* ce soir.
3** **a.** tous ces enfants : sujet inversé. **b.** un film très divertissant : COD. **c.** un énorme chien : sujet inversé. **d.** une terrible épreuve : attribut du sujet. **e.** une pièce de théâtre très amusante : COD. **f.** les : COD. **g.** un garçon très sympathique : attribut du sujet. **h.** venir demain : COD. **i.** Quelle réponse : sujet ; juste : attribut du sujet. **j.** Quelle réponse : COD.

Étude de la langue

4* **a.** lui : COS, pronom personnel ; une lettre de remerciement : COD, GN. **b.** ce cadeau : COD, GN ; pour ton petit frère : COS, GN. **c.** leurs découvertes : COD, GN ; à leurs amis : COS, GN. **d.** au voisin : COS, nom ; de rentrer plus tôt : COD, groupe infinitif. **e.** te : COS, pronom personnel ; nos intérêts : COD, GN. **f.** sa collection de timbres : COD, GN ; à Paul : COS, nom propre. **g.** ses parents : COD, GN ; de le laisser partir seul en voyage : COS, groupe à l'infinitif. **h.** me : COD, pronom personnel ; de l'avoir aidée : COS, groupe à l'infinitif. **i.** nous : COD, pronom personnel ; de la date du contrôle : COS, GN. **j.** des exercices : COD, GN ; pour ses élèves : COS, GN. **k.** son ballon : COD, GN ; à ton frère : COS, GN. **l.** le : COD, pronom personnel ; lui : COS, pronom personnel.

Manipuler

5** **a.** Nous avons acheté des chaussures neuves. **b.** Mes parents ont voulu cette année partir à la mer. **c.** Nous avons exigé de nouvelles garanties. **d.** Les élèves proposaient à Paul de venir avec eux mais il n'a pas voulu. **e.** Nous avons voulu lui envoyer des fleurs. **f.** Vous nous avez habitués à faire mieux. **g.** Qu'avez-vous pensé de cette demande ? **h.** Nous lui avons proposé de faire une partie de basketball. **i.** Lui avez-vous envoyé ce dossier ?

S'exprimer

6* **a.** Ils envoient des cartes à leur grand-mère. **b.** Son père lui donne de l'argent de poche. **c.** Ses amis lui préparent une surprise. **d.** Il ajouta des fleurs à son bouquet. **e.** Ma meilleure amie m'a confié ses soucis. **f.** Le professeur demande aux élèves d'écouter la leçon. **g.** Elle rend visite à ses parents.

7* **a.** Elle promet à ses parents de rentrer à l'heure. **b.** Ils lui ont interdit de sortir. **c.** Il jura à son père de travailler. **d.** Elle nous autorise à aller à la fête. **e.** Le vendeur nous garantit une livraison en dix jours. **f.** Elle me confie ses secrets.

8* parler fort, parler à ses amis, parler de ses problèmes. • jouer beaucoup, jouer à la marelle, jouer de la musique. • arriver tard, arriver à l'heure, arriver de l'école.

11. Les compléments de phrase (ou compl. circonstanciels) : le lieu, le temps, la manière, le moyen	p. 250

Corrigé des questions

Observons

1. Le sujet est « le boulanger ». Le groupe nominal « la pâte » qui suit le verbe ne peut pas être déplacé, sa fonction est COD.

2. La phrase reste correcte. Le complément complète l'ensemble de la phrase.
3. Dans la phrase 3, « dans un grand four électrique » indique le lieu. Le mot « four » est le mot principal et c'est un nom. Le mot « dans » introduit le groupe complément.
4. « Quand les pains sont cuits » donne une indication de temps. C'est une proposition.
5. « Soigneusement ».
6. « Au moyen d'une brosse » donne une indication de moyen. La classe grammaticale du mot principal (« brosse ») est un nom.

Entraînement

Repérer

1 * **a.** CC de moyen **b.** CC de temps **c.** CC. de manière **d.** CC. de temps **e.** CC de lieu **f.** CC de lieu.
2 ** **a.** Bientôt : complément de phrase ; une place : COD. **b.** la porte : COD ; au moyen d'un pied-de-biche, complément de phrase. **c.** Partout : complément de phrase ; des vêtements : COD ; sur les chaises, sur le lit, dans les fauteuils : compléments de phrase. **d.** avec une rapidité mécanique pendant que les enfants dormaient : compléments de phrase. **e.** en ce temps-là : complément de phrase ; personne : sujet. **f.** En cachette de ses parents : complément de phrase ; des livres très difficiles : COD ; un enfant de son âge : sujet **g.** Avant que les randonneurs ne quittent le refuge : complément de phrase ; le dortoir : COD.

Manipuler

3 * **a.** tous les jours **b.** après le dîner **c.** avant notre arrivée **d.** chaque mois **e.** dès le lever du soleil.
4 * **a.** Les vendangeurs sont rentrés tard. **b.** L'embouteillage a duré une heure dans le centre-ville. **c.** Notre classe participe à un défi lecture chaque année. **d.** Je l'entendais chanter joliment. **e.** Mon voisin a allumé son portable pendant le film sans discrétion. **f.** On entendait la mer au loin. **g.** Un événement surprenant est arrivé hier chez mes parents. **h.** La pluie tombe bruyamment sur le toit de ma chambre pendant la nuit.
5** **a.** Les soirs d'été, chez sa grand-mère, Marie joue avec plaisir. **b.** Chaque soir, ils se promènent lentement le long de la mer. **c.** Malik et Ambroise s'écrivent secrètement après le repas, dans leur chambre. **d.** La police a arrêté ce matin, avec succès, un suspect dans un parking. **e.** L'équipe de France a remporté sans peine le match au stade de France hier soir. **f.** À chaque fois qu'on en a besoin, le gardien de l'immeuble fait rapidement les petites réparations nécessaires dans nos appartements. **g.** On mangeait avec avidité du raisin blanc à la fin du repas chez mon oncle. **h.** La lune luit étrangement ce soir au-dessus du lac.
6* **a.** Dès que l'enquête démarra, l'inspecteur sut qu'il serait confronté à un mystère. **b.** Pendant qu'il auditionnait les témoins, il remarqua de nombreux détails contradictoires et inexplicables. **c.** Il sut rapidement qu'il se produirait un fait nouveau avant que l'enquête ne prenne fin. **d.** Lorsqu'il interrogea cette dame posée et sérieuse, il

entendit pour la première fois parler de fantômes. **e.** Il décida de ne rien entreprendre jusqu'à ce que le célèbre commissaire Maigret arrive.

S'exprimer

8 * **a.** doucement **b.** vite/rapidement **c.** fortement **d.** gratis **e.** brièvement **f.** ultérieurement.

IV Le verbe

12. Le verbe (généralités)

p. 252

Corrigé des questions

Observons

1. « Raconte » est au présent de l'indicatif, à la 3e personne du singulier. Il exprime une action.
2. « Existe » et « est » sont au présent de l'indicatif, à la 3e personne du singulier. Ils expriment un état.
3. « surgir » appartient au 2e groupe. Le verbe est au présent de l'indicatif à la 3e personne du singulier.
4. La forme verbale comporte deux mots.

Entraînement

Repérer

1* **a.** coutumier **b.** cire **c.** maître **d.** nageoire **e.** désir.
2* **a.** venir **b.** haïr **c.** avoir **d.** être.
3* **a.** Elles appren/aient. **b.** Tu cri/es. **c.** Vous indiqu/ez. **d.** Il crain/t. **e.** Nous distingu/ons. **f.** Je perçoi/s. **g.** Ils appréci/ent. **h.** Tu parai/s. **i.** Elle compren/d. **j.** Nous garantiss/ons. **k.** Vous interven/ez. **l.** Il di/t.
4* était : temps simple • faisait : temps simple • offraient : temps simple • vivait : temps simple • avait grandi : temps composé • était devenue : temps composé • était sortie : temps composé • rentra : temps simple • finit : temps simple • ordonna : temps simple • a dû : temps composé.

Manipuler

5* **a.** connaître, connu, 3e groupe. **b.** servir, servi, 3e groupe. **c.** aboyer, aboyé,

1er groupe. **d.** grandir, grandi, 2e groupe. **e.** être, été, auxiliaire. **f.** comprendre, compris, 3e groupe. **g.** lire, lu, 3e groupe. **h.** rougir, rougi, 2e groupe. **i.** avoir, eu, auxiliaire. **j.** apprécier, apprécié, 1er groupe.

6** **a.** Je parl/e ; Il parl/e ; un radical. **b.** Tu réussi/s ; Nous réussiss/ons ; deux radicaux. **c.** Elle écri/t ; j'écri/s ; un radical. **d.** Nous sav/ons ; Je sai/s ; deux radicaux. **e.** Il crain/t ; Ils craign/ent ; deux radicaux. **f.** Vous ven/ez ; Je vien/s ; deux radicaux. **g.** Vous conduis/ez ; Elle condui/t ; deux radicaux. **h.** Nous mang/eons ; Je mang/e ; un radical. **i.** Je bâti/s ; Nous bâtiss/ons ; deux radicaux. **j.** Il v/a ; Vous all/ez ; deux radicaux.

S'exprimer

8* soin : soigner, 1er groupe. • interruption : interrompre, 3e groupe. • valeur : valoir, 3e groupe. • plaisir : plaire, 3e groupe. • négation : nier, 1er groupe. • admission : admettre, 3e groupe • extinction : éteindre, 3e groupe. • fiction : feindre, 3e groupe. • départ : partir, 3e groupe. • beauté : embellir, 2e groupe. • froid : refroidir, 2e groupe. • paix : apaiser, 1er groupe. • voie : envoyer, 1er groupe.

9* Je souligne les verbes. • Je relève les noms. • Je cite le nom des personnages. • J'explique l'accord du verbe. • Je justifie ma réponse. • Je présente mon exposé. • J'emploie des adjectifs. • Je trace des traits. • J'illustre ma récitation.

Réflexion sur la langue

10* Le verbe est le mot essentiel de la phrase.

13. Le présent : valeurs, conjugaison des verbes du 1er et du 2e groupe	p. 254

Corrigé des questions

Observons

1. Les verbes sont au présent de l'indicatif.

2. L'expression « ce matin » montre que l'action a lieu au moment où l'on parle. « Je lui parle », dans la phrase 2, indique que l'action se déroule en même temps.

3. Non, ce verbe indique que l'action est valable tout le temps.

4. Je présent/e • tu présent/es • il présent/e • nous présent/ons • vous présent/ez • ils présent/ent.

5. « Saisir » appartient au 2e groupe. Je saisi/s • tu saisi/s • il saisi/t • nou saisiss/ons • vous saisiss/ez • ils saisiss/ent. Il y a deux radicaux.

Entraînement

Repérer

1* **a.** vérité générale **b.** vérité générale **c.** situation de communication par mail **d.** situation de communication lors d'un interrogatoire de police **e.** vérité générale **f.** situation de communication au moment du nouvel an **g.** situation de communication au téléphone **h.** situation de communication chez le dentiste. **i.** vérité générale.
2* Phrases extraites d'un récit au présent. : a • d • e • g • h
Phrases extraites d'un récit au passé : b • c • f

Manipuler

3 * accepter : j'accepte • tu acceptes • il accepte • nous acceptons • vous acceptez • ils acceptent.
atterrir : j'atterris • tu atterris • il atterrit • nous atterrissons • vous atterrissez • ils atterrissent.
rajeunir : je rajeunis • tu rajeunis • il rajeunit • nous rajeunissons • vous rajeunissez • ils rajeunissent.
maigrir : je maigris • tu maigris • il maigrit • nous maigrissons • vous maigrissez • ils maigrissent.
aider : j'aide • tu aides • il aide • nous aidons • vous aidez • ils aident.
fréquenter : je fréquente • tu fréquentes • il fréquente • nous fréquentons • vous fréquentez • ils fréquentent.
bondir : je bondis • tu bondis • il bondit • nous bondissons • vous bondissez • ils bondissent.
fermer : je ferme • tu fermes • il ferme • nous fermons • vous fermez • ils ferment.
embellir : j'embellis • tu embellis • il embellit • nous embellissons • vous embellissez • ils embellissent.
4 ** scier : je scie • tu scies • ils scie • nous scions • vous sciez • ils scient.
muer : je mue • tu mues • il mue • nous muons • vous muez • ils muent.
nouer : je noue • tu noues • il noue • nous nouons • vous nouez • ils nouent.
lier : je lie • tu lies • il lie • nous lions • vous liez • ils lient.
étudier : j'étudie • tu étudies • il étudie • nous étudions • vous étudiez • ils étudient.
remuer : je remue • tu remues • il remue • nous remuons • vous remuez • ils remuent.
louer : je loue • tu loues • il loue • nous louons • vous louez • ils louent.
5 ** remplacer : je remplace • tu remplaces • il remplace • nous remplaçons • vous remplacez • ils remplacent.
menacer : je menace • tu menaces • il menace • nous menaçons • vous menacez • ils menacent.
exercer : j'exerce • tu exerces • il exerce • nous exerçons • vous exercez • ils exercent.
agacer : j'agace • tu agaces • il agace • nous agaçons • vous agacez • ils agacent.
enlacer : j'enlace • tu enlaces • il enlace • nous enlaçons • vous enlacez • ils enlacent.
percer : je perce • tu perces • il perce • nous perçons • vous percez • ils percent.
dédicacer : je dédicace • tu dédicaces • il dédicace • nous dédicaçons • vous dédicacez • ils dédicacent.

coincer : je coince • tu coinces • il coince • nous coinçons • vous coincez • ils coincent.
6 ** rédiger : je rédige • tu rédiges • il rédige • nous rédigeons • vous rédigez • ils rédigent.
partager : je partage • tu partages • il partage • nous partageons • vous partagez • ils partagent.
patauger : je patauge • tu patauges • il patauge • nous pataugeons • vous pataugez • ils pataugent.
plonger : je plonge • tu plonges • il plonge • nous plongeons • vous plongez • ils plongent.
songer : je songe • tu songes • il songe • nous songeons • vous songez • ils songent.
loger : je loge • tu loges • il loge • nous logeons • vous logez • ils logent.
déménager : je déménage • tu déménages • il déménage • nous déménageons • vous déménagez • ils déménagent.
encourager : j'encourage • tu encourages • il encourage • nous encourageons • vous encouragez • ils encouragent.
8 ** **a.** percent **b.** dirigeons **c.** cloues **d.** oublie **e.** dénoncez **f.** enrage **g.** annonçons **h.** dérangez **i.** hébergeons **j.** plaçons **k.** salue.

Réflexion sur la langue

10* téléphoner : Elle me téléphone tous les jours. • filmer : Ils filment la course de leur fils car ils sont très fiers de lui. • photocopier : Je photocopie les exercices pour les élèves. • visionner : Ils visionnent la vidéo de leur mariage. • téléguider : Il la téléguide pour l'aider. • cliquer : Il faut cliquer sur l'option choisie.

14. Le présent des verbes du 3e groupe, le passé composé, l'impératif

p. 256

Corrigé des questions

Observons

1. Ils appartiennent au 3e groupe et sont conjugués au présent de l'indicatif.
2. Voir : je vois • tu vois • il voit • nous voyons • vous voyez •ils voient.
Décrire : je décris • tu décris • il décrit • nous décrivons • vous décrivez • ils décrivent.
3. Pouvoir : je peux • tu peux • il peut • nous pouvons • vous pouvez • ils peuvent.
4. Faire : je fais • tu fais • il fait • nous faisons • vous faites • ils font. Il n'est pas régulier.
5. Les verbes en gras sont au passé composé. Ils sont formés d'un auxiliaire (être ou avoir) et d'un participe passé.
6. « Lis » n'a pas de sujet exprimé.

Entraînement

Repérer

1* 2e groupe : embellir • vieillir • amortir • alunir • bâtir.
3e groupe : venir • sortir • courir • tenir • servir.

2 *a. penser : 1er groupe. **b.** souffrir : 3e groupe. **c.** accueillir : 3e groupe. **d.** découvrir : 3e groupe. **e.** partager : 1er groupe. **f.** constater : 1er groupe. **g.** travailler : 1er groupe. **h.** offrir : 3e groupe.

3* Terminaisons en –s, –s, –t : sentir • mentir • paraître • croître • reconnaître.
Terminaisons en –ts, –ts, –t : battre • soumettre • permettre • débattre.

4** Terminaisons en –ds, –ds, –d : répondre • répandre • fondre • tendre.
Terminaisons en –s, –s, –t : plaindre • cuire • teindre • boire • craindre.

Manipuler

5 * a. peindre **b.** soumettre **c.** croire **d.** vivre **e.** cueillir **f.** recourir **g.** conduire **h.** valoir **i.** plaindre **j.** coudre.

6* a. je veux, nous voulons **b.** je crois, nous croyons **c.** je démets, nous démettons **d.** je prends, nous prenons **e.** je perds, nous perdons **f.** je croîs, nous croissons **g.** je cours, nous courons **h.** je nais, nous naissons **i.** je sais, nous savons.

7 * Présent : **a.** tu meurs, vous mourez **b.** tu cueilles, vous cueillez **c.** tu perds, vous perdez **d.** tu exclus, vous excluez **e.** tu contiens, vous contenez **f.** tu vis, vous vivez **g.** tu passes, vous passez **h.** tu abats, vous abattez.
Impératif : **a.** meurs **b.** cueille **c.** perds **d.** exclus **e.** contiens **f.** vis **g.** passe **h.** abats.

8* présent : **a.** il ouvre, ils ouvrent **b.** il vaut, ils valent **c.** il produit, ils produisent **d.** il déçoit, ils déçoivent **e.** il admet, ils admettent **f.** il satisfait, ils satisfont **g.** il tond, ils tondent.
impératif : **a.** ouvre, ouvrez **c.** produis, produisez **e.** admets, admettez **f.** satisfais, satisfaites **g.** tonds, tondez.

9* – Avoir :
présent : j'ai • tu as • il a • nous avons • vous avez • ils ont.
passé composé : j'ai eu • tu as eu • il a eu • nous avons eu • vous avez eu • ils ont eu.
– être :
présent : je suis • tu es • il est • nous sommes • vous êtes • ils sont.
passé composé : j'ai été • tu as été • il a été • nous avons été • vous avez été • ils ont été.
– apparaître :
présent : j'apparais • tu apparais • il apparaît • nous apparaissons • vous apparaissez • ils apparaissent.
passé composé : j'ai apparu (ou je suis apparu…) • tu as apparu • il a apparu • nous avons apparu • vous avez apparu • ils ont apparu.
– soumettre :
présent : je soumets • tu soumets • il soumet • nous soumettons • vous soumettez • ils soumettent.

passé composé : j'ai soumis • tu as soumis • il a soumis • nous avons soumis • vous avez soumis • ils ont soumis.
– lire :
présent : je lis • tu lis • il lit • nous lisons • vous lisez • ils lisent.
passé composé : j'ai lu • tu as lu • il a lu • nous avons lu • vous avez lu • ils ont lu.
– venir :
présent : je viens • tu viens • il vient • nous venons • vous venez • ils viennent.
passé composé : je suis venu • tu es venu • il est venu • nous sommes venus • vous êtes venus • ils sont venus.
– fendre :
présent : je fends • tu fends • il fend • nous fendons • vous fendez • ils fendent.
passé composé : j'ai fendu • tu as fendu • il a fendu • nous avons fendu • vous avez fendu • ils ont fendu.
– croire :
présent : je crois • tu crois • il croit • nous croyons • vous croyez • ils croient.
passé composé : j'ai cru • tu as cru • il a cru • nous avons cru • vous avez cru • ils ont cru.
– ouvrir :
présent : j'ouvre • tu ouvres • il ouvre • nous ouvrons • vous ouvrez • ils ouvrent.
passé composé : j'ai ouvert • tu as ouvert • il a ouvert • nous avons ouvert • vous avez ouvert • ils ont ouvert.
– se souvenir :
présent : je me souviens • tu te souviens • il se souvient • nous nous souvenons • vous vous souvenez • ils se souviennent.
passé composé : je me suis souvenu • tu t'es souvenu • il s'est souvenu • nous nous sommes souvenus • vous vous êtes souvenus • ils se sont souvenus.
10* faire : je fais • tu fais • il fait • nous faisons • vous faites • ils font.
dire : je dis • tu dis • il dit • nous disons • vous dites • ils disent.
partir : je pars • tu pars • il part • nous partons • vous partez • ils partent.
aller : je vais • tu vas • il va • nous allons • vous allez • ils vont.
paraître : je parais • tu parais • il paraît • nous paraissons • vous paraissez • ils paraissent.
devoir : je dois • tu dois • il doit • nous devons • vous devez • ils doivent.
savoir : je sais • tu sais • il sait • nous savons • vous savez • ils savent.
vouloir : je veux • tu veux • il veut • nous voulons • vous voulez • ils veulent.
pouvoir : je peux • tu peux • il peut • nous pouvons • vous pouvez • ils peuvent.
prendre : je prends • tu prends • il prend • nous prenons • vous prenez • ils prennent.
croire : je crois • tu crois • il croit • nous croyons • vous croyez • ils croient.
11 ** offert • aperçu • pondu • extrait • couru • construit • écrit • convaincu • teint.

Réflexion sur la langue

14* « Être » et « avoir » sont des auxiliaires de conjugaison car ils sont indispensables pour construire les temps composés. Ils aident à construire les temps composés.

15. Le futur, le futur antérieur et le conditionnel présent

p. 258

Corrigé des questions

Observons

1. « arriveras », « iras », « entendras » sont des verbes au futur. J'arriverai • tu arriveras • il arrivera • nous arriverons • vous arriverez • ils arriveront.
2. « Tu iras » exprime un conseil.
3. « Auras marché », « seras arrivé ».
4. « Viendrait ». La terminaison n'est pas celle du futur.

Entraînement

Repérer

1 * **a.** action future **b.** action future **c.** action future **d.** ordre **e.** action future **f.** action future **g.** ordre **h.** ordre.
2 * **a.** futur simple **b.** imparfait **c.** futur simple **d.** imparfait **e.** futur simple **f.** futur simple **g.** conditionnel présent **h.** futur antérieur **i.** présent **j.** futur simple.
3 **Futur simple : a • b • d • g • j
Conditionnel : c • e • f • h • i • k
4* a. Suspendre : je suspendrai ; autre radical. **b.** Mincir : je mincirai ; radical de l'infinitif. **c.** Savoir : je saurai ; autre radical. **d.** Ranger : je rangerai ; radical de l'infinitif. **e.** Faire : je ferai ; autre radical. **f.** Ouvrir : j'ouvrirai ; radical de l'infinitif. **g.** Se souvenir : je me souviendrai ; autre radical. **h.** Atterrir : j'atterrirai ; radical de l'infinitif. **i.** Vouloir : je voudrai ; autre radical. **j.** Aller : j'irai ; autre radical.

Manipuler

5* – avoir :
futur simple : j'aurai • tu auras • il aura • nous aurons • vous aurez • ils auront.
futur antérieur : j'aurai eu • tu auras eu • il aura eu • nous aurons eu • vous aurez eu • ils auront eu.
– être :
futur simple : je serai • tu seras • il sera • nous serons • vous serez • ils seront.
futur antérieur : j'aurai été • tu auras été • il aura été • nous aurons été • vous aurez été • ils auront été.
– entrer :
futur simple : j'entrerai • tu entreras • il entrera • nous entrerons • vous entrerez • ils entreront.

futur antérieur : je serai entré • tu seras entré • il sera entré • nous serons entrés • vous serez entrés • ils seront entrés.
– rétrécir :
futur simple : je rétrécirai • tu rétréciras • il rétrécira • nous rétrécirons • vous rétrécirez • ils rétréciront.
futur antérieur : j'aurai rétréci • tu auras rétréci • il aura rétréci • nous aurons rétréci • vous aurez rétréci • ils auront rétréci.
– maigrir :
futur simple : je maigrirai • tu maigriras • il maigrira • nous maigrirons • vous maigrirez • ils maigriront.
futur antérieur : j'aurai maigri • tu auras maigri • il aura maigri • nous aurons maigri • vous aurez maigri • ils auront maigri.
– découvrir :
futur simple : je découvrirai • tu découvriras • il découvrira • nous découvrirons • vous découvrirez • ils découvriront.
futur antérieur : j'aurai découvert • tu auras découvert • il aura découvert • nous aurons découvert • vous aurez découvert • ils auront découvert.
– sortir :
futur simple : je sortirai • tu sortiras • il sortira • nous sortirons • vous sortirez • ils sortiront.
futur antérieur : je serai sorti • tu seras sorti • il sera sorti • nous serons sortis • vous serez sortis • ils seront sortis.
– connaître :
futur simple : je connaîtrai • tu connaîtras • il connaîtra • nous connaîtrons • vous connaîtrez • ils connaîtront.
futur antérieur : j'aurai connu • tu auras connu • il aura connu • nous aurons connu • vous aurez connu • ils auront connu.
– naître :
futur simple : je naîtrai • tu naîtras • il naîtra • nous naîtrons • vous naîtrez • ils naîtront.
futur antérieur : je serai né • tu seras né • il sera né • nous serons nés • vous serez nés • ils seront nés.
– prendre :
futur simple : je prendrai • tu prendras • il prendra • nous prendrons • vous prendrez • ils prendront.
futur antérieur : j'aurai pris • tu auras pris • il aura pris • nous aurons pris • vous aurez pris • ils auront pris.
6* – avoir :
futur simple : j'aurai • tu auras • il aura • nous aurons • vous aurez • ils auront.
conditionnel présent : j'aurais • tu aurais • il aurait • nous aurions • vous auriez • ils auraient.
– être :
futur simple : je serai • tu seras • il sera • nous serons • vous serez • ils seront.
conditionnel présent : je serais • tu serais • il serait • nous serions • vous seriez • ils seraient.

– avancer :
futur simple : j'avancerai • tu avanceras • il avancera • nous avancerons • vous avancerez • ils avanceront.
conditionnel présent : j'avancerais • tu avancerais • il avancerait • nous avancerions • vous avanceriez • ils avanceraient.
– obscurcir :
futur simple : j'obscurcirai • tu obscurciras • il obscurcira • nous obscurcirons • vous obscurcirez • ils obscurciront.
conditionnel présent : j'obscurcirais • tu obscurcirais • il obscurcirait • nous obscurcirions • vous obscurciriez • ils obscurciraient.
– dire :
futur simple : je dirai • tu diras • il dira • nous dirons • vous direz • ils diront.
conditionnel présent : je dirais • tu dirais • il dirait • nous dirions • vous diriez • ils diraient.
– comprendre:
futur simple : je comprendrai • tu comprendras • il comprendra • nous comprendrons • vous comprendrez • ils comprendront.
conditionnel présent : je comprendrais • tu comprendrais • il comprendrait • nous comprendrions • vous comprendriez • ils comprendraient.
7** – faire :
futur simple : je ferai • tu feras • il fera • nous ferons • vous ferez • ils feront.
conditionnel présent : je ferais • tu ferais • il ferait • nous ferions • vous feriez • ils feraient.
– aller :
futur simple : j'irai • tu iras • il ira • nous irons • vous irez • ils iront.
conditionnel présent : j'irais • tu irais • il irait • nous irions • vous iriez • ils iraient.
– devoir :
futur simple : je devrai • tu devras • il devra • nous devrons • vous devrez • ils devront.
conditionnel présent : je devrais • tu devrais • il devrait • nous devrions • vous devriez • ils devraient.
– savoir :
futur simple : je saurai • tu sauras • il saura • nous saurons • vous saurez • ils sauront.
conditionnel présent : je saurais • tu saurais • il saurait • nous saurions • vous sauriez • ils sauraient.
– vouloir :
futur simple : je voudrai • tu voudras • il voudra • nous voudrons • vous voudrez • ils voudront.
conditionnel présent : je voudrais • tu voudrais • il voudrait • nous voudrions • vous voudriez • ils voudraient.
– courir :
futur simple : je courrai • tu courras • il courra • nous courrons • vous courrez • ils courront.
conditionnel présent : je courrais • tu courrais • il courrait • nous courrions • vous courriez • ils courraient.

– mourir :
futur simple : je mourrai • tu mourras • il mourra • nous mourrons • vous mourrez • ils mourront.
conditionnel présent : je mourrais • tu mourrais • il mourrait • nous mourrions • vous mourriez • ils mourraient.
– voir :
futur simple : je verrai • tu verras • il verra • nous verrons • vous verrez • ils verront.
conditionnel présent : je verrais • tu verrais • il verrait • nous verrions • vous verriez • ils verraient.
– envoyer :
futur simple : j'enverrai • tu enverras • il enverra • nous enverrons • vous enverrez • ils enverront.
conditionnel présent : j'enverrais • tu enverrais • il enverrait • nous enverrions • vous enverriez • ils enverraient.
– se souvenir :
futur simple : je me souviendrai • tu te souviendras • il se souviendra • nous nous souviendrons • vous vous souviendrez • ils se souviendront.
conditionnel présent : je me souviendrais • tu te souviendrais • il se souviendrait • nous nous souviendrions • vous vous souviendriez • ils se souviendraient.
8* – être :
futur simple : je serai • tu seras • il sera • nous serons • vous serez • ils seront.
conditionnel présent : je serais • tu serais • il serait • nous serions • vous seriez • ils seraient.
– avoir :
futur simple : j'aurai • tu auras • il aura • nous aurons • vous aurez • ils auront.
conditionnel présent : j'aurais • tu aurais • il aurait • nous aurions • vous auriez • ils auraient.
– faire :
futur simple : je ferai • tu feras • il fera • nous ferons • vous ferez • ils feront.
conditionnel présent : je ferais • tu ferais • il ferait • nous ferions • vous feriez • ils feraient.
– dire :
futur simple : je dirai • tu diras • il dira • nous dirons • vous direz • ils diront.
conditionnel présent : je dirais • tu dirais • il dirait • nous dirions • vous diriez • ils diraient.
– comprendre :
futur simple : je comprendrai • tu comprendras • il comprendra • nous comprendrons • vous comprendrez • ils comprendront.
conditionnel présent : je comprendrais • tu comprendrais • il comprendrait • nous comprendrions • vous comprendriez • ils comprendraient.
– venir :
futur simple : je viendrai • tu viendras • il viendra • nous viendrons • vous viendrez • ils viendront.

conditionnel présent : je viendrais • tu viendrais • il viendrait • nous viendrions • vous viendriez • ils viendraient.
– courir :
futur simple : je courrai • tu courras • il courra • nous courrons • vous courrez • ils courront.
conditionnel présent : je courrais • tu courrais • il courrait • nous courrions • vous courriez • ils courraient.
– se souvenir :
futur simple : je me souviendrai • tu te souviendras • il se souviendra • nous nous souviendrons • vous vous souviendrez • ils se souviendront.
conditionnel présent : je me souviendrais • tu te souviendrais • il se souviendrait • nous nous souviendrions • vous vous souviendriez • ils se souviendraient.
– interdire :
futur simple : j'interdirai • tu interdiras • il interdira • nous interdirons • vous interdirez • ils interdiront.
conditionnel présent : j'interdirais • tu interdirais • il interdirait • nous interdirions • vous interdiriez • ils interdiraient.
– croire :
futur simple : je croirai • tu croiras • il croira • nous croirons • vous croirez • ils croiront.
conditionnel présent : je croirais • tu croirais • il croirait • nous croirions • vous croiriez • ils croiraient.
9** – plier : je plierai • tu plieras • il pliera • nous plierons • vous plierez • ils plieront.
– nouer : je nouerai • tu noueras • il nouera • nous nouerons • vous nouerez • ils noueront.
– muer : je muerai • tu mueras • il muera • nous muerons • vous muerez • ils mueront.
– louer : je louerai • tu loueras • il louera • nous louerons • vous louerez • ils loueront.
– nier : je nierai • tu nieras • il niera • nous nierons • vous nierez • ils nieront.
– huer : je huerai • tu hueras • il huera • nous huerons • vous huerez • ils hueront.

S'exprimer

10* **a.** Dès que j'aurai fini mes devoirs, je sortirai jouer dehors. **b.** Quand il aura compris la consigne, il l'expliquera aux autres élèves **c.** Après qu'il aura entendu une première fois la chanson, il la répétera pour l'apprendre. **d.** Aussitôt qu'il aura reçu sa récompense, il le partagera avec ses amis. **e.** Dès que le jardinier aura planté ses nouvelles fleurs, il les arrosera.

16. L'imparfait et le plus-que-parfait

p. 260

Corrigé des questions

Observons

1. « Était », « était », « donnait », « étaient » sont à l'imparfait. Ils permettent de décrire.
2. « Avait loué » est une forme composée. L'action est terminée.
3. « Depuis longtemps » indique une action qui dure.
4. « Parfois » montre que l'action se répète.

Entraînement

Repérer

1* a. action répétée **b.** action répétée **c.** action dans son déroulement **d.** action répétée **e.** action dans son déroulement **f.** action répétée **g.** action dans son déroulement **h.** action dans son déroulement.
2 ***a.** présent **b.** imparfait **c.** imparfait **d.** imparfait **e.** présent **f.** imparfait **g.** futur **h.** imparfait **i.** imparfait **j.** futur.
3** Imparfait : **b.** Vous accueilliez. **d.** Nous déraillions. **e.** Vous craigniez. **f.** Vous créiez. **g.** Nous envoyions. **h.** Nous brillions. **j.** vous payiez.
Présent : **a.** Nous sommeillons. **c.** Vous voyez. **i.** Vous niez.

Manipuler

4* – avoir :
imparfait : j'avais • tu avais • il avait • nous avions • vous aviez • ils avaient.
plus-que-parfait : j'avais eu • tu avais eu • il avait eu • nous avions eu • vous aviez eu • ils avaient eu.
– être :
imparfait : j'étais • tu étais • il était • nous étions • vous étiez • ils étaient.
plus-que-parfait : j'avais été • tu avais été • il avait été • nous avions été • vous aviez été • ils avaient été.
– passer :
imparfait : je passais • tu passais • il passait • nous passions • vous passiez • ils passaient.
plus-que-parfait : j'étais passé • tu étais passé • il était passé • nous étions passés • vous étiez passés • ils étaient passés.

– pâlir :
imparfait : je pâlissais • tu pâlissais • il pâlissait • nous pâlissions • vous pâlissiez • ils pâlissaient.
plus-que-parfait : j'avais pâli • tu avais pâli • il avait pâli • vous avions pâli • vous aviez pâli • ils avaient pâli.
– conduire :
imparfait : je conduisais • tu conduisais • il conduisait • nous conduisions • vous conduisiez • ils conduisaient.
plus-que-parfait : j'avais conduit • tu avais conduit • il avait conduit • nous avions conduit • vous aviez conduit • ils avaient conduit.
– sortir :
imparfait : je sortais • tu sortais • il sortait • nous sortions • vous sortiez • ils sortaient.
plus-que-parfait : j'étais sorti • tu étais sorti • il était sorti • nous étions sortis • vous étiez sortis • ils étaient sortis.
5* – lier : je liais • tu liais • il liait • nous liions • vous liiez • ils liaient.
– cueillir : je cueillais • tu cueillais • il cueillait • nous cueillions • vous cueilliez • ils cueillaient.
– scintiller : je scintillais • tu scintillais • il scintillait • nous scintillions • vous scintilliez • ils scintillaient.
– soigner : je soignais • tu soignais • il soignait • nous soignions • vous soigniez • ils soignaient.
– se plaindre : je me plaignais • tu te plaignais • il se plaignait • nous nous plaignions • vous vous plaigniez • ils se plaignaient.
– peindre : je peignais • tu peignais • il peignait • nous peignions • vous peigniez • ils peignaient.
– scier : je sciais • tu sciais • il sciait • nous sciions • vous sciiez • ils sciaient.
6** – ranger : je rangeais • tu rangeais • il rangeait • nous rangions • vous rangiez • ils rangeaient.
– plonger : je plongeais • tu plongeais • il plongeait • nous plongions • vous plongiez • ils plongeaient.
– déranger : je dérangeais • tu dérangeais • il dérangeait • nous dérangions • vous dérangiez • ils dérangeaient.
– songer : je songeais • tu songeais • il songeait • nous songions • vous songiez • ils songeaient.
– patauger : je pataugeais • tu pataugeais • il pataugeait • nous pataugions • vous pataugiez • ils pataugeaient.
7** – percer : je perçais • tu perçais • il perçait • nous percions • vous perciez • ils perçaient.
– annoncer : j'annonçais • tu annonçais • il annonçait • nous annoncions • vous annonciez • ils annonçaient.
– amorcer : j'amorçais • tu amorçais • il amorçait • nous amorcions • vous amorciez • ils amorçaient.
– s'exercer : je m'exerçais • tu t'exerçais • il s'exerçait • nous nous exercions • vous vous exerciez • ils s'exerçaient.

– agacer : j'agaçais • tu agaçais • il agaçait • nous agacions • vous agaciez • ils agaçaient.
– glacer : je glaçais • tu glaçais • il glaçait • nous glacions • vous glaciez • ils glaçaient.
– avancer : j'avançais • tu avançais • il avançait • nous avancions • vous avanciez • ils avançaient.
– placer : je plaçais • tu plaçais • il plaçait • nous placions • vous placiez • ils plaçaient.

S'exprimer

9 * **a.** Aussitôt qu'il avait lu la consigne, il se mettait à faire l'exercice. **b.** Après que le navigateur avait mis le moteur en marche, il affalait les voiles. **c.** Dès que tu avais balayé la neige, tu sortais le chien. **d.** Quand vous aviez sélectionné la pièce jointe, vous envoyiez le message. **e.** Dès que la cuisinière avait battu les œufs en neige, elle intégrait le sucre en poudre au mélange.

Réflexion sur la langue

12 ** Ce vélo n'est pas parfait, il est lourd, peu maniable.
Quelque chose qui est parfait est donc quelque chose qui est terminé totalement et qui a toutes les qualités.
Quelque chose d'imparfait est quelque chose qui n'est pas terminé et qui ne fonctionne pas bien. En grammaire, cela désigne une action dans son déroulement, non terminée. À l'opposé, le plus-que-parfait exprime l'idée de quelque chose qui est complètement achevé.

17. Le passé simple p. 262

Corrigé des questions

Observons

1. « S'apaisa » et « retrouva » appartiennent au 1er groupe. Leur terminaison est -a. Pluriel : « s'apaisèrent », « retrouvèrent ».
2. « Mincit » et « rétrécirent » appartiennent au 2e groupe. Leurs terminaisons sont -it et -irent.
3. Forme de passé simple du 3e groupe en –i : vit, une forme en –u : réapparurent, et une forme en –in : redevint.

Entraînement

Repérer

1 * eut : passé simple • fait : présent • mangea : passé simple • fit : passé simple • finit : passé simple ou présent • eu : participe passé • faisait : imparfait • grandit : passé simple ou présent • mangeait : imparfait • tient : présent • vinrent : passé simple • surent : passé simple • saisirent : passé simple • finies : participe passé.

2 * décida : ils décidèrent • se mit : ils se mirent • prit : ils prirent • assortit : ils assortirent • plaça : ils placèrent • colla : ils collèrent • vit : ils virent • eut : ils eurent • donna : ils donnèrent • retint : ils retinrent • s'envolèrent.
Les autres verbes sont à l'imparfait (vivaient, empêchait, était) et au plus-que-parfait (avait exilés).

3 ** – En -a : aller.
– En -i : mettre • descendre • entendre.
– En -u : boire • lire.
– En -in : revenir • se souvenir.

Manipuler

4 * vouloir • savoir • être • faire • aller • dire • saisir • voir • devoir • prendre • pouvoir.

5 * **a.** il continua / ils continuèrent. **b.** il sortit / ils sortirent. **c.** il commença / ils commencèrent. **d.** il vécut / ils vécurent. **e.** il apprit / ils apprirent. **f.** il conduisit / ils conduisirent. **g.** il surgit / ils surgirent. **h.** il écrivit / ils écrivirent. **i.** il jeta / ils jetèrent.

6 ** passer : il passa, ils passèrent. • choisir : il choisit, ils choisirent. • être : il fut, ils furent. • avoir : il eut, ils eurent. • partir : il partit, ils partirent. • aller : il alla, ils allèrent. • battre : il battit, ils battirent. • connaître : il connut, ils connurent. • devoir : il dut, ils durent. • voir : il vit, ils virent.

7 ** faire : il fit, ils firent. • dire : il dit, ils dirent. • vouloir : il voulut, ils voulurent. • prendre : il prit, ils prirent. • pouvoir : il put, ils purent. • venir : il vint, ils vinrent. • construire : il construisit, ils construisirent. • écrire : il écrivit, ils écrivirent.

Réflexion sur la langue

11 * Le passé simple est formé d'un seul mot : « je vis ». Le passé composé est formé de deux mots : « j'ai vu ».

18. L'infinitif et le participe, l'accord du participe passé, les terminaisons en « -é » et en « -er »

p. 264

Corrigé des questions

Observons

1. « Doivent », « survivre ». « Survivre » n'a pas de marque de personne.
2. « Ont échoué», « a fait ». L'auxiliaire utilisé est « avoir » et les participes passés sont « échoué » et « fait ».
3. Dans la phrase 3, « obligés » est accordé avec le sujet « il ». L'auxiliaire est le verbe « être ».
4. Dans la phrase 2, le participe passé du verbe n'est pas accordé. L'auxiliaire est le verbe « avoir ».
5. Une forme de participe passé en –é : changé, et une forme d'infinitif : affronter. Les trois verbes ont le même son final, il faut savoir quelle orthographe utiliser.

Entraînement

Repérer

1 * Formes personnelles : embellissiez • rendons • accepterez • retentit • vient.
Formes impersonnelles : rendu • garder • été • grandies • permettre • étonner • alla • tenu • remise.
2 ** **a.** forme personnelle du verbe. **b.** participe passé. **c.** forme personnelle du verbe. **d.** participe passé. **e.** forme personnelle du verbe. **f.** participe passé. **g.** participes passés. **h.** forme personnelle du verbe.

Manipuler

3 * dormir : il a dormi ; avoir • apporter : il a apporté ; avoir • passer : il a passé ; avoir / il est passé ; être. • remettre : il a remis ; avoir • appartenir : il a appartenu ; avoir • venir : il est venu ; être. • savoir : il a su ; avoir. • franchir : il a franchi ; avoir. • arriver : il est arrivé ; être.
4 * <u>vint</u> : est venue • Ils <u>escaladèrent</u> : ils ont escaladé • Mowgli <u>étendit</u> : il a étendu • Akela <u>se coucha</u> : il s'est couché • l<u>ança</u> : il a lancé.
5 * **a.** Nous avons toujours refusé de participer à des réunions inutiles. **b.** On a trouvé des indices qui prouvent que le tableau a été volé. **c.** Chaque parrain promet de veiller sur le jeune élève qui lui a été confié. **d.** Comme le lampadaire est allumé, ne craignez pas de rentrer chez vous dans le noir. **e.** Ce livre est abîmé, la bibliothèque doit le réparer avant de pouvoir le prêter à nouveau. **f.** Alice a d'abord rapetissé avant de se mettre à pousser comme un champignon. **g.** On entend le vent remuer les arbres, et

les insectes bourdonner. **h.** Par qui a été inventé le vaccin ? Et comment pouvait-on éviter les maladies auparavant ?

19. Employer les temps dans un récit au présent p. 266

On ne traite pas du présent de narration. Il s'agit avant tout de donner aux élèves les notions utiles pour la rédaction de leurs textes.

Corrigé des questions

Observons

1. « Fait » est au présent. L'expression qui situe cette action dans le temps est « à présent ».
2. Alieh a fait du riz pilaf aux lentilles. « A fait » est au passé composé.
3. « Faudra » est au futur, le mot « bientôt » montre que l'action se situe après les actions racontées au présent.

Entraînement

Repérer

1 * **a.** s'installa : passé simple • faisait : imparfait • avait plu : plus-que-parfait • avaient : imparfait • déclara : passé simple • verrait : conditionnel présent.
b. a commandé : passé composé • annonce : présent • livrera : futur simple • représentera : futur simple.
c. aura : futur simple • fait : présent • préparent : présent • ont travaillé : passé composé.
d. apparut : passé simple • avait prononcé : plus-que-parfait • avait frotté : plus-que-parfait • avait indiqué : plus-que-parfait • trouva : passé simple • était : imparfait.
e. publient : présent • disent : présent • ont vu : passé composé • vérifiera : futur simple • aura recueillis : futur antérieur.
2 ** **a.** sont rentrés : passé composé • parlent : présent • écoute : présent. Le récit est au présent.
b. enseigna : passé simple • se demanda : passé simple • sut : passé simple • avait tricoté : plus-que-parfait. Le récit n'est pas au présent.
c. avait déclaré : plus-que-parfait • voulait : imparfait • s'était étonnée : plus-que-parfait. Le récit n'est pas au présent.
d. prendra : futur simple • vais : présent • veux : présent • est : présent • est tombé : passé composé. Le récit est au présent.

e. a retrouvé : passé composé • marche : présent • pose : présent. Le récit est au présent.

Manipuler

3 * **a.** il trie, ils trient. **b.** il est venu, ils sont venus. **c.** il tiendra, ils tiendront. **d.** il fait, ils font. **e.** il a été, ils ont été. **f.** il aura, ils auront. **g.** il broie, ils broient. **h.** il a descendu, ils ont descendu ; il est descendu, ils sont descendus. **i.** il courra, ils courront. **j.** il sait, ils savent ;il saura, ils sauront ; il a su, ils ont su.

S'exprimer

5 * **a.** du coton / du lin **b.** du bois **c.** du cuir **d.** de la laine **e.** des plumes **f.** de la soie **g.** du plastique.

20. Employer les temps dans un récit au passé	p. 268

Corrigé des questions

Observons

1. « Était » et « désiraient » sont à l'imparfait. On apprend qui sont les personnages et dans quelle situation ils sont. Cette situation dure.
2. « Avaient fait » est au plus-que-parfait. Cette action a lieu avant celle de la phrase 3.
3. « Eurent » est au passé simple. Elle rapporte un fait important pour l'histoire.

Entraînement

Repérer

1 * **a.** Il courut : passé simple. **b.** Tu finissais : imparfait. **c.** J'attends : présent simple. **d.** Vous avez prononcé : passé composé. **e.** Elle a lu : passé composé. **f.** Elle lit : présent simple. **g.** Ils avaient voulu : plus-que-parfait. **h.** Nous finissions : imparfait. **i.** Vous étiez rentrées : plus-que-parfait. **j.** Ce sera : futur simple. **k.** Elle fit : passé simple.
2 * **a.** apprit : passé simple • restait : imparfait. Récit au passé.
b. coupait : imparfait • glissa : passé simple • échappa : passé simple • avait mis : plus-que-parfait • protégèrent : passé simple. Récit au passé.
c. empêche : présent • arrête : présent • annonce : présent • repartira : futur simple • se lèvera : futur simple. Récit au présent.
d. s'est préparé : passé composé • paraît : présent • trébuche : présent • tombe : présent. Récit au présent.

Manipuler

3* – monter :
imparfait : je montais • tu montais • il montait • nous montions • vous montiez • ils montaient.
plus-que-parfait : j'étais monté • tu étais monté • il était monté • nous étions montés • vous étiez montés • ils étaient montés.
– accomplir :
imparfait : j'accomplissais • tu accomplissais • il accomplissait • nous accomplissions • vous accomplissiez • ils accomplissaient.
plus-que-parfait : j'avais accompli • tu avais accompli • il avait accompli • nous avions accompli • vous aviez accompli • ils avaient accompli.
– parvenir :
imparfait : je parvenais • tu parvenais • il parvenait • nous parvenions • vous parveniez • ils parvenaient.
plus-que-parfait : j'étais parvenu • tu étais parvenu • il était parvenu • nous étions parvenus • vous étiez parvenus • ils étaient parvenus.
– manger :
imparfait : je mangeais • tu mangeais • il mangeait • nous mangions • vous mangiez • ils mangeaient.
plus-que-parfait : j'avais mangé • tu avais mangé • il avait mangé • nous avions mangé • vous aviez mangé • ils avaient mangé.
– menacer :
imparfait : je menaçais • tu menaçais • il menaçait • nous menacions • vous menaciez • ils menaçaient.
plus-que-parfait : j'avais menacé • tu avais menacé • il avait menacé • nous avions menacé • vous aviez menacé • ils avaient menacé.
– envoyer :
imparfait : j'envoyais • tu envoyais • il envoyait • nous envoyions • vous envoyiez • ils envoyaient.
plus-que-parfait : j'avais envoyé • tu avais envoyé • il avait envoyé • nous avions envoyé • vous aviez envoyé • ils avaient envoyé.
– courir :
imparfait : je courais • tu courais • il courait • nous courions • vous couriez • ils couraient.
plus-que-parfait : j'avais couru • tu avais couru • il avait couru • nous avions couru • vous aviez couru • ils avaient couru.
– voir :
imparfait : je voyais • tu voyais • il voyait • nous voyions • vous voyiez • ils voyaient.
plus-que-parfait : j'avais vu • tu avais vu • il avait vu • nous avions vu • vous aviez vu • ils avaient vu.
– sortir :
imparfait : je sortais • tu sortais • il sortait • nous sortions • vous sortiez • ils sortaient.
plus-que-parfait : j'étais sorti • tu étais sorti • il était sorti • nous étions sortis • vous étiez sortis • ils étaient sortis.

– naître :
imparfait : je naissais • tu naissais • il naissait • nous naissions • vous naissiez • ils naissaient.
plus-que-parfait : j'étais né • tu étais né • il était né • nous étions nés • vous étiez nés • ils étaient nés.
4* monter : il monta / ils montèrent • accomplir : il accomplit / ils accomplirent • parvenir : il parvint / ils parvinrent • manger : il mangea / ils mangèrent • menacer : il menaça / ils menacèrent • envoyer : il envoya / ils envoyèrent • courir : il courut / ils coururent • voir : il vit / ils virent • sortir : il sortit / ils sortirent • naître : il naquit / ils naquirent.
5* a. Il est : il fut / il était / il avait été. **b.** Il a : il eut / il avait / il avait eu. **c.** Ils font : il fit / il faisait / il avait fait. **d.** Il voyage : il voyagea / il voyageait / il avait voyagé. **e.** Il dit : il dit / il disait / il avait dit. **f.** Elle parvient : elle parvint / elle parvenait / elle était parvenue. **g.** Elles courent : elles coururent / elles couraient / elles avaient couru. **h.** Il descend : il descendit / il descendait / il était descendu. **i.** Elle sait : elle sut / elle savait / elle avait su. **j.** Ils mettent : ils mirent / ils mettaient / ils avaient mis. **k.** Elle va : elle alla / elle allait / elle était allée. **l.** Ils prennent : ils prirent / ils prenaient / ils avaient pris.
6* Il y *avait* une fois une fille fort honnête et bien certainement la plus belle blonde de la ville. Elle *était* au demeurant la seule enfant de ses père et mère – eux avancés en âge et tout infirmes – leur seul soutien.
Il se *trouva* qu'une de ses tantes *mourut* et qu'elle en *hérita*. Elle *alla* recueillir l'héritage, *vendit* la petite maison, les quelques terres que sa tante *avait*, et ayant pris cet argent avec elle, elle s'en *retourna* chez ses parents. *C'était* à deux journées de marche. Les chemins *étaient* sûrs, sauf un grand bois qu'il *fallait* traverser et qui de toujours *gardait* mauvais renom.

Henri Pourrat, « La belle assassinée », in *Trésor des contes*, 1962.

7* Il y avait une fois des filles fort honnêtes et bien certainement les plus belles blondes de la ville. Elles étaient au demeurant les seules enfants de leurs père et mère (leurs pères et mères) – eux avancés en âge et tout infirmes – leurs seuls soutiens.

Réflexion sur la langue

9*** « Avait épousé » et « étaient devenues » sont des verbes au plus-que-parfait. Cela renvoie à une partie de sa vie qui s'est déroulée avant le récit et c'est inquiétant car on ne sait pas ce qu'il s'est passé exactement.

V Orthographe

21. Le féminin des noms et des adjectifs

p. 270

Corrigé des questions

Observons

1. « Chevelure », « tête », « statues », « ironie » se terminent par un -e au féminin singulier. « Cruauté », « beauté » se terminent par -é. La marque la plus fréquente de terminaison au féminin est le -e.
2. « Dorée », « petite », « grecques », « incroyable ». Au masculin, ces adjectifs s'écrivent : « doré », « petit », « grecs » et « incroyable ». « Incroyable » reste identique au masculin et au féminin.
3. « Dédain » est masculin, « ironie » est féminin, « cruauté » est féminin.

Entraînement

Repérer

1** un jars : une oie • un coq : une poule • un cheval : une jument • un sanglier : une laie • un cochon : une truie • un bélier : une brebis • un bouc : une chèvre • un canard : une cane • un mouton : une brebis • un cerf : une biche • un taureau : une vache.

Manipuler

2* un étranger : une étrangère • un chanteur : une chanteuse • un charcutier : une charcutière • un vendeur : une vendeuse • un acteur : une actrice • un lycéen : une lycéenne • un voleur : une voleuse • un navigateur : une navigatrice • un pharmacien : une pharmacienne • un conseiller : une conseillère.
3* Une belle étrangère • une chanteuse merveilleuse • une charcutière aimable • une vendeuse souriante • une formidable actrice • une lycéenne sérieuse • une voleuse habile • une courageuse navigatrice • une ancienne pharmacienne • une conseillère efficace.

4* Pendant mon voyage, j'ai rencontré une belle étrangère. • J'ai entendu une chanteuse merveilleuse à la radio. • Cette charcutière aimable est une bonne commerçante. • Une vendeuse souriante aura toujours plus de clients. • Cette femme est une formidable actrice. • Ma nièce a toujours été une lycéenne sérieuse. • Même si c'est une voleuse habile, la police l'attrapera. • La courageuse navigatrice a dû affronter de terribles tempêtes pendant sa traversée. • L'ancienne pharmacienne était beaucoup plus agréable que la nouvelle.
5* une avenue • une brebis • une fourmi • une écurie • une fantaisie • une jetée • la bonté • la portée • une cohue • la morue • la vertu.
6* **a.** Par sécurité j'ai fermé la porte à clé. **b.** Promenez-vous en toute liberté dans cette allée. **c.** Il fait preuve de sens des responsabilités, c'est un signe de grande maturité. **d.** Par pitié rends-lui cette poupée immédiatement. **e.** Les jetées sont recouvertes par les hautes vagues. **f.** La dictée n'était pas difficile.
7** – rêveur / rêveuse : Cette petite fille rêveuse a du mal à se concentrer.
rieur / rieuse : Il demanda d'une voix rieuse si sa blague avait fonctionné.
travailleur / travailleuse : Cette fille travailleuse ira loin dans la vie.
– peureux / peureuse : Elle demanda d'une voix peureuse si elle pouvait entrer.
miraculeux / miraculeuse : Cette potion est miraculeuse.
heureux / heureuse : Elle est heureuse d'être en cours.
– maternel / maternelle : Ma tante est très maternelle avec ses enfants.
individuel / individuelle : Le ministre mène une action individuelle.
réel / réelle : Elle rencontre de réelles difficultés en mathématiques.
– national / nationale : Cette petite route nationale est très agréable.
brutal / brutale : Il nous demanda d'une voix brutale de descendre immédiatement.
animal / animale : Cette espèce animale est en voie de disparition.
8* **a.** Une femme heureuse **b.** une pièce de théâtre distrayante **c.** de la farine complète **d.** des paroles ambiguës **e.** une élève studieuse **f.** une fourrure épaisse **g.** une fille étourdie **h.** une chienne stupide **i.** une renarde rusée **j.** la pie moqueuse.

S'exprimer

9*** **a.** le manœuvre : un ouvrier. **b.** la manœuvre : moyen que l'on met en marche pour réussir. **c.** une cartouche : une munition d'arme. **d.** un cartouche : emplacement réservé à la légende d'une carte ou d'un tableau. **e.** un livre : ouvrage écrit sur un support papier. **f.** une livre : unité monétaire du Royaume-Uni. **g.** la poste : service de distribution du courrier. **h.** le poste : emploi auquel on est nommé, lieu où l'on exerce. **i.** la tour : bâtiment construit en hauteur. **j.** le tour : circonférence. **k.** la voile : morceau de toile destiné à recevoir le vent sur un navire. **l.** le voile : morceau d'étoffe.
10** **a.** Mère : maternelle ; une grand-mère maternelle • père : paternel ; un oncle paternel • frère : fraternel ; un serment fraternel • sœur : sororale ; une entente sororale • famille : familial ; une réunion familiale.
b. Science : scientifique ; un avis scientifique • physique : physique ; un effort physique • chimie : chimique ; une substance chimique • biologie : biologique ; une mère biologique • géologie : géologique ; une étude géologique.

c. Forêt : forestier ; le chemin forestier • mer : marin ; l'air marin • bois : boisé ; une aire boisée • désert : désertique ; un lieu désertique • montagne : montagnard ; un peuple montagnard.
d. Mois : mensuel ; un journal mensuel • année : annuel ; une note annuelle • trimestre : trimestriel ; des réunions trimestrielles • semestre : semestriel ; un examen semestriel.

Réflexion sur la langue
13* masculin : tapis • bonheur • beurre • thé • café • bruit • fruit.
féminin : souris • perdrix • pie • chaleur • peur • pitié • charité • nuit.
La terminaison n'indique pas toujours le genre du nom.

22. Le pluriel des noms et des adjectifs

p. 272

Corrigé des questions

Observons

1. Bientôt arrivent directement du foyer le potage bouillant et le plat chaud. Puis une noix, une figue sèche, une datte ridée, une prune, une pomme parfumée dans une large corbeille... Le dieu est ravi de l'accueil qu'il reçoit : l'époux est pauvre, certes, mais son cœur ne l'est pas.
Les expressions suivantes se modifient ainsi :
– « les plats chauds » : tous les mots perdent leur –s ;
– « des dattes ridées » : « des » devient « une », « dattes ridées » perdent leur -s final ;
– « les dieux » : « les » perd son -s final, « dieu » perd son -x final ;
– « les deux époux »: « les » perd son -s et s'élide, « deux » disparait et « époux » reste identique.
2. La lettre qui indique le pluriel des noms et des adjectifs est le plus souvent la lettre S. Parfois c'est aussi la lettre X.

Entraînement

Repérer
1* **a.** portail **b.** signal **c.** hibou **d.** bois **e.** pneu.
2* – lots • chefs • détails • vélos : prennent un -s
– marteaux • chapeaux • radicaux : prennent un -x
– héros • faux • enclos : ont la même orthographe au singulier et au pluriel.

3* des jeux • des roseaux • des sous • des poux • des rayons • des pieux • des amiraux • des soupiraux • des rails • des hiboux.
4** un beau gâteau • un fils gentil • un fil vert et bleu • un bal costumé • un caillou pointu • un enfant nerveux • un feu lumineux • un citron vert • un abri confortable • un époux fidèle.
5* hôpitaux : hôpital • chevaux : cheval • peaux : peau • émaux : émail • bourreaux : bourreau • coraux : corail • radeaux : radeau • arsenaux : arsenal • maréchaux : maréchal • joyaux : joyau.

Manipuler

6** **a.** Les cerises ont des petits noyaux. **b.** Ces jeunes garçons sont d'affreux voyous. **c.** Les généraux célèbres ont reçu de nombreuses décorations. **d.** Mon père s'est abonné à des journaux hebdomadaires. **e.** Il a reçu des joujoux nouveaux pour son anniversaire. **f.** Cette boutique propose de beaux landaus. **g.** L'hiver, j'aime beaucoup manger des soupes chaudes. **h.** Dans les films, ma sœur aime les heureux dénouements. **i.** Il faut faire réparer les vieux vitraux de cette église. **j.** Les mauvais rois sont des rois malheureux.
7* Le *bois* était *ténébreux*, sans aucun froissement de *feuilles*, sans aucune de ces *vagues* et *fraîches lueurs* de l'été. De *grands* branchages s'y dressaient affreusement. Des *buissons chétifs* et *difformes* sifflaient dans les *clairières*. Les *hautes herbes* fourmillaient sous la bise comme des *anguilles*. Les *ronces* se tordaient comme de *longs bras armés de griffes* cherchant à prendre des *proies*. Quelques *bruyères sèches*, chassées par le vent, passaient rapidement et avaient l'air de s'enfuir avec épouvante devant quelque chose qui arrivait. De tous les côtés il y avait des *étendues lugubres*.

Victor Hugo, *Les Misérables*, 1862.

8* Les chênes sont des arbres imposants.
Selon les espèces, les chênes peuvent être des arbres de plus de 35 m de haut ou de modestes arbustes ne dépassant pas un mètre en tout sens. Ceux que l'on rencontre habituellement dans les parcs mesurent 15-20 m de hauteur, comme les chênes pédonculés, et les chênes sessiles ou rouvres. De croissance rapide, les chênes sont des arbres capables de vivre plusieurs siècles, leurs troncs atteignant plus de 50 cm de diamètre. Les chênes pédonculés sont très sensibles aux sécheresses mais ils supportent des excès d'eau temporaires.

S'exprimer

9* bijoux : Elle porte de magnifiques bijoux. • bambous : Mon voisin a planté des bambous au fond de son jardin. • verrous : Il y a de nombreux verrous sur la porte de mon appartement. • cachous : Il aime beaucoup les cachous, il en mange tout le temps. • poux : L'école a été envahie de poux. • kangourous : J'ai fait un exposé sur les kangourous, ce sont des animaux passionnants.

23. Les accords dans le groupe nominal

p. 274

Corrigé des questions

Observons

1. « La route » car « route » est un nom féminin, singulier. « L'habitation » est féminin singulier, « le perron » est masculin singulier, « les grands arbres » car « arbres » est au masculin pluriel.
2. « Tremblante » se rapporte au nom « ombre », « hauts » se rapporte au nom « peupliers » et « vertes » se rapporte au nom « pelouses ».
3. « Sablées » est un participe passé qui s'accorde avec le nom « allées ».
4. Des jardins immenses et fleuris entourent la villa, puis c'est une écurie spacieuse.

Entraînement

Repérer

1* a. Une tarte appétissante : « tarte » est un nom féminin singulier. **b.** un melon trop mûr : « melon » est un nom masculin singulier. **c.** des poires blettes : « poires » est un nom féminin pluriel. **d.** des abricots luisants : « abricots » est un nom masculin pluriel. **e.** des raisins verts : « raisins » est un nom masculin pluriel. **f.** des amandes épluchées : « amandes » est un nom féminin pluriel. **g.** une pomme pourrie : « pomme » est un nom féminin singulier. **h.** un kiwi pelucheux : « kiwi » est un nom masculin singulier. **i.** des noix décortiquées : « noix » est un nom féminin pluriel.
2* a. des tartes appétissantes **b.** des melons trop mûrs **c.** une poire blette **d.** un abricot luisant **e.** un raisin vert **f.** une amande épluchée **g.** des pommes pourries **h.** des kiwis pelucheux **i.** une noix décortiquée.

Manipuler

3 a.** des belles maisons **b.** les voisines aimables **c.** une parole discutable **d.** mes amis préférés **e.** ton enveloppe décorée **f.** sa promesse oubliée **g.** cet homme heureux **h.** cette étoile lointaine **i.** les regards sévères **j.** des travaux fatigants.
4* a. des outils utiles **b.** des animaux malheureux **c.** les élèves insolents **d.** des vies agréables **e.** mes copies bien rédigées **f.** ces livres bien écrits **g.** ces anniversaires tant désirés **h.** ses voitures neuves **i.** nos petits compagnons **j.** ses derniers messages.
5 a.** Cette maison *ancienne et vénérable* a été fondée en 1800. **b.** Nous avons offert à nos amis un bouquet aux fleurs *extraordinaires et odorantes*. **c.** Devant les randonneurs *fatigués mais éblouis* s'étendaient *d'immenses* espaces *sauvages et attirants*. **d.** Vous vous entraînerez à refaire ces exercices *difficiles mais déjà résolus*. **e.** *Dynamique, entreprenante,*

déterminée, Agnès ne se lassait jamais de faire de nouveaux projets. **f.** De tous côtés les oiseaux s'envolaient, *affolés* par le bruit des coups de fusil, *apeurés et aveuglés* par le soleil. **g.** Tous les enfants attendaient dans la cour, *attentifs* aux bruits et *impatients* de voir commencer la fête. **h.** Parmi les invités *conviés* à cette *belle* réception figuraient des personnalités *illustres et connues* de longue date dans toute la ville.

6** **a.** Quelques rares animaux apeurés. Il ne restait dans le zoo que quelques rares animaux apeurés. **b.** nos camarades motivés et sérieux. Nos camarades motivés et sérieux ont remporté le concours de lecture. **c.** les parents inquiets de mon cousin germain : Inquiets, les vieux parents de mon cousin germain ont appelé la police quand ils ont vu qu'il ne rentrait pas. **d.** le grand livre bleu de la bibliothèque : Je cherche partout le grand livre bleu de la bibliothèque, il faut que je le rapporte aujourd'hui. **e.** plusieurs élèves volontaires et généreux : Plusieurs élèves volontaires et généreux ont participé à la collecte de dons.

7*** Une enfant très *aimée*, entre des parents pas *riches*, et qui vivait à la campagne parmi des arbres et des livres, et qui n'a connu ni souhaité les jouets *coûteux* voilà ce que je revois, en me penchant ce soir sur mon passé… Une enfant superstitieusement *attachée* aux fêtes des saisons, aux dates *marquées* par un cadeau, une fleur, un *traditionnel* gâteau.

Colette, « Rêverie de nouvel an », *Les Vrilles de la Vigne*, 1908.

24. L'accord du verbe avec son sujet p. 276

Corrigé des questions

Observons

1. Dans la phrase 2, le verbe est conjugué à la 3e personne du pluriel car le sujet est « des créatures horribles » qui est un GN au pluriel. Règle générale.
2. Dans la phrase 1, le GN sujet est « les amis de mon petit frère ». Le verbe s'accorde avec « amis ». Cas particulier 1.
3. Dans la phrase 6, le sujet du verbe « se précipitent » est « un dragon et un serpent ». Cas particulier 2.
4. « Je » est sujet du verbe « trouve » conjugué à la 1re personne du singulier. « Elle » est le sujet du verbe « s'écrie » qui est conjugué à la 3e personne du singulier. « Tu » est le sujet du verbe « as » qui est conjugué à la 2e personne du singulier.
5. Dans la phrase 4 « contente » s'accorde avec le nom « Jeanne » et dans la phrase 7, « rassurés » s'accorde avec les noms « Pierre et Sylvie ».

Entraînement

Repérer

1* **a.** ce critique de cinéma **b.** nous **c.** tous les enfants **d.** faire des films **e.** les courts-métrages **f.** vous **g.** de nombreux spectateurs **h.** plusieurs bandes dessinées **i.** personne **j.** mes voisins.

2* **a.** Les films de Walt Disney **b.** La maison de leurs parents **c.** Les romans de Stevenson **d.** L'équipe des minimes **e.** les pentes du Mont Rose **f.** Chacun de vous **g.** Tous les enfants de la classe **h.** Une rangée de rosiers **i.** Le chant des oiseaux **j.** Les plages de la Méditerranée.

Manipuler

3* **a.** Nous *partions* toujours trop tard. **b.** Que *veulent* tous ces gens ? **c.** Peut-être que mes amis *sont venus* hier. **d.** *Marches*-tu toujours aussi vite ? **e.** Où *habitent* les parents de votre cousin ?

4** **a.** Ils sont venus vous voir aux grandes vacances. **b.** Julie et sa mère sont allées à Mexico chaque année depuis quatre ans. **c.** Les élèves les plus courageux sont partis à pieds au collège. **d.** Mes voisins sont restés dans leur jardin tout le dimanche. **e.** Mon frère et moi sommes revenus chaque jour de la piscine en vélo.

5* **a.** Où partent Pierre et sa mère ? **b.** Devant la porte bavardent deux dames intarissables. **c.** Cette année, dans cette salle, se tiennent les premières réunions de notre association. **d.** Tous les jours arrivent de nouveaux migrants chassés par la guerre. **e.** Dans tous les pays vivent des gens désireux d'aider les autres. **f.** Où trouvez-vous l'aide qui vous est nécessaire ? **g.** Dans la forêt se dressent des hêtres immenses.

6** **a.** Nous les aimons beaucoup : le sujet de « aimons » est « nous ». **b.** Nous leur donnerons des cadeaux : le sujet de « donnerons » est « nous ». **c.** Ils vous ont compris : le sujet de « ont compris » est « ils ». **d.** Ils nous cuiront un dessert délicieux : le sujet de « cuiront » est « ils ». **e.** Mon oncle et sa femme vont à Paris demain : le sujet de « vont » est « mon oncle et sa femme ».

Réflexion sur la langue

8*a) En grammaire quand les mots s'accordent c'est qu'ils fonctionnent ensemble. Ils appartiennent à un même groupe.

b) Les derniers épisodes passionnants de cette série sont disponibles en DVD. L'accord entre tous ces mots souligne qu'ils dépendent du même mot « épisodes ». Cela permet de comprendre que le verbe doit se conjuguer au pluriel.

c) À l'oral, on entend la liaison entre le mot « derniers » et le mot « épisodes » avec le -s final. On entend le pluriel du déterminant « les » et le pluriel du verbe « sont ».

VI Vocabulaire

25. *Les synonymes et les hyperonymes, les homonymes* p. 278

Corrigé des questions

Observons

1. Les phrases 1 et 2 signifient la même chose.
2. « Souvenait » et « rappelait » sont synonymes.
3. Les phrases 3 et 4 ont le même sens. « Chaleurs de l'été » est un nom avec un complément du nom. « Estivales » est un adjectif qualificatif.
4. Le terme « plantes », employé dans la phrase 6, renvoie à « le mimosa, le thym et la lavande » dans la phrase 5. Le mot « plante » a un sens plus large que les trois mots auxquels il renvoie.
5. Le mot « teint » de la phrase 7 se prononce de la même façon que le mot « thym » de la phrase 5.

Entraînement

Repérer

1* courage / vaillance • livre / ouvrage • stupéfaction / étonnement • roi / souverain • maison / demeure • rapidité / vitesse • leçon / cours.
Ce sont tous des noms communs.
2* connaître / savoir • perdre conscience / s'évanouir • diriger / commander • déranger / gêner • permettre / autoriser • franchir / traverser • admirer / vénérer.
Ce sont tous des verbes.

Manipuler

3* fleurs : rose, tulipe, lys. • vêtements : chemise, bonnet, pantalon. • militaires : soldat, cavalier, fantassin. • voies publiques : rue, avenue, impasse. • commerces : boulangerie, fleuriste, librairie.

4** **a.** Fortune : chance **b.** caillou : pierre **c.** an : année **d.** pensée : réflexion **e.** fureur: colère **f.** obscur : sombre **g.** lumineux : clair **h.** pesant : lourd **i.** plaisant : agréable **j.** mélancolique : triste **k.** jurer : promettre **l.** mêler : mélanger **m.** quitter : partir **n.** bondir : sauter **o.** réfléchir : penser.
5* **a.** de l'école : scolaire. **b.** paternel : du père **c.** de la famille : familial **d.** du vêtement : vestimentaire **e.** de la nation : national **f.** dominical : du dimanche **g.** hebdomadaire : de la semaine **h.** aquatique : de l'eau **i.** de la science : scientifique **j.** de l'histoire : historique.
6* Homonymes du mot « eau » : haut • ô • au • aux.

S'exprimer

7* a. Les tulipes sentent bon. Ces fleurs me ravissent. **b.** Le chat dort sur son coussin. Cet animal vit la nuit. **c.** J'aime manger un éclair au chocolat. C'est mon gâteau préféré. **d.** Il porte du bleu. Cette couleur est assortie à ses yeux. **e.** Il y a beaucoup de sapins dans cette forêt. Ce sont des arbres hauts et sombres. **f.** Je me suis assis sur ce tabouret. Il n'y a plus d'autre siège libre. **g.** Il joue de la guitare. Le son de cet instrument lui plaît.
8* Il a fait preuve de courage. Il a fait preuve de vaillance.
Sa rapidité m'étonnera toujours. Sa vitesse m'étonnera toujours.
Il perd conscience dès qu'il voit du sang. Il s'évanouit dès qu'il voit du sang.
La vieille dame traverse la rue tranquillement. La vieille dame franchit la rue tranquillement.
Ce documentaire est captivant. Ce documentaire est passionnant.
C'est un animal docile. C'est un animal obéissant.
9* **a.** Il crie de douleur. **b.** Elle dit qu'elle ne viendra pas. **c.** Sa meilleure amie lui murmure des secrets à l'oreille. **d.** Le vent hurle dans les branches. **e.** Le chien gémit derrière la porte. **f.** La cliente vocifère contre la vendeuse.
10* a). **a.** ranger son sac **b.** bouder **c.** cuisiner **d.** offrir un cadeau **e.** nettoyer **f.** se tromper **g.** dessiner **h.** réaliser un film
b). **a.** embellir **b.** grandir **c.** vieillir **d.** maigrir **e.** rapetisser.
11* Éloge d'une vache
Mais ce n'était pas seulement notre nourrice, c'était encore notre camarade, notre *amie*, car il ne faut pas s'imaginer que la vache est une bête stupide, c'est au contraire un *animal* plein d'intelligence et de qualités morales d'autant plus développées qu'on les aura cultivées par l'éducation. Nous caressions la nôtre, nous lui parlions, elle nous comprenait, et de son côté, avec ses grands yeux ronds pleins de douceur, elle savait très bien nous faire *comprendre* ce qu'elle voulait ou ce qu'elle *ressentait*.

Hector Malot, *Sans famille*, 1878.

12* **a.** Le conteur enchante les enfants avec ses histoires. / Le compteur d'électricité a encore disjoncté. **b.** Le chant du rossignol est très réputé. / Les champs doivent être labourés avant la tombée de la nuit. **c.** La cour du château était très vaste. / Le cours de français est passionnant. **d.** La date des prochaines vacances arrive. / Il raffole des dattes.

Réflexion sur la langue

13* On fera cet exercice dans un échange oral. « Pote », « thune », « fringues » et « baraque » sont des mots familiers. On ne peut pas les employer en toutes circonstances car il faut adapter son langage à son interlocuteur.

## *26. L'origine des mots, les familles de mots, le sens des mots*	p. 280

Corrigé des questions

Observons

1. Mots d'origine latine : année, forêt, monde, condition…
Mots d'origine grecque : hectares, thermiques, diagnostiquer
2. La majorité des mots sont d'origine latine.
3. La deuxième origine la plus fréquente est le grec.

Entraînement

Repérer

1* **a.** Hourra : vient de l'anglais • air : vient du latin • chapka : vient du russe • astrakan : vient du russe. **b.** mammouths : vient du russe • aurochs : vient de l'allemand • dinosaures : vient du latin • animaux : vient du latin. **c.** nouilles : vient de l'allemand • quenelles : vient de l'allemand • œufs : vient du latin • jambon : vient du latin • bananes : vient du portugais, emprunté à l'arabe. **d.** lions : vient du latin • savane : vient de l'espagnol, emprunté au taïno • chimpanzés : vient d'une langue d'Afrique occidentale • jungle : vient de l'anglais, emprunté à l'hindoustani. **e.** boulevard : vient du néerlandais • alcool : vient de l'espagnol et de l'arabe • chocolats : vient de l'aztèque. **f.** robot : vient du tchèque • cuisine : vient du latin.

Manipuler

2** *fructus*, le fruit : fructivore, qui mange des fruits. • *vulnus*, la blessure : vulnérable, qui peut être blessé. • *navis*, le bateau : nautique, relatif à la navigation. • *bellum*, la guerre : belliqueux, qui aime la guerre. • *digitus*, le doigt : digital, qui appartient au doigt. • *oculus*, l'œil : oculiste, médecin spécialiste des troubles de la vision.
3* **a.** la pisciculture : élevage de poissons ; *piscis* vient du latin et signifie « poisson ». **b.** la monoculture : culture d'un seul produit ; *mono* vient du grec et signifie « seul, unique ». **c.** la puériculture : ensemble des savoirs propres à assurer la croissance et l'épanouissement psychique de l'enfant ; *puer* vient du latin et signifie « enfant ».

d. l'apiculture : élevage des abeilles ; *apis* vient du latin et signifie « abeille ». **e.** l'horticulture : branche de l'agriculture comprenant la culture des légumes, des fleurs, des arbres et arbustes ; *horti* vient du latin *hortus* qui signifie « jardin ».
4*a. dinosaure • rhinocéros • hippopotame • ornithorynque.
b. chrysanthème • eucalyptus.
5* a. Le charme vient du latin *carmen* : chant magique. Le chant vient du latin *cantus/cantare* : chanter.
b. « Enchanteur » : personne qui pratique des enchantements. « Déchanter » : perdre ses illusions. « Être désenchanté » : avoir perdu son enthousiasme, ses illusions.
c. – La Castafiore est une cantatrice.
– Un chantre chante des chants sacrés dans les cérémonies religieuses.
– Les paroles magiques prononcées par un sorcier sont des incantations.
– Bach a composé plusieurs cantates.
– Un cantique est un chant religieux.
– *Au clair de la lune* est une chanson.
6* Mars a donné mardi. La Lune a donné lundi. Mercure a donné mercredi. Vénus a donné vendredi. Jupiter a donné jeudi.
7* a. aquaculture **b.** aquarium **c.** aquarelle **d.** aquatique **e.** aqueux **f.** aqueduc.

Réflexion sur la langue

9* a) Salade : c'est un mets salé • sauce : préparation liquide salée • saucisse : préparation de viande assaisonnée • saline : qui contient du sel. Cette famille a deux radicaux différents.
b) Les mots « salaire » et « salarié » sont de la famille de « sel » : vient de la somme donnée aux soldats pour acheter leur sel.
– Le sel était indispensable, il permettait de conserver les aliments.
– La gabelle était une taxe royale sur le sel en France. Le sel avait donc une valeur d'impôt et d'échange.

27. La formation des mots : mots simples, mots composés, mots dérivés

p. 282

Corrigé des questions

Observons

1. « Une boîte à musique » est un mot composé à l'aide de deux autres mots réunis par une préposition.
2. « Hippocampe » est le nom d'un animal qui vit dans la mer et dont la tête a la même forme que celle d'un cheval.

3. Dans « redire » on reconnaît le verbe « dire ». La syllabe « re » vient du latin et signifie un mouvement en arrière. « Redire » signifie donc « répéter ».
4. Une bicyclette a deux roues. Deux autres mots où la syllabe « bi » signifie « deux » : bipède, binôme.
5. On reconnaît le verbe « remarquer » dans « remarquable ». « Remarquable » est un adjectif qui signifie « qui attire l'attention, extraordinaire ».
6. On reconnaît l'adjectif « heureux » dans « heureusement ».

Entraînement

Repérer

1*

préfixe	radical	suffixe
dé	nomm	er
re	nomm	er
pré	nomm	er
	appel	
	appel	er
	appel	lation
r	appel	er
dis	pos	er
	pos	er
re	pos	er
	pos	ition
	vent	
	vent	eux
é	vent	ail
	fréquent	
	fréquent	able
in	fréquent	able

2* **a.** im-percept-ible **b.** a-vou-able **c.** stup-ide **d.** courag-euse-ment **e.** dis-continu **f.** in-dé-chiffr-able **g.** dé-mont-age **h.** ré-capitul-ation **i.** em-barque-ment **j.** anti-mite.

Manipuler

3** répréhensible • détremper • inconditionnelle • transformable • insoupçonnable.
4* **a.** l'ânon **b.** le chaton **c.** l'aiglon **d.** le girafon **e.** l'oison **f.** l'ourson **g.** le taurillon **h.** le caneton.
5* **a.** améliorable. **b.** admirable. **c.** visible. **d.** risible. **e.** jetable. **f.** accessible. **g.** lisible. **h.** mangeable. **i.** détachable. **j.** négligeable.
6*** **a.** perfectible. **b.** éligible. **c.** compréhensible. **d.** excusable. **e.** négociable. **f.** audible. **g.** sécable. **h.** inusable.
7** – homicide : Cet homme a commis un affreux homicide, il a tué son voisin.
– anthropologie : Mon cousin a suivi des études d'anthropologie car il s'est toujours intéressé à l'homme.
– libraire : Cette librairie propose à la vente de très beaux livres.
– bibliothèque : Il faut que j'aille rendre mon livre à la bibliothèque.
– aquatique : Le nénuphar/nénufar est une plante aquatique, il ne vit que dans l'eau.
– hydrater : Il faut s'hydrater régulièrement quand il fait chaud sinon on peut faire un malaise.
– vocalise : Ce chanteur fait des vocalises tous les jours pour entraîner sa voix.
– phonétique : La phonétique correspond aux sons.
– vision : Le chat a une très bonne vision, il peut voir dans le noir.
– télescope : L'été, j'aime regarder les étoiles avec mon télescope.
– divinité : Les Grecs avaient de nombreuses divinités qu'ils honoraient dans les temples.
– théologie : Pour être prêtre, il a suivi des études de théologie.
– territoire : Ce lion défend âprement son territoire, il se bat tous les jours avec les autres animaux.
– géographie : Hier, en géographie, on a étudié la répartition des êtres humains sur terre.
8** **a.** omnivore **b.** herbivore **c.** carnivore **d.** insectivore **e.** anthropophage **f.** chronophage **g.** œsophage.
9*Orthographe
psychologie : Il a fait des études de psychologie pour aider les autres. • ethnologie : L'ethnologie l'a toujours passionné. • chorale : Je fais parti d'une chorale, on chante ensemble tous les mercredis. • chœur : Les enfants reprennent tous le refrain en chœur. • rhododendron : Ma mère a planté des rhododendrons dans le jardin car elle trouve cela très beau. • philosophie : Mon frère doit rendre son devoir de philosophie pour lundi. • chrysanthème : Les chrysanthèmes sont de très belles fleurs.

S'exprimer

10*** L'homme est perfectible, il peut toujours s'améliorer. • Cette personne est éligible aux prochaines élections. • Ces explications sont très compréhensibles, j'ai enfin compris. • Son retard est excusable, son train a eu un accident. • J'espère que le prix de cet article est négociable, car il me plaît vraiment mais il est trop cher. • La qualité de l'enregistrement est bonne, la musique est bien audible. • C'est un coupon sécable, les ouvreuses en gardent une moitié. • Cette écharpe est inusable, cela fait des années que je la porte et elle est toujours en très bon état.

28. L'usage du langage et des codes de comportement en situation

p. 284

Corrigé des questions

Observons

1. Dans la 2e situation, les expressions « dégage », « tu fais quoi » montrent que les personnages se connaissent très bien.
2. Les personnages se connaissent moins dans la 1re situation car ils emploient un langage soutenu : « Que puis-je faire », « Je vous en prie ».
3. La façon dont les personnages entrent chez quelqu'un montre un degré d'intimité différent.

Entraînement

Repérer

1* **a.** soutenu **b.** soutenu **c.** familier **d.** courant. **e.** familier.
2* nonchalant / paresseux / feignasse • hideux / laid / moche • importun / ennuyeux / casse-pieds • stupide / bête / abruti • harassé / fatigué / crevé • splendide / beau / chouette.
3* dérober / voler / chourer • converser / parler / jacter • allouer / donner / filer • se hâter / se dépêcher / se grouiller.
4*** comble de malheur : malchance • fut contrariée : fut gênée • desseins : objectifs • était dévolu : réservé • quêter les bénéfices : chercher les avantages • procurer : apporter • sollicita : demanda.

Manipuler

5 * **a.** Voulez-vous me donner la lettre qui vous est arrivée pour moi ? **b.** As-tu vu la voiture ? Elle est superbe. **c.** Les sombres nuages cachaient la lumière du soleil. **d.** J'en ai assez de manger des pommes de terre. **e.** Arrêtez vos sottises. **f.** Peu m'importe. **g.** Où es-tu ? **h.** Nous sommes restés surpris devant tant de lâcheté.

Les règles de la nouvelle orthographe…

en bref

La nouvelle orthographe est désormais acceptée au même titre que l'ancienne dans toutes les productions écrites des élèves.
Ci-dessous, les principales règles de la nouvelle orthographe extraites du document « La nouvelle orthographe, parlons-en ! », disponible sur le site www.orthographe-recommandee.info.

1. Les numéraux composés sont systématiquement reliés par des traits d'union.

Ancienne orthographe	*Nouvelle orthographe*
vingt et un	vingt-et-un
deux cents	deux-cents
un million cent	un-million-cent
trente et unième	trente-et-unième

2. Dans les noms composés (avec trait d'union) du type *pèse-lettre* (verbe + nom) ou *sans-abri* (préposition + nom), le second élément prend la marque du pluriel seulement et toujours lorsque le mot est au pluriel.

Ancienne orthographe	*Nouvelle orthographe*
un compte-gouttes, des compte-gouttes	un compte-goutte, des compte-gouttes
un après-midi, des après-midi	un après-midi, des après-midis

3. On emploie l'accent grave (plutôt que l'accent aigu) dans un certain nombre de mots (pour régulariser leur orthographe), au futur et au conditionnel des verbes qui se conjuguent sur le modèle de *céder*, et dans les formes du type *puissè-je*.

Ancienne orthographe	*Nouvelle orthographe*
événement	évènement
réglementaire	règlementaire
je céderai	je cèderai
ils régleraient	ils règleraient

4. L'accent circonflexe disparait sur *i* et *u*. On le maintient néanmoins dans les terminaisons verbales du passé simple, du subjonctif, et dans cinq cas d'ambigüité.

Ancienne orthographe	*Nouvelle orthographe*
coût	cout
entraîner, nous entraînons	entrainer, nous entrainons
paraître, il paraît	paraitre, il parait

5. Les verbes en *-eler* ou *-eter* se conjuguent sur le modèle de *peler* ou de *acheter*. Les dérivés en *-ment* suivent les verbes correspondants. Font exception à cette règle *appeler*, *jeter* et leurs composés (y compris *interpeler*).

Ancienne orthographe	*Nouvelle orthographe*
j'amoncelle	j'amoncèle
amoncellement	amoncèlement
tu époussetteras	tu époussèteras

6. Les mots empruntés forment leur pluriel de la même manière que les mots français et sont accentués conformément aux règles qui s'appliquent aux mots français.

Ancienne orthographe	*Nouvelle orthographe*
des matches	des matchs
des misses	des miss
revolver	révolver

7. La soudure s'impose dans un certain nombre de mots, en particulier :
– dans les mots composés de *contr(e)-* et *entr(e)-* ;
– dans les mots composés de *extra-*, *infra-*, *intra-*, *ultra-* ;
– dans les mots composés avec des éléments « savants » (*hydro-*, *socio-*, etc.) ;
— dans les onomatopées et dans les mots d'origine étrangère.

Ancienne orthographe	*Nouvelle orthographe*
contre-appel, entre-temps	contrappel, entretemps
extra-terrestre	extraterrestre
tic-tac, week-end	tictac, weekend
porte-monnaie	portemonnaie

8. Les mots anciennement en *-olle* et les verbes anciennement en *–otter* s'écrivent avec une consonne simple. Les dérivés du verbe ont aussi une consonne simple. Font exception à cette règle *colle*, *folle*, *molle* et les mots de la même famille qu'un nom en *-otte* (comme *botter*, de *botte*).

Ancienne orthographe	*Nouvelle orthographe*
corolle	corole
frisotter, frisottis	frisoter, frisotis

9. Le tréma est déplacé sur la lettre *u* prononcée dans les suites *-güe-* et *-güi-*, et est ajouté dans quelques mots.

Ancienne orthographe	*Nouvelle orthographe*
aiguë, ambiguë	aigüe, ambigüe
ambiguïté	ambigüité
arguer	argüer

10. Comme celui de *faire*, le participe passé de *laisser* suivi d'un infinitif est invariable.

Ancienne orthographe	*Nouvelle orthographe*
elle s'est laissée maigrir	elle s'est laissé maigrir
je les ai laissés partir	je les ai laissé partir

Quelques anomalies sont supprimées.

- *absout, absoute* (participe passé)
- *appâts* (nom masculin pluriel)
- *assoir, messoir, rassoir, sursoir*
- *bizut*
- *bonhommie*
- *boursoufflement, boursouffler, boursoufflure*
- *cahutte*
- *charriot, charriotage, charrioter*
- *chaussetrappe*
- *combattif, combattive, combattivité*
- *cuisseau* (dans tous les cas)
- *déciller*
- *dentelier*
- *dissout, dissoute* (participe passé)
- *douçâtre*
- *embattre*
- *exéma, exémateux, exémateuse*
- *guilde*
- *imbécilité*
- *innommé, innommée*
- *interpeler* (*j'interpelle, nous interpelons*, etc.)

- *levreau*
- *lunetier*
- *nénufar*
- *ognon, ognonade, ognonière*
- *pagaille*
- *persifflage, persiffler, persiffleur, persiffleuse*
- *ponch* (dans le sens de « boisson »)
- *prudhommal, prudhommale, prudhommie*
- *prunelier*
- *relai*
- *saccarine* (et ses nombreux dérivés)
- *sconse*
- *sorgo*
- *sottie*
- *tocade, tocante, tocard, tocarde*
- *ventail*

On munit d'accent quelques mots où il avait été omis, ou dont la prononciation a changé : *asséner*, *papèterie*, *québécois*, etc.
On écrit en *-iller* les mots anciennement en *-illier* où le *i* qui suit la consonne ne s'entend pas, à l'exception des noms d'arbres (comme *groseillier*) : *joailler*, *serpillère*, etc.

N° d'éditeur : 10220755 - Dépôt légal : mai 2016
Achevé d'imprimer en France sur les presses de JOUVE, Mayenne - N° 2380896S